हिन्दी की साहित्यिक संस्कृति और भारतीय आधुनिकता

हिन्दी की साहित्यिक संस्कृति और भारतीय आधुनिकता

डॉ. राजकुमार

राजकमल प्रकाशन
नयी दिल्ली पटना इलाहाबाद कोलकाता

ISBN : 978-81-267-2769-8

मूल्य : ₹ 400

पहला संस्करण : 2015

प्रकाशक : राजकमल प्रकाशन प्रा. लि.
1-बी, नेताजी सुभाष मार्ग, दरियागंज
नई दिल्ली-110 002

शाखाएँ : अशोक राजपथ, साइंस कॉलेज के सामने, पटना-800 006
पहली मंजिल, दरबारी बिल्डिंग, महात्मा गांधी मार्ग, इलाहाबाद-211 001
36 ए, शेक्सपियर सरणी, कोलकाता-700 017

वेबसाइट : www.rajkamalprakashan.com
ई-मेल : info@rajkamalprakashan.com

मुद्रक : बी.के. ऑफसेट
नवीन शाहदरा, दिल्ली-110 032

HINDI KI SAHITIYAK SANSKRITI AUR
BHARTIYA ADHUNIKATA
Criticism by Dr. Rajkumar

श्रद्धेय गुरुवर
प्रो. नामवर सिंह
जिनके बिना मैं होता भी
तो क्या होता

प्राक्कथन

आधुनिकता के साथ पूँजीवाद, उपनिवेशवाद, राष्ट्रवाद, विज्ञान, तर्क-बुद्धि और लोकतंत्र का विकास जुड़ा हुआ है। इसलिए आधुनिकता को लेकर कोई भी बहस मार्क्स को दरकिनार कर आगे नहीं बढ़ाई जा सकती; और भारतीय आधुनिकता की कोई भी परिकल्पना गांधी को छोड़कर नहीं की जा सकती। हिन्दी की साहित्यिक संस्कृति को इन विभूतियों के चिन्तन का लाभ मिलता रहा है और इसीलिए हिन्दी की साहित्यिक मेधा ने आधुनिकता के पश्चिमी महाआख्यान को आँख मूँदकर स्वीकार नहीं किया। उसने आधुनिकता के प्रोजेक्ट की कुछ बातें तो मानी, लेकिन बहुत सी बातें नहीं भी मानी। विशेषरूप से प्रेमचन्द के लेखन में इस वाद-विवाद के पर्याप्त साक्ष्य मौजूद हैं। इसलिए प्रेमचन्द सरीखे चिन्तकों को आधुनिकता के प्रोजेक्ट के समर्थन में निःशेष कर देने के बजाय उन बिन्दुओं पर पुनर्विचार करने की आवश्यकता है जहाँ ये आधुनिकता की सख्त आलोचना करते हैं। वस्तुतः हिन्दी की साहित्यिक संस्कृति (या संस्कृतियों ?) को समझना प्रकारान्तर से इस प्रक्रिया की समग्रता, विशिष्टता और अपनी सभ्यता की आन्तरिक गतिकी को भी समझना है।

औपनिवेशिक वर्चस्व से मुक्ति के लिए आधुनिकता की यूरो-केन्द्रित अवधारणा से बाहर निकलने की जरूरत का जितनी शिद्दत से एहसास इस दौर में हो रहा है, सम्भवतः इससे पहले नहीं हुआ होगा। क्योंकि आधुनिकता की सीमाएँ, विसंगतियाँ और विडम्बनाएँ अब अपनी पूरी भयावहता के साथ प्रकट हो चुकी हैं। हमारे सामने इसके सिवा और कोई विकल्प नहीं बचा है कि हम आधुनिकता की भारतीय परिकल्पना के बारे में गम्भीरतापूर्वक विचार करें। आधुनिकता की भारतीय परिकल्पना के जरिए हम अपनी साहित्यिक संस्कृति को ज्यादा बेहतर ढंग से समझ सकते हैं। इस पुस्तक के लेखों में इसी प्रक्रिया को समझने की यथासम्भव कोशिश की गई है। यह प्रक्रिया

विकसनशील है, पूर्वप्रदत्त नहीं, इसलिए छिद्रान्वेषियों को इसमें असंगतियाँ खोज निकालने का भी सुख मिल सकता है।

इस पुस्तक के ज्यादातर लेख 'पहल', 'तद्भव', 'कथादेश', 'कथाक्रम', 'वाक्', 'साखी', 'समयांतर', 'सृजन संवाद' आदि पत्रिकाओं में प्रकाशित हुए थे। मैं इन पत्रिकाओं के सम्पादकों के प्रति आभार व्यक्त करता हूँ। विशेषरूप से मैं अपने मित्र, 'तद्भव' के यशस्वी सम्पादक और प्रख्यात कथाकार अखिलेश का कृतज्ञ हूँ। उनके सुझावों से मुझे इन लेखों को सँवारने में मदद मिली।

विगत वर्षों में गुरुवर प्रो. नामवर सिंह से जब भी मिलना होता, वे पुस्तक तैयार करने को कहते। उनका डर न होता तो पुस्तक तैयार करने का काम यूँ ही टलता रहता।

हिन्दी के यशस्वी चिन्तक-आलोचक-अध्येता और मेरे अग्रज प्रो. पुरुषोत्तम अग्रवाल मेरे लिखे को लगातार सराहते रहे हैं। इस पुस्तक को सँवारने में उनके सुझाव और सक्रियता का उल्लेख करना मैं कैसे भूल सकता हूँ। सुमन केशरी जी का जिक्र न करूँ तो बात अधूरी रह जाएगी। उन्होंने तो बाकायदा पत्र लिखकर मेरे लेखों को सराहा।

मेरे प्रिय शोध छात्रों अशोक, प्रमोद, पूजा, सुकेश और वरुण ने समय न दिया होता तो इस पुस्तक को तैयार करने में और भी देरी होती ।

मैं उन सभी लोगों के प्रति आभार व्यक्त करता हूँ जिन्होंने इस पुस्तक को तैयार करने में किसी न किसी रूप में मदद की। पत्नी अर्चना, बेटी रुनझुन और परिवार की सदस्य अनीता के आत्मीय सहयोग के बिना यह पुस्तक सम्भव न हो पाती।

विजयदशमी
अक्टूबर, 2014

—राजकुमार
हिन्दी विभाग
काशी हिन्दू विश्वविद्यालय

भूमिका

साहित्यिक संस्कृति और भारतीय आधुनिकता

फ्रेडरिक जेम्सन ने लिखा है कि : 'सांस्कृतिक कृतियाँ ऐसे कोड के रूप में सामने आती हैं जिनके बारे में हम प्रायः भूल चुके हैं; वे एक ऐसी बीमारी के लक्षण की तरह हैं जिसे अब हम बीमारी के रूप में पहचानते ही नहीं, वे समग्रता के एक टुकड़े की तरह हैं जिसे देख सकने वाला अंग हम बहुत पहले खो चुके हैं। ये साहित्यिक रचनाएँ, सामाजिक यथार्थ को निर्मित करने वाली दूसरी वस्तुओं की तरह, पुकार रही हैं कि हम उनकी टीका, व्याख्या करें, उनका अर्थ करें, उनकी पहचान करें। साहित्यिक आलोचना का यह दायित्व है कि वह अन्तर्बाह्य अस्तित्व और इतिहास की तुलना ज़ारी रखे।' (माक़्र्सइज़्म एंड फॉर्म, प्रिंसटन : प्रिंसटन यूनिवर्सिटी प्रेस, 1971, पृ. 446) तुलना और व्याख्या के बिना रचना के अस्तित्व को इतिहास से सम्बद्ध नहीं किया जा सकता। रचना की व्याख्या सामाजिक जीवन का मूल्यांकन भी है। क्योंकि व्याख्या और मूल्यांकन नाभिनाल-बद्ध हैं।

स्पष्ट है कि सांस्कृतिक कृतियाँ कोडेड होती हैं और उन्हें डिकोड करने, उनका अर्थ समझने, उनको पहचानने, उनकी व्याख्या और तुलना करने और फिर उन्हें इतिहास से सम्बद्ध करने और प्रकारान्तर से इतिहास का भी मूल्यांकन करने का काम आलोचना का है।

इसका मतलब यह हुआ कि आलोचना एक ऐसा अनुशासन है जिसका काम है कोडेड सांस्कृतिक कृतियों का भाष्य और मूल्यांकन करना। कोडेड रचना की व्याख्या के लिए ऐसा आलोचनात्मक विवेक और ऐसी कल्पनाशीलता आवश्यक है जो कोड के सांस्कृतिक निहितार्थों को समझ सके। कोड के सांस्कृतिक निहितार्थों को समझना तब और भी मुश्किल हो जाता है जब कोडेड कृति वर्तमान की नहीं बल्कि सुदूर अतीत की हो। क्योंकि वह रचना अतीत के सांस्कृतिक कोडों से निर्मित होती है और अतीत के इन सांस्कृतिक कोडों का अभिज्ञान विस्मृत हो चुका होता है। फ्रेडरिक जेम्सन के शब्दों में 'समग्रता के इन टुकड़ों को देख सकने वाली इन्द्रियाँ विलुप्त हो चुकी होती हैं'। नेहरू ने अपनी आत्मकथा में लिखा है कि रोमैंटिक आह्लाद और विस्मय को अनुभूत करने वाली संवेदना हम खो चुके हैं। यह समस्या तब और भी उलझ जाती है जब किसी सभ्यता की सांस्कृतिक निरन्तरता उपनिवेशवाद

के कारण विच्छिन्न हो जाती है और उपनिवेशवाद अपने ज्ञानमीमांसात्मक/सांस्कृतिक कोड के आधार पर उपनिवेशित सभ्यता की कृतियों (सांस्कृतिक कोडों) का भाष्य और मूल्यांकन करने लगता है। औपनिवेशिक वर्चस्व के दौरान उपनिवेशित सभ्यता ऐसी विस्मृति का शिकार होती है कि अपनी सभ्यता के कोडों की उपनिवेशवाद द्वारा की गई व्याख्या को ही थोड़े बहुत हेर-फेर के साथ स्वीकार कर लेती है। जी.एन. देवी ने अपनी प्रसिद्ध पुस्तक 'ऑफ़्टर एम्नेसिया' में इस प्रक्रिया का बहुत सटीक विश्लेषण किया है। लेकिन समस्या उससे भी ज़्यादा गहरी है। क्योंकि उस कोडेड कृति या सामाजिक-सांस्कृतिक जीवन को समझने और व्याख्यायित करने के लिए ज़रूरी वैचारिकी उपलब्ध नहीं है। रवीन्द्रनाथ ठाकुर ने लिखा है कि उधार के इतिहास से काम नहीं चलता। उधार की वैचारिकी से हम अपनी कोडेड सांस्कृतिक कृतियों की ठीक-ठाक व्याख्या नहीं कर सकते। मजबूरन हमें पश्चिम की वैचारिकी का ही सहारा लेना पड़ता है क्योंकि औपनिवेशिक अतीत के कारण हम ऐसी देशज सैद्धान्तिकी का विकास नहीं कर पाए जो इन कृतियों को डिकोड करने में हमारी मदद कर सके। शेल्डन पोलक ने अपने लेख 'इंडिया इन वर्नाकुलर मिलेनियम' में इस समस्या की विस्तार से चर्चा की है। कोई समाधान तो ख़ैर उन्होंने भी नहीं दिया किन्तु यही क्या कम है कि इसे एक गम्भीर समस्या/चुनौती माना। सबसे बड़ी बात यह है कि उन्होंने दक्षिण एशिया की साहित्यिक संस्कृति को भिन्न तरीक़े से देखने/पढ़ने की ज़रूरत पर बल दिया : 'सबसे ज़रूरी चीज़ यह कि इस खोज का अर्थ है ऐतिहासिक-नृतत्वशास्त्रीय भावना से सोचने की आदत डालना, यह जानने का प्रयास करना कि दक्षिण एशियाई साहित्यिक रचनाओं का उन लोगों के लिए क्या अर्थ था जिन्होंने इन्हें लिखा, सुना, देखा और पढ़ा। और कैसे इन कृतियों के अर्थ समय बीतने के साथ बदले। हम किसी पाठ को तब तक नहीं समझ सकते जब तक ये न जान लें कि उसके पाठकों ने उसे कैसे समझा होगा। यह अलग बात है कि हम उसे इस तरह पढ़ना चाहें जैसे किसी दक्षिणी एशियाई पाठक ने कभी न पढ़ा हो और हम यह जानने का प्रयास छोड़ दें कि साहित्यिक संस्कृति का इतिहास में क्या अर्थ था। वास्तव में कोई भी पाठक, चाहे वह कितना ही बुनियादी क्यों न हो, अपनी संस्कृति को समझने में पूरी तरह समर्थ नहीं होता। माना जा सकता है कि अर्थ पाठ में होता है, जैसे विचारधारात्मक अर्थ, जो मूल पाठक को सुलभ नहीं होता। लेकिन जब तक ये न जानें कि मूल पाठकों ने क्या देखा-समझा, हम यह नहीं जान सकते कि मूल पाठक क्या देख-समझ नहीं पाए। इस वजह से भी ऐतिहासिक अध्ययन प्रवृत्तियों को दोबारा हासिल करना विद्वत्ता की सैद्धान्तिक ज़रूरत है।' (लिटरेरी कल्चर्स इन हिस्ट्री, पृ. 14)

आज विडम्बना यह है कि भारतीय सांस्कृतिक जीवन और रचना को मूल पाठक (अपश्चिमीकृत पाठक) की नज़र से देखने-समझने की सामर्थ्य और

संवेदनशीलता हम खो चुके हैं। ऐसा नहीं है कि 'भारत' में पश्चिम की मिलावट इस क़दर हो चुकी है कि पूर्व और पश्चिम का तात्विक भेद ही मिट गया हो। मिलावट के बावजूद हमारे रहने-सहने, सोचने-विचारने का ढंग अभी भी पश्चिम से भिन्न है, क्योंकि संवेदनात्मक और मूल्यगत प्रश्न ऐसे हैं जो आर्थिक स्थितियों की समानता के बावजूद अपनी सांस्कृतिक स्वायत्तता बनाए हुए हैं। इस प्रसंग में विवेकानन्द की बात आज भी सही लगती है कि 'पहली बात तो यह कि हम पश्चिमी हो नहीं सकते इसलिए पश्चिम की नकल करना व्यर्थ है। दूसरी बात यह कि यह असम्भव है।' (विवेकानन्द समग्र, खंड III, कलकत्ता अद्वैत आश्रम, 1994)

भारत की साहित्यिक संस्कृति को पश्चिमी दृष्टि से देखने के साथ-साथ 'भारतीय' दृष्टि से देखना इसलिए भी ज़रूरी है क्योंकि पश्चिम में जो हुआ उसे भारत में दोहराया नहीं जा सकता। और शायद दोहराने की ज़रूरत भी नहीं। बल्कि पश्चिमी सभ्यता की ख़ामियों से सबक लेते हुए हमें उससे बेहतर सभ्यता बनाने का सपना देखना चाहिए। गांधी ने ऐसा ही सपना देखा था। इसीलिए उनके सपनों का भारत पश्चिम से काफ़ी जुदा था। ऐसा ही सपना फ्रेन्ज फेनन ने देखा था : 'हमें मुकम्मल इंसान बनाने की कोशिश करनी चाहिए, यूरोप ऐसा इन्सान पैदा करने में असफल साबित हुआ है।'

प्रत्येक सभ्यता की अपनी एक आन्तरिक गतिकी होती है और यह गतिकी सामाजिक, आर्थिक और सांस्कृतिक परिवर्तन की दिशा को भी प्रभावित करती है। इस गतिकी को समझने में साहित्यिक संस्कृति से मदद मिलती है, क्योंकि साहित्यिक संस्कृति में इस गतिकी को समझने के मूलमंत्र छिपे होते हैं। इन मूलमंत्रों को समझकर ही हम अपनी सभ्यता में सकारात्मक परिवर्तन ला सकते हैं। गांधी ने इस संस्कृति के मूलमंत्रों को समझा था इसीलिए वे प्रभावी सिद्ध हुए।

अब तो पश्चिमी ज्ञान और तार्किकता को लेकर ही गम्भीर सवाल खड़े हो गए हैं। वस्तुतः पश्चिम सम्भ्रम और अनिश्चय में खो सा गया है। जिस आधुनिकता की शुरुआत ज्ञानोदय से मानी जाती है, जिसने औद्योगिक क्रान्ति, राष्ट्रवाद, उपनिवेशवाद, साम्यवाद जैसी विचारधाराओं को जन्म दिया, वही आधुनिकता आज उत्तरआधुनिकता के दलदल में डूब गई है। क्या आज यह ज़रूरी नहीं कि हम अपनी साहित्यिक संस्कृति को सबसे पहले अपनी देशज दृष्टि से देखें। औपनिवेशिक वर्चस्व ने हमें इस देशज दृष्टि से वंचित कर दिया था।

औपनिवेशिक शासन का जहाँ भी आधिपत्य रहा उसने वहाँ की संस्कृति और भाषा को विकृत करने, नष्ट करने और अपनी सत्ता और अपना वर्चस्व कायम रखने की ज़रूरत के मुताबिक़ उसे ढ़ालने की कोशिश की। जिन देशों में भाषा और संस्कृति का सम्यक् विकास नहीं हुआ था, उनकी भाषा एवं संस्कृति को पूर्णतः नष्टकर औपनिवेशिक भाषा एवं संस्कृति को लादने में वे ज़्यादा सफल रहे। भारत

जैसे देश में, जहाँ भाषा और संस्कृति काफी समुन्नत एवं विकसित थी, अंग्रेजों को अपनी भाषा एवं संस्कृति आरोपित करने में विशेष सफलता नहीं मिली। राष्ट्रीय आन्दोलन के दौरान भारतीय भाषाओं ने अंग्रेज़ी भाषा एवं संस्कृति के वर्चस्व को न केवल चुनौती दी बल्कि अपना विकास भी किया। उपनिवेशवाद विरोधी आन्दोलन में भारतीय भाषाओं की उल्लेखनीय भूमिका थी।

उन्नीसवीं सदी के भारतीय चिन्तकों ने यह स्वीकार कर लिया था कि भौतिक दृष्टि से पश्चिम श्रेष्ठ है लेकिन आध्यात्मिक रूप से पूर्व। इस प्रकार घर-बाहर, अन्तर्बाह्य, भौतिक-आध्यात्मिक की प्रसिद्ध 'डायकॉटमी' निर्मित हुई जिसका विश्लेषण पार्थ चटर्जी ने अपनी पुस्तकों में विस्तार से किया है। कहने की आवश्यकता नहीं कि अंग्रेज़ी का स्थान बाहरी दुनिया में निर्धारित किया गया था। लेकिन जैसे-जैसे सेकुलर और प्रगतिशील विचारधाराओं का प्रभुत्व बढ़ता गया, बाहरी के साथ-साथ आन्तरिक-सांस्कृतिक दुनिया में भी पश्चिम की श्रेष्ठता स्वीकार्य होती चली गई। सेकुलर और प्रगतिशील विचारधाराओं के सपनों का भारत पूँजीवादी-समाजवादी पश्चिम से मिलता-जुलता था। पश्चिम जैसी सांस्कृतिक-भौतिक दुनिया के निर्माण में अंग्रेज़ी की भूमिका निर्विवाद थी। इस प्रकार जाने अनजाने मैकाले के फिल्ट्रेशन सिद्धान्त को स्वीकार कर लिया गया। अंग्रेज़ी वह 'गंगोत्री' थी जिसके सहारे भारतीय भाषाओं को अपना विकास करना था। भारतीय भाषाएँ अंग्रेज़ी में उपलब्ध 'ज्ञान की गंगा' को प्रवाहित करने का माध्यम भर रह गईं। अन्तर्वस्तु पश्चिम की और रूप भारतीय भाषाओं का। इस प्रकार अन्तर्वस्तु और रूप, भाषा और संस्कृति का पार्थक्य स्वीकार कर लिया गया।

अंग्रेज़ी सिर्फ़ बाहरी भौतिक दुनिया की भाषा नहीं रह गई, बल्कि उसका महत्व आन्तरिक सांस्कृतिक दुनिया के पुनर्निर्माण में स्वीकार कर लिया गया। आजादी के बाद वह राज-काज की भाषा तो बनी ही रही, साहित्य एकेडमी में भी अन्य भारतीय भाषाओं के साथ उसे जगह मिल गई।

अंग्रेज़ी की केन्द्रीय नेतृत्वकारी भूमिका स्वाधीनता के समय ही स्वीकार कर ली गई और अंग्रेज़ी का सम्बन्ध भारत के आधुनिकीकरण से अनिवार्य रूप से जुड़ गया। एक समय था जब अंग्रेज़ी विदेशी गुलामी की प्रतीक मानी जाती थी। समय ने पलटा खाया और अंग्रेज़ी आधुनिकीकरण, सेकुलर-सोच और प्रगतिशील विचारधारा की संवाहक मान ली गई। अंग्रेज़ी से इतर भारतीय भाषाओं के सामने पुरातनपंथी-साम्प्रदायिक घोषित किए जाने से बचने का सिर्फ़ एक ही रास्ता बाक़ी बचा कि वे अंग्रेज़ी के केन्द्रीय महत्व को स्वीकार करें और अंग्रेज़ी के बताए रास्ते पर चलें। नतीजा यह हुआ कि ज्ञानमीमांसा की देशज परम्परा से सम्पर्क धीरे-धीरे टूट गया और भारतीय भाषाओं का विकास भी बहुत कुछ पश्चिमी ज्ञान की छाया में ही हुआ। बर्नाड एस. कोह्न के शब्दों में,

"ये ब्रिटिश ही थे जिन्होंने एजेंडा तय किया और प्राधिकारिक रूप से यह भी निर्धारित किया कि यूरोपीय परियोजना के लिए कौन सा उपयोगी ज्ञान प्रसंस्कृत किया जाए। अनजाने और अनचाहे ही उन्होंने न केवल एक भूभाग बल्कि एक ज्ञानमीमांसात्मक स्पेस पर भी आक्रमण किया और उसे जीत लिया। ब्रिटिशवासियों को विश्वास था कि वे इस स्पेस को अनुवाद के जरिए खोज और जीत सकते हैं।"

पश्चिमी ज्ञानमीमांसा के सर्वग्रासी प्रभुत्व का प्रभाव भारतीय राष्ट्रवाद के स्वरूप पर भी पड़ा। राष्ट्रवादी आन्दोलन के दौरान राष्ट्र और राष्ट्र-राज्य की जो अवधारणा विकसित और अन्तत: फलीभूत हुई उसका आधार थोड़े बहुत हेर-फेर के साथ पश्चिम का राष्ट्रवाद ही बना। यह राष्ट्रवाद आधुनिकता के प्रोजेक्ट का इस क़दर कायल था कि उन्नीसवीं सदी में आध्यात्मिक श्रेष्ठता के नाम पर जो थोड़ी सी जगह बचा ली गई थी, उसे भी उसने खोल दिया। और इस प्रकार पश्चिमी ज्ञानमीमांसा का पूर्ण वर्चस्व कायम हो गया। एक चक्र पूरा हुआ। जिस सिलसिले की शुरुआत मैकाले की 'फिल्ट्रेशन थियरी' के साथ हुई थी, आधुनिकता के प्रोजेक्ट की पूर्ण स्वीकृति के साथ वह सिलसिला पूरा हुआ। आधुनिकता के प्रोजेक्ट की भाषा के रूप में अंग्रेज़ी का महत्व असंदिग्ध था। जो आधुनिकता के प्रोजेक्ट को पूरी तौर पर स्वीकार नहीं करते थे उनके लिए अंग्रेज़ी की भी ऐसी अनिवार्यता नहीं थी। जैसे गांधी। गांधी ने लिखा है कि भारत को प्रभावित करने वाले अन्धविश्वासों में सबसे बड़ा अन्धविश्वास यह है कि अंग्रेज़ी के बिना स्वतंत्रता एवं वैचारिक प्रखरता का विकास सम्भव नहीं। लेकिन जवाहर लाल नेहरू जैसे आधुनिक विचारों वाले व्यक्ति के लिए अंग्रेज़ी अपरिहार्य थी। उन्होंने सिर्फ़ अंग्रेज़ी में लिखा और 15 अगस्त, 1947 की आधी रात को अपना सम्बोधन भी अंग्रेज़ी में दिया। 'India that is Bharat' ही बना 'Bharat that is India' नहीं हो पाया।

ज्ञान और संस्कृति के पश्चिम केन्द्रित महाआख़्यान में क्षेत्रीय भाषाओं और संस्कृतियों की भिन्नता के लिए कोई ख़ास गुंजाइश नहीं छूटती थी, उनकी सार्थकता इस महाआख़्यान की संवाहिका बनने में थी। दीपेश चक्रवर्ती के शब्दों में—

"यूरोप आज भी सभी इतिहासों, जिनमें भारतीय, चीनी, कीनियाई इत्यादि शामिल हैं, का सम्प्रभु-सैद्धान्तिक कर्त्ता बना हुआ है। एक अजीब ढंग से ये सभी इतिहास उस मास्टरनैरेटिव के किंचित् परिवर्तित रूप बन जाते हैं, जिसे यूरोप का इतिहास कहा जा सकता है।"

पश्चिमी आधुनिकता की सीमाएँ और अन्तर्विरोध अब सर्वत्र उजागर हो चुके हैं। सच्चाई तो सम्भवत: यह है कि भारतीय समाज अपने ढंग से आधुनिकता की ओर प्रस्थान कर रहा था कि उपनिवेशवाद ने उसे धर दबोचा। कमोबेश यही बात दूसरे समाजों के बारे में भी कही जा सकती है। यदि भारतीय समाज का विकास औपनिवेशिक अधीनता की वजह से बाधित न होता तो बहुत सम्भव है कि

यहाँ एक ऐसी देशज आधुनिकता का विकास होता जो पश्चिमी आधुनिकता से भिन्न होती।

पश्चिमी आधुनिकता के सर्वग्रासी महाआख्यान ने इस सम्भावना को नष्ट कर दिया। अतः आज आवश्यकता इस बात की है कि हम आधुनिकता के देशज भारतीय रूप को पुनः खोजें और समसामयिक संदर्भों में उसकी प्रासंगिकता पर पुनर्विचार करें। उल्लेखनीय है कि समकालीन भारतीय समाज की अनेक समस्याओं को इस परिप्रेक्ष्य को ध्यान में रखे बिना नहीं समझा जा सकता। यही नहीं, इन समस्याओं के समाधान की दिशा में कोई भी कारगर हस्तक्षेप तभी सम्भव होगा जब हम पश्चिमी आधुनिकता के वर्चस्व से मुक्त होने का साहस दिखाएँगे। कहने की आवश्यकता नहीं कि यह साहस ज्ञानमीमांसा की भारतीय परम्परा के पुनर्मूल्यांकन के बिना आ नहीं सकता। आधुनिकता के यूरो-केन्द्रित महाआख़्यान से मुक्ति में 'वैकल्पिक आधुनिकता' की अवधारणा सहायक हो सकती है। वैसे तो फ्रेडरिक जेम्सन ने अपनी नवीनतम पुस्तक 'Singular Modernity' में 'वैकल्पिक आधुनिकता' की अवधारणा को ख़ारिज कर दिया है लेकिन यह नहीं भूलना चाहिए कि औद्योगिकीकरण के पहले की सभ्यताओं में बहुत भिन्नता है; क्योंकि वे, सामीर अमीन के शब्दों में, अर्थ-प्रधान सभ्यताएँ नहीं थीं। इस भिन्नता के कारण उनके विकासपथ और प्राथमिकताओं में भी अन्तर है। इस भिन्नता के आधार पर किसी को श्रेष्ठ या हेय नहीं घोषित किया जा सकता। इस भिन्नता को समझने और आधुनिकता के वैकल्पिक मूल्यों को चिन्हित करने में 'वैकल्पिक आधुनिकता' की अवधारणा उपयोगी साबित हो सकती है। वस्तुतः भारतीय साहित्यिक संस्कृति को इसी वैकल्पिक आधुनिकता की दृष्टि से देखने की आवश्यकता है। पूँजीवाद से बेहतर मानवीय समाज बनाने के सपने को सम्भव करने में भी 'वैकल्पिक आधुनिकता' की अवधारणा कारगर साबित होगी। क्योंकि बेहतर मानवीय समाज बनाने वाले लोग देश-काल-संस्कृति-निरपेक्ष अमूर्त्त व्यक्ति नहीं होंगे।

अनुक्रम

प्रकृति, मनुष्य और आधुनिकता

मनुष्य प्रकृति का हिस्सा है, उसके जीवन और अस्तित्व का प्रकृति से गहरा सम्बन्ध है। किन्तु मनुष्य दूसरे प्राणियों से अपनी बौद्धिक क्षमता और जैविक विशिष्टता के कारण भिन्न और बेहतर भी है। मनुष्य में बहुत कुछ ऐसा निर्मित करने की सामर्थ्य है जिसके सहारे वह प्रकृति का अपनी आवश्यकता और सुविधा के अनुसार रूपान्तरण भी करता है। मनुष्य ने अपने विकास के दौरान प्रकृति को अपने अनुरूप ढालने का प्रयास किया है। इस प्रक्रिया में उसके अन्दर भी अनेक प्रकार के परिवर्तन घटित हुए हैं। यह लम्बी और प्राय: परिचित कहानी है, इसलिए इसके विस्तार में जाने की जरूरत नहीं है। इस प्रसंग में उल्लेखनीय तथ्य यह है कि वैज्ञानिक क्रान्ति और औद्योगिकीकरण के साथ मनुष्य और प्रकृति के सम्बन्धों का एक नया अध्याय शुरू होता है। औद्योगिकीकरण के दौरान लम्बे समय तक इस बात की ओर ध्यान ही नहीं गया कि प्रकृति के रूपान्तरण की भी एक सीमा है। पर्यावरण के नाश से मनुष्य का अस्तित्व ही खतरे में पड़ सकता है। बीसवीं शताब्दी के आखिरी दशकों में प्रकृति और पर्यावरण के संरक्षण की चिन्ता एक गम्भीर मुद्दे के रूप में उभर कर सामने आती है। पहली बार ये समझ में आता है कि प्रकृति और पर्यावरण के साथ बेलगाम छेड़छाड़ सम्भव नहीं है। ये धरती बहुत बड़े पैमाने पर औद्योगिकीकरण और नगरीकरण बर्दाश्त नहीं कर सकती।

विकास का जो मॉडल आज हमारे सामने है, उसकी सैद्धान्तिक बुनियाद अठारहवीं सदी में पड़ी थी। यूरोप में अठारहवीं सदी 'ज्ञानोदय' की सदी कहलाती है। 'ज्ञानोदय' के चिन्तकों, दार्शनिकों और वैज्ञानिकों ने विकास की जिस अवधारणा का सूत्रपात किया, वह रेखीय और भौतिक प्रगति पर आधारित थी। 'ज्ञानोदय' के दौरान ज्ञान-विज्ञान और तर्क-बुद्धि के स्वतंत्र विकास के साथ उस दौर की शुरुआत होती है, जिसे काण्ट ने मनुष्यता की प्रौढ़ावस्था कहा है। काण्ट का मानना था कि मनुष्य अपने विकास के इतिहास में पहली बार ऐसी स्थिति में पहुँच गया है, जहाँ तर्क-बुद्धि के द्वारा वह समाज और समाज की समस्याओं को बिना किसी धार्मिक अन्धविश्वास का सहारा लिए समझ सकता है; और उसे बदल भी सकता है। इस प्रकार एक बेहतर, मानवीय और सम्पन्न समाज की आकांक्षा चरितार्थ होती दिखाई

पड़ी। कहने की आवश्यकता नहीं कि ज्ञान-विज्ञान और तर्क-बुद्धि के विकास के बिना इस प्रकार का स्वप्न नहीं देखा जा सकता था। इसे ही जर्मन दार्शनिक हैबरमास ने 'आधुनिकता का प्रोजेक्ट' कहा है। ये 'प्रोजेक्ट' उनके अनुसार आज भी अधूरा है। इसके पूरे होने पर समूची मनुष्यता के लिए सुख-शान्ति और सम्पन्नता का जीवन व्यतीत करना सम्भव होगा। किन्तु इधर विचारकों का ऐसा मत बन रहा है कि 'आधुनिकता का प्रोजेक्ट' शुरू से ही गड़बड़ था। इसलिए उस पर नए सिरे से विचार किया जा रहा है। दार्शनिक अकील बिलग्रामी ने इस प्रसंग में महत्वपूर्ण कार्य किया है। उन्होंने 'ज्ञानोदय' से सम्बन्धित अपने अध्ययन में इस तथ्य का उल्लेख किया है कि 'ज्ञानोदय' की एक 'रेडिकल' धारा भी थी। 'रेडिकल' धारा से सम्बन्धित वैज्ञानिकों का सिलसिला सत्रहवीं शताब्दी के आखिरी दशक से ही मिलने लगता है और ये अठारहवीं शताब्दी में भी सक्रिय दिखाई पड़ते हैं। इनका दृष्टिकोण ज्यादा मानवीय, समतामूलक और किसी भी प्रकार के वर्चस्व का विरोध करने वाला था। किन्तु उनकी बात दब गई। 'ज्ञानोदय' के नाम पर हम जिन लोगों से परिचित हैं, उनका विकास राज्यसत्ता, धर्मसत्ता, अर्थसत्ता और ज्ञान-विज्ञान की सत्ता के गठजोड़ से हुआ था। उन्हीं के द्वारा प्रवर्तित दृष्टिकोण को हम वैज्ञानिक दृष्टिकोण के रूप में जानते हैं। बिलग्रामी ने इसे 'स्थूल वैज्ञानिक दृष्टिकोण' माना है। उनके अनुसार, 'सूक्ष्म वैज्ञानिक दृष्टिकोण' के पुरस्कर्ता 'रेडिकल ज्ञानोदय' के वैज्ञानिक और चिन्तक थे। उल्लेखनीय है कि ज्ञान-विज्ञान के विकास के साथ औद्योगिकीकरण का जो स्वरूप सामने आया वह प्रकृति और मनुष्य के शोषण पर आधारित था। यूरोप ने प्रकृति और मनुष्य का शोषण सिर्फ उपनिवेशों में ही नहीं, उससे पहले स्वयं अपने यहाँ भी किया था। ग्रामीण आबादी की बड़े पैमाने पर तबाही इसका प्रमाण है। खेतों को भेड़ों के चारागाह में तब्दील कर दिया गया और किसानों को शहरों की ओर धकेल दिया गया। विकास की इस परिकल्पना के परिणामस्वरूप मनुष्य और संसाधनों का इस्तेमाल एक विशेष वर्ग के मुनाफे के लिए किया जाने लगा। सत्ता के द्वारा मनुष्य और प्रकृति के संसाधन के रूप में दोहन से ही विकास का वह सिलसिला कायम हुआ, जिसकी तार्किक परिणति ने प्रकृति और पर्यावरण को विनाश के कगार पर पहुँचा दिया। अब तो समूची पृथ्वी का अस्तित्व ही खतरे में पड़ गया लगता है। पहली बार ये एहसास दुनिया के पैमाने पर हो रहा है कि भौतिक विकास की भी एक सीमा है और प्रकृति के साथ आप अनियंत्रित छेड़छाड़ नहीं कर सकते। इसके बावजूद विश्व की पूँजीवादी व्यवस्था इस चेतावनी को दरकिनार करते हुए अपने लोभ-लाभ के लिए विकास के उसी मॉडल को आगे बढ़ा रही है, जो प्रकृति और मनुष्य के दोहन और शोषण पर टिका है।

जैसा कि पहले कहा गया है पश्चिम की आर्थिक समृद्धि औपनिवेशिक लूट के बिना सम्भव नहीं थी। पश्चिम ने अपनी आर्थिक समृद्धि का जो तरीका अपनाया,

वह दुनिया के संसाधनों के दोहन पर आधारित था। इस प्रक्रिया में उसने शेष दुनिया के देशों को न केवल तबाह कर दिया बल्कि कुछ महाद्वीपों पर कब्जा भी कर लिया और वहाँ के मूल निवासियों को लगभग खत्म कर दिया। अमेरिका और आस्ट्रेलिया दो ऐसे महाद्वीप हैं, जहाँ यूरोपियों का वर्चस्व है और वहाँ के मूल निवासियों की संख्या बहुत कम है। उल्लेखनीय है कि सन् 1492 में अमेरिका की 'खोज' कर लेने के बाद वहाँ के मूल निवासियों का इतने बड़े पैमाने पर कत्लेआम किया गया कि जब सोलहवीं शताब्दी में बाकी दुनिया की आबादी लगभग दुगुनी हो गई थी, अमेरिका की आबादी आधी रह गई। आज हालत यह है कि जितने यूरोपवासी यूरोप में हैं उसके चौगुने यूरोप से बाहर। कहने का आशय यह कि यूरोप ने आधुनिकीकरण और औद्योगिकीकरण के दौरान अपनी आबादी का एक बड़ा हिस्सा दूसरे देशों में स्थानान्तरित कर दिया। गैर यूरोपीय देश न तो अपनी आबादी के एक बड़े हिस्से को अन्यत्र स्थापित कर सकते हैं और न ही दूसरे देशों को उपनिवेश बनाकर उनके संसाधनों को लूट सकते हैं। उन्हें तो अपने संसाधनों के सहारे ही औद्योगिकीकरण करना है। औद्योगिकीकरण के लिए बड़ी मात्रा में पूँजी की जरूरत होती है। अब समस्या यह है कि पूँजी कहाँ से आए? दो ही विकल्प बचते हैं—या तो आप विकसित देशों से कर्ज लें या अपने ही देश की आबादी के एक बड़े हिस्से का शोषण करें। यदि किसी विकसित देश या इसी तरह की किसी अन्तर्राष्ट्रीय संस्था से कर्ज लेते हैं तो उसके द्वारा तय की गई शर्तों को मानना पड़ेगा और उसके अनुरूप अपनी नीतियाँ बनानी पड़ेंगी। जाहिर है कि इस ढंग से जो औद्योगिकीकरण होगा उसका लाभ देश की आबादी के एक छोटे से हिस्से को ही मिलेगा। सबसे ज्यादा लाभ तो कर्ज देने वाले देश को होगा। ज्यादातर विकासशील देशों ने प्रायः यही नीति अपनायी, जिसका परिणाम यह हुआ कि उनकी राजनीतिक प्रभुसत्ता ही सीमित हो गई। वे विकसित देशों के पिछलग्गू बन गए। जिन समाजवादी देशों ने सिर्फ अपने संसाधनों के सहारे तेजी से औद्योगिकीकरण की नीति अपनायी, उन्हें पूँजी-संचय के लिए अपनी ही आबादी के एक प्रमुख हिस्से को निचोड़ना पड़ा। यही कारण है कि सोवियत संघ में कृषि की उपज कभी भी सन्तोषजनक नहीं रही।

अर्थशास्त्रियों का मानना है कि पश्चिमी ढंग के विकास के मॉडल को अपनाने पर जो आबादी तबाह होगी उसे बसाने के लिए एक नहीं, चार अमेरिका की जरूरत पड़ेगी! किन्तु सबसे महत्वपूर्ण प्रश्न यह है कि पश्चिमी ढंग का जीवन-स्तर प्राप्त करने के लिए धरती के संसाधनों का जिस बड़े पैमाने पर दोहन करना पड़ेगा, उसे यह धरती बर्दाश्त ही नहीं कर सकती। इसलिए पर्यावरण की चिन्ता सिर्फ शौक या शगल नहीं, मजबूरी है। इसका मतलब यह भी है कि हमें विकास के ऐसे मॉडल के बारे में सोचना पड़ेगा जो सिर्फ भौतिक समृद्धि पर आधारित न हो। अभी तक हम विकास को आर्थिक समृद्धि और खुशी का पर्याय मानते आए थे। अब ये समझ

में आ रहा है कि विकास का मतलब सिर्फ आर्थिक समृद्धि नहीं है और आर्थिक समृद्धि का मतलब खुशी भी नहीं है। इनके रिश्ते ज्यादा जटिल और बहुआयामी हैं और उनमें से किसी एक पक्ष पर जोर देने से विकास की अवधारणा एक-आयामी हो जाती है। विकास का मतलब मनुष्यता का भी विकास है। विकास का मतलब प्रकृति और पर्यावरण का विनाश नहीं है। हमें 'ज्ञानोदय' के दौरान विकसित हुई विकास की अवधारणा पर नए सिरे से विचार करने की जरूरत है। एक ऐसी संस्कृति विकसित करने की जरूरत है, जिसमें मनुष्यता और पर्यावरण की चिन्ता सबसे ऊपर हो।

इस प्रसंग में यह देखना दिलचस्प होगा कि मार्क्स के लेखन में ये प्रश्न किस रूप में आते हैं। क्योंकि पूँजीवाद को अतिक्रमित करने वाली समाजवादी व्यवस्था का निर्माण मार्क्स के विचारों के आधार पर ही करने का दावा किया गया था, लेकिन समाजवादी निर्माण के दौरान कुछ एक आधे-अधूरे छिटपुट प्रयासों को छोड़ दें तो प्रकृति, मनुष्य और विकास के अन्तर्सम्बन्धों को समझने की कोई गम्भीर चेष्टा नहीं की गई। कारण सम्भवत: यह था कि समाज के विकास का नियम खोज लेने का दावा करने वाले मार्क्सवादियों ने सामाजिक परिवर्तन को मूल रूप से उत्पादन के साधनों में होने वाले बदलाव के आधार पर व्याख्यायित किया। इस तर्क के अनुसार पूँजीवाद समाज के विकास की एक ऐसी मंजिल साबित होता है, जो समाजवादी समाज के निर्माण के लिए अन्ततः पथ प्रशस्त करता है। इसीलिए पूँजीवाद को पूर्ववर्ती सामन्ती समाज की तुलना में प्रगतिशील माना गया। लम्बे अर्से तक मार्क्सवाद की औसत समझ ऐसी ही थी। सोवियत संघ और चीन में, जहाँ पूँजीवाद पश्चिमी यूरोप की तुलना में कम विकसित था, कम्युनिस्ट पार्टी की चिन्ता ये थी कि उत्पादन के साधनों का तेजी से विकास कर अपने समाज का औद्योगिकीकरण कैसे किया जाए। समाजवाद चूँकि पूँजीवाद से उन्नत एवं प्रगतिशील व्यवस्था मानी गई थी, इसलिए समाजवादी समाजों को पूँजीवादी समाजों से औद्योगिक और भौतिक दृष्टि से उन्नत बनाने की कोशिश की गई। समाजवादी समाज की पहली लहर के असफल हो जाने और पर्यावरण सम्बन्धी संकट के विकराल रूप धारण कर लेने के बाद विकास की अवधारणा पर दुनिया भर में नए सिरे से विचार-मंथन चल रहा है। लम्बे समय तक पश्चिम में हरित आन्दोलन (ग्रीन मूवमेंट) के विचारक ये मानते रहे कि मार्क्सवादी विमर्श अन्धाधुन्ध औद्योगिकीकरण का पक्षधर है और प्रकृति एवं पर्यावरण की चिन्ता वहाँ सिरे से गायब है। हरित आन्दोलन के नेताओं के इस तर्क की पुष्टि समाजवादी निर्माण के दौरान हुए अन्धाधुन्ध औद्योगिकीकरण से होती है। समाजवादी निर्माण के दौरान मुश्किल से तीन ऐसे प्रसंग दिखाई पड़ते हैं जब प्रकृति और पर्यावरण की समस्या को ध्यान में रखते हुए कुछ नए ढंग के प्रयोग किए गए।

रूसी क्रान्ति के प्रारम्भिक वर्षों में तेजी से आर्थिक विकास की प्रक्रिया को अंजाम देने के दौरान सोवियत संघ के नेताओं को प्रकृति के साथ बड़े पैमाने पर छेड़छाड़ से उत्पन्न होने वाली समस्याओं का अहसास हुआ। लेनिन ने 1921 ई. में कई संरक्षित क्षेत्र बनाए। यद्यपि स्टालिन के शासन में इन क्षेत्रों को खत्म कर दिया गया लेकिन इसका रूसी मार्क्सवादियों के प्रकृति के प्रति संवेदनशीलता के प्रारम्भिक साक्ष्य के रूप में उल्लेख तो किया ही जाना चाहिए। दूसरा उदाहरण इटली के वोलोगना शहर का है, जहाँ 1975 के आसपास निर्वाचित कम्युनिस्ट सरकार ने शहर के केन्द्रीय आवासीय और व्यावसायिक क्षेत्र में निजी वाहनों के आवागमन पर पाबन्दी लगा दी और लोगों को सार्वजनिक यातायात के साधनों का इस्तेमाल करने के लिए मजबूर किया। ये कोई ऐसा मौलिक या महत्वपूर्ण प्रयास नहीं था, लेकिन इसके महत्व को इस तथ्य के सहारे समझा जाना चाहिए कि अमेरिका में ऑटोमोबाइल इंडस्ट्री को बढ़ावा देने के लिए यातायात के सार्वजनिक साधनों को खत्म कर दिया गया और सचेत रूप से आवासीय, कार्यालयी तथा वाणिज्यिक क्षेत्र को अलग रखा गया ताकि आवास से कार्यस्थल तक आने जाने के लिए निजी वाहन खरीदना जरूरी हो जाए। तीसरा उदाहरण क्यूबा का है। 1991 ई. में सोवियत संघ के विघटन के बाद क्यूबा को प्राकृतिक संसाधनों, विशेष रूप से तेल की किल्लत, का सामना करना पड़ा। तेल की कमी के कारण ट्रैक्टर के सहारे खेती करना मुश्किल हो गया और रासायनिक उर्वरकों की भी कमी पड़ गई। इस स्थिति का मुकाबला क्यूबा ने, जहाँ तेल जैसे प्राकृतिक संसाधनों का प्रायः अभाव है, बहुत ही रचनात्मक ढंग से और पर्यावरण के प्रति संवेदनशील रहते हुए किया। क्यूबा ने बड़े पैमाने पर जैविक खेती के तरीकों का सहारा लिया और आवागमन के लिए भारी संख्या में साइकिलों का आयात किया। यही नहीं, बड़े पैमाने पर वृक्षारोपण कर वन क्षेत्र का विस्तार किया गया। पर्यावरण की दृष्टि से क्यूबा का ये अभियान एक आदर्श मॉडल है और ट्रापिकल अमेरिका की कई विलुप्तप्राय प्रजातियों का एकमात्र अभयारण्य भी है। क्यूबा ने शहरी क्षेत्रों में नगरीय उद्यान विकसित करने के लिए राष्ट्रीय स्तर पर एक आधारभूत ढाँचा तैयार किया, और यह अपने ढंग का अकेला प्रयास है। ये प्रयास महत्वपूर्ण तो थे लेकिन इन्हें रैडिकल कहना सम्भवतः ठीक नहीं। इस तरह के छोटे-मोटे समायोजन तो पूँजीवादी व्यवस्था में भी किए जा सकते हैं और कुछ एक किए भी जा रहे हैं। समस्या ज्यादा गहरी है और उससे निकलने का रास्ता तभी मिलेगा जब हम प्रगति, विकास, समृद्धि के उस मॉडल की आलोचना करेंगे, जिसका विकास अठारहवीं सदी में ज्ञानोदय के साथ होता है। सूत्र रूप में संयम और अनुशासन, एक दूसरे के प्रति सहयोग की भावना, प्रेम और करुणा जैसे मूल्यों को हमें नए सिरे से पहचानना होगा और मनुष्य-जीवन एवं सुख की एक अभौतिक (नॉन मैटेरियलिस्टिक) अवधारणा के

बारे में गम्भीरता से सोचना पड़ेगा। पूँजीवाद में सुख की अवधारणा अर्थ और वस्तुप्रधान हो गई है। अर्थ और वस्तु की उपयोगिता को नकारे बिना और भावपक्ष से सम्बन्धित सुख, आह्लाद और संतुष्टि के महत्व पर जोर दिए बिना पूँजीवादी दुश्चक्र से निकलना असम्भव है। पूँजीवाद से उच्चतर समाजवादी संस्कृति का निर्माण तो इसके बिना नामुमकिन ही है। सिर्फ अर्थ और वस्तु के समाजीकरण पर आधारित समाजवादी संस्कृति का, अन्ततः पूँजीवादी संस्कृति में, पर्यवसान सम्भवतः इसलिए हुआ क्योंकि उसने लोभ-लाभ से संचालित अर्थ-वस्तु-प्रधान पूँजीवादी संस्कृति से उच्चतर संस्कृति विकसित करने का कोई गम्भीर और व्यवस्थित प्रयास नहीं किया। एक खास तरह के स्थूल भौतिकवाद को अतिक्रमित करने में वह सफल नहीं हुई।

पूँजीवाद के अस्तित्व के लिए विकास आवश्यक है। वह मंदी नहीं बर्दाश्त कर सकता। विकास नहीं होगा तो वह मर जाएगा। लेकिन विडम्बना ये है कि इसी ढर्रे पर वह आगे बढ़ता रहे तब भी मर जाएगा। यही नहीं, समूची पृथ्वी का अस्तित्व खतरे में पड़ जाएगा। इसे ही आजकल समाज वैज्ञानिक एक दिलचस्प जुमले में इस तरह पेश कर रहे हैं 'ग्रो ऑर डाई' और 'ग्रो एंड डाई' अर्थात् 'विकास करो या मर जाओ' और 'विकास करो और मर जाओ।' ये सही है कि आजकल एक पर्यावरण हितैषी हरित पूँजीवाद (ग्रीन कैपेटलिज्म) की चर्चा चल पड़ी है। हरित पूँजीवाद के समर्थकों के तर्कों का विस्तार से उल्लेख करने का अवसर तो यहाँ नहीं है, लेकिन सूत्र रूप में यह जरूर कहा जा सकता है कि ये लोग जिस प्रकार की वैकल्पिक टेक्नॉलजी और ऊर्जा के स्रोतों की बात कर रहे हैं, उससे एक तरह का प्रदूषण तो सम्भव है कम हो जाए लेकिन एक नए किस्म का प्रदूषण ज़रूर बढ़ जाएगा। इसलिए ऐसा लगता नहीं कि पूँजीवाद पर्यावरण के संकट से निकलने के जिस तरकीब की पेशकश कर रहा है, उससे पर्यावरण सम्बन्धी संकट का कोई सार्थक हल निकल पाएगा।

बीसवीं शताब्दी के अन्तिम दशक में इस बात की नए सिरे से पड़ताल शुरू हुई कि क्या वास्तव में मार्क्स के लेखन में प्रकृति और पर्यावरण की चिन्ता सिरे से गायब है! इस प्रक्रिया में मार्क्स और एंगेल्स के लेखन को दोबारा पढ़ा गया और इससे जो नतीजे सामने आए वो विस्मयकारी हैं। यहाँ तो उन सभी बातों को सूत्ररूप में रखना भी सम्भव नहीं होगा लेकिन मार्क्स, एंगेल्स के पुनर्पाठ से ये जरूर लगता है कि उन्हें वामपंथियों द्वारा बहुत ही गलत ढंग से पढ़ा और समझा गया था। समाजवादी संस्कृति को एक ऐसी संस्कृति मान लिया गया जिसमें भोग-विलास और समृद्धि तक, कुछ लोगों की नहीं, सभी की पहुँच होगी। क्योंकि उत्पादन के साधनों का स्वामित्व पूँजीपति के नहीं, समाज के हाथ में होगा। विचारकों ने जिस 'ग्रीन मार्क्स' की खोज की है, उसके परिप्रेक्ष्य में समाजवादी निर्माण, समाजवादी

संस्कृति और समाजवादी विकास की अवधारणा पर, मार्क्सवाद के दायरे में रहते हुए भी, पुनर्विचार जरूरी हो गया है।

दर्शन और ज्ञान-विज्ञान का विकास सिर्फ भौतिकवादी परम्परा के अन्दर हुआ हो, ऐसा नहीं। जिसे आदर्शवादी परम्परा कहा जाता है, उसके अन्दर भी दर्शन और ज्ञान-विज्ञान का विकास हुआ है। पीछे की बातों को अगर छोड़ भी दें तो स्वयं मार्क्स के विचारों की कल्पना हीगेल के बिना नहीं की जा सकती। और हीगेल भौतिकवादी नहीं, आदर्शवादी थे। परवर्ती वामपंथियों ने ज्ञान-विज्ञान के विकास की इस जटिल प्रक्रिया को एक बहुत ही स्थूल किस्म के भौतिकवाद में निःशेष कर दिया और इस भौतिकवाद में मार्क्स की अन्तर्दृष्टि का कोई तर्कसंगत विकास नहीं दिखाई देता। यही कारण है कि मार्क्सवादी और भौतिकवादी बीसवीं शताब्दी में लम्बे समय तक प्रकृति और पर्यावरण की चिन्ता का प्रश्न उठाने वाले विचारकों को प्रगतिविरोधी मानते हुए खारिज करते रहे। आज हालात ये हैं कि इन आदर्शवादियों, पर्यावरण की चिन्ता करने वाले हरित आन्दोलन के विद्वानों और पिछली सदी में दबे रह गए मार्क्स के चिन्तन के इस पक्ष में, जो पर्यावरण और मनुष्य के दोहन को एक साथ रखकर देखता है, समानता और मिलन के कई बिन्दु दिखाई पड़ रहे हैं। मार्क्स के यहाँ पदार्थ और चेतना, चेतना और बाह्य जगत, प्रकृति और मनुष्य, उत्पादन के साधनों का विकास और पर्यावरण को बिल्कुल अलग-अलग खाँचों में रखकर विचार नहीं किया गया था। अध्ययन की सुविधा के लिए भले ही इनका नाम अलग-अलग ले लिया गया हो, लेकिन मार्क्स वास्तव में इन्हें अलग करके नहीं देखते थे। कुछ लोगों का खयाल है कि इन्हें अलग-अलग खाँचों में रखकर देखने की शुरुआत एंगेल्स के लेखन से होती है। लेकिन सम्भवतः ऐसा कहना एंगेल्स के साथ थोड़ी ज्यादती होगी क्योंकि एंगेल्स के यहाँ भी इन्हें इस कदर अलग करके नहीं देखा गया, जैसा परवर्ती वामपंथी विचारकों के यहाँ दिखाई पड़ता है।

यह सही है कि मार्क्स की आर्थिक और दार्शनिक पांडुलिपि (1844 ई.) का पता बहुत बाद में चला, लेकिन ये मानना कि अपने परवर्ती लेखन में मार्क्स ने प्रकृति और विकास, प्रकृति और मनुष्य के अन्तर्सम्बन्ध को लेकर कोई चिन्ता ही नहीं दिखाई, गलत होगा।

मार्क्स ने न केवल इतिहास की भौतिकवादी व्याख्या प्रस्तुत की बल्कि मनुष्य और प्रकृति को एक दूसरे से पूरी तरह अलग करके देखने और प्रकृति पर मनुष्य के विजय के तर्क को भी स्वीकार नहीं किया। मनुष्य प्रकृति के नियमों का ज्ञान प्राप्त कर सकता है और एक सीमा तक उसे रूपान्तरित भी कर सकता है लेकिन प्रकृति के प्रति लापरवाह नहीं हो सकता। 1844 ई. की आर्थिक और दार्शनिक पांडुलिपि में उन्होंने लिखा था कि, 'मनुष्य का जीवन प्रकृति से सम्भव हुआ है। प्रकृति से उसे सतत संवाद बनाए रखना चाहिए। मनुष्य का शारीरिक और मानसिक

जीवन प्रकृति से जुड़ा हुआ है। कहने का सीधा अर्थ है कि प्रकृति मनुष्य से सम्बद्ध है, क्योंकि मनुष्य प्रकृति का हिस्सा है।' इसी पांडुलिपि में मार्क्स ने ये भी लिखा था कि 'पूरी तरह से विकसित प्रकृतिवाद के रूप में साम्यवाद मानवतावाद के बराबर है और पूरी तरह से विकसित मानवतावाद प्रकृतिवाद के बराबर है। साम्यवाद मनुष्य और प्रकृति, मनुष्य और मनुष्य, मनुष्य और दूसरी प्रजातियों के बीच के अन्तर्विरोधों का सही समाधान प्रस्तुत करता है। साम्यवाद इतिहास की गुत्थियों का सुलझाव है।''

मार्क्स ने अपने महान ग्रन्थ 'दास कैपिटल' में भी पूँजीवाद के द्वारा प्रकृति के अपूरणीय विनाश को लेकर चिन्ता प्रकट की थी। विशेष रूप से उन्होंने अधिक उपज प्राप्त कर मुनाफा कमाने के लिए कृषि-योग्य भूमि का बेपनाह दोहन कर उसे अनुर्वर बना देने की आलोचना की थी। एंगेल्स ने तो 'प्रकृति का द्वन्द्ववाद' (डायलेक्टिक्स ऑफ नेचर) पुस्तक में विज्ञान और टेक्नॉलजी के विकास के साथ प्रकृति से बड़े पैमाने पर छेड़छाड़ करने की पूँजीवादी प्रवृत्ति के दुष्परिणामों के बारे में लिखा है, ''प्रकृति पर मनुष्य की विजय को लेकर ज्यादा खुश होने की जरूरत नहीं है। क्योंकि ऐसी हर जीत हमसे अपना बदला लेती है। पहली बार तो हमें वही परिणाम मिलता है जो हमने चाहा था लेकिन दूसरी और तीसरी दफा इसके अप्रत्याशित प्रभाव दिखाई पड़ते हैं, जो पहली बार के प्रत्याशित प्रभाव का प्राय: निषेध कर देते हैं।...इस तरह हर कदम पर हमें ये चेतावनी मिलती है कि हम प्रकृति पर शासन नहीं करते, जैसे कोई विजेता विदेशी लोगों पर शासन करता है। हम प्रकृति पर इस तरह शासन नहीं कर सकते जैसे हम उसके बाहर खड़े हों, क्योंकि हम मांस, रक्त और मस्तिष्क सहित प्रकृति से जुड़े हुए हैं, और उसी के बीच हमारा अस्तित्व है। प्रकृति पर हमारी उस्तादी का मतलब सिर्फ इतना है कि दूसरे प्राणियों के मुकाबले प्रकृति को जानने और उसके नियमों को सही ढंग से लागू करने की सामर्थ्य हममें ज्यादा है। समय बीतने के साथ-साथ हमारा प्रकृति के इन नियमों के बारे में ज्ञान भी बढ़ता जाता है; और उसी के साथ प्रकृति के पारम्परिक स्वरूप में हस्तक्षेप करने के तात्कालिक और दूरगामी परिणामों के बारे में हमारी समझ भी बढ़ती जाती है। ये ज्ञान जितना आगे बढ़ेगा उतना ही मनुष्य को प्रकृति के साथ अपनी अविभाज्यता का बोध होगा। उसी के साथ मस्तिष्क और पदार्थ, मनुष्य और प्रकृति, चेतना और शरीर से सम्बन्धित अन्तर्विरोध की प्रकृति-विरोधी व्यर्थता का एहसास होगा।''

विद्वानों ने लक्ष्य किया है कि कैपिटल लिखने के दौरान मार्क्स प्रकृति की भौतिकवादी अवधारणा और इतिहास की भौतिकवादी अवधारणा, दोनों को एक साथ जोड़ने में सफल हुए। अपने राजनीतिक अर्थशास्त्र को विकसित करने के दौरान मार्क्स ने चयापचय (मेटाबोलिज्म) की अवधारणा का इस्तेमाल श्रम की प्रक्रिया को परिभाषित करने के लिए किया। मनुष्य अपने क्रिया-कलापों द्वारा अपने और प्रकृति के बीच चयापचय को निर्देशित और नियंत्रित करता है, किन्तु इस

चयापचय में पूँजीवादी उत्पादन सम्बन्धों और नगर और गाँव के अलगाव के कारण एक न भरने वाली दरार पड़ जाती है। समाजवाद के दौरान मनुष्य और प्रकृति के चयापचय सम्बन्ध को ज्यादा तर्कसंगत ढंग से हल करना होगा, क्योंकि ऐसा हल खोज पाना पूँजीवादी समाज के बूते के बाहर है। प्रश्न ये है कि ऐतिहासिक और सैद्धान्तिक रूप से ऐसा समाधान कैसे निकाला जाए? मुनाफे की चाहत के कारण पूँजीवाद ने मनुष्य और प्रकृति के चयापचयी सम्बन्ध को तबाह कर डाला है। मार्क्स के यहाँ चयापचय की अवधारणा का सम्बन्ध सिर्फ प्रकृति से ही नहीं है, समाज से भी है। इसका अर्थ यह भी है कि प्रकृति भी मनुष्य पर कुछ शर्तें लागू करती है और मनुष्य में भी ये क्षमता है कि वह इस प्रक्रिया को प्रभावित करे। मार्क्स द्वारा प्रदत्त प्रकृति की भौतिकवादी अवधारणा का महत्व यह है कि हम प्रकृति को अपनी मर्जी के मुताबिक, जैसे चाहें वैसे, नहीं बदल सकते। इसलिए हमें प्रकृति के नियमों और उसकी सत्ता को समझना होगा। समाज और समाज की संस्थाओं को श्रम-विभाजन की प्रक्रिया और सम्पत्ति के वितरण का ऐसा तरीका खोजना होगा जिससे मनुष्य और प्रकृति के बीच का चयापचयी सम्बन्ध दुरुस्त रहे। इस प्रसंग में मार्क्स ने इस ओर भी ध्यान आकृष्ट किया कि ये सम्बन्ध तब तक ठीक नहीं हो सकता जब तक मनुष्य और मनुष्य के बीच के, नगर और गाँव के बीच के सामाजिक चयापचयी सम्बन्ध को ठीक नहीं किया जाता। मार्क्स ने तो ये भी स्वीकार किया कि हम केवल एक विज्ञान जानते हैं—इतिहास का विज्ञान। लेकिन इतिहास को दो तरफ से देखा जा सकता है। इसे दो भागों में विभाजित किया जा सकता है—प्रकृति का इतिहास और मनुष्य का इतिहास। लेकिन इन दोनों भागों को स्वतंत्र इकाइयों के रूप में नहीं देखा जा सकता। मार्क्स अन्ततः इस निष्कर्ष पर पहुँचे कि पूँजीवाद न केवल मनुष्यों का शोषण करता है बल्कि प्रकृति का भी अन्धाधुन्ध दोहन करता है। इसलिए एक ऐसी व्यवस्था, जो सिर्फ लोभ-लाभ से संचालित न हो और जिसमें उत्पादन के साधनों का स्वामित्व समूचे समाज का हो, के द्वारा ही मनुष्य और मनुष्य तथा प्रकृति और मनुष्य के बीच पैदा हो गई दरार को पाटा जा सकता है।

यह सही है कि मार्क्स ने प्रकृति पर उस्तादी (मास्टरी ओवर नेचर) की बात लिखी है और इसे कुछ पर्यावरणवादियों ने प्रकृति के प्रति मार्क्स की संवेदनहीनता के रूप में उद्धृत किया है, किन्तु ग्रोंडमान ने इस जुमले को संगीत का वाद्ययन्त्र बजाने के रूप में व्याख्यायित किया है। वाद्ययन्त्र पर 'मास्टरी' का मतलब उसे तोड़-फोड़ देना नहीं है, वैसे ही प्रकृति पर 'मास्टरी' का मतलब उसके नियमों को पूरा सम्मान देना और उसकी सत्ता को स्वीकार करते हुए तदनुसार उसे संचालित करना है। ग्रोंडमान ने तो यहाँ तक लिखा है कि प्रकृति के विनाश का कारण ये है कि मनुष्य अभी तक प्रकृति पर सही मायने में उस्तादी हासिल नहीं कर सका है। प्रकृति के विनाश को रोकने के लिए हमें प्रकृति पर उस्तादी की क्षमता को और

समृद्ध करना होगा। साम्यवादी समाज में ही हम वह ऊँचाई प्राप्त कर सकेंगे जहाँ से, सही मायने में, प्रकृति पर 'मास्टरी' कर पाना सम्भव होगा।

मार्क्स ने लिखा है कि श्रम प्रकृति के रूप को तो बदल सकता है लेकिन अन्तर्वस्तु को नहीं। प्राकृतिक अन्तर्वस्तु एक ऐसी हठीली चीज है जो रूप से निरपेक्ष होती है। यह प्रकृति का ऐसा मूलभूत क्षेत्र है जिस पर श्रम के द्वारा वर्चस्व कायम नहीं किया जा सकता। इसका अभिप्राय यह है कि प्रकृति सिर्फ एक सामाजिक ऐतिहासिक अवधारणा नहीं है। मनुष्य के श्रम द्वारा उसे मनचाहे ढंग से नहीं बदला जा सकता है। प्रकृति का एक सत्तामूलक (ontological) अस्तित्व भी है। मार्क्स ने प्रकृति के बुनियादी स्रोत और प्रकृति के सामाजिक–ऐतिहासिक स्वरूप में अन्तर किया, अन्तर को कायम रखा और इन दोनों रूपों के अन्तर्सम्बन्ध को दिखाने के बावजूद बुनियादी अन्तर को मिटाने से इन्कार किया। यही नहीं, इस बुनियादी अन्तर के महत्व को बनाए रखने की ज़रूरत पर भी बल दिया।

प्रकृति और मनुष्य के अन्तर्सम्बन्ध के बारे में मार्क्स के इन मूलभूत विचारों के प्रति समाजवादी निर्माण के दौरान, कुछ एक अपवादों को छोड़कर, लगभग उदासीनता का रुख देखकर आश्चर्य होता है। यही नहीं, प्रकृति और पर्यावरण के प्रश्न उठाने वालों और उपभोक्तावाद की आलोचना करने वालों को बड़ी आसानी से विकास, प्रगतिशीलता और आधुनिकता का विरोधी साबित किया जाता रहा और आज भी किया जाता है। जो लोग थोड़ी रियायत देते हैं वे भी उन्हें अतीतजीवी, रोमैंटिक रूसो के जमाने का चिन्तक मान लेते हैं। मार्क्स के द्वन्द्वात्मक भौतिकवाद के स्थूल औद्योगिक भौतिकवाद में पतन के कारण पर्यावरण सम्बन्धी प्रश्न उन लोगों के द्वारा उठाये गए जिन्हें मोटे तौर पर हम आदर्शवादी कहते हैं। चूँकि ये प्रश्न आदर्शवादियों की तरफ से उठाये गए, इसलिए इन्हें ध्यान देने के लायक नहीं समझा गया। आज जरूरत इस बात की है कि आदर्शवादी परम्परा में विकसित पर्यावरण सम्बन्धी ज्ञान से भौतिकवाद संवाद कायम करे और उसे ऊँचाई पर ले जाए, जैसे हीगेल के भाववादी परम्परा के ज्ञान से संवाद स्थापित करते हुए मार्क्स ने उसे भौतिकवाद की बुनियाद के सहारे एक नई ऊँचाई प्रदान की थी। इस प्रसंग में भौतिकवादियों/मार्क्सवादियों को गांधी के विचारों के साथ एक बहुत गहरे और रचनात्मक स्तर का संवाद स्थापित करने की जरूरत है। भविष्य का समाजवाद इसी प्रकार के संवाद के जरिए विकसित होगा और वह बीसवीं शती के समाजवाद की नकल नहीं होगा। उल्लेखनीय है कि गांधी प्रकृति के अपरिमित दोहन का विरोध इसलिए कर सके क्योंकि वे मनुष्यता के विकास का एक ऐसा मॉडल पेश कर रहे थे, जो सिर्फ भौतिक समृद्धि पर आधारित नहीं था। आधुनिकता के प्रोजेक्ट की विडम्बना यह है कि वह मूलतः भौतिक समृद्धि पर आधारित है और यह भौतिक समृद्धि भी सभी को सुलभ नहीं हुई। गैरपश्चिमी समाजों ने आधुनिकता के प्रोजेक्ट

को लगभग उसी रूप में अपनाने की कोशिश की। आन्तरिक समृद्धि, सहयोग, सन्तोष, त्याग, करुणा, प्रेम, विश्व-बन्धुत्व, शान्ति इत्यादि के मूल्यों को दरकिनार कर आधुनिकता के मॉडल को अपनाने के दुष्परिणाम आज हमारे सामने हैं। चाहे पहले के समाजवादी समाज हों या आज के विकासशील/विकसित समाज, सभी आधुनिकता की इस व्याधि से ग्रस्त हैं।

हिन्द स्वराज और आधुनिकता

यह सही है कि 'हिन्द स्वराज' गांधी वाङ्मय की मूलभूत कृति है और गांधी का 'हिन्द स्वराज' में लिखी बातों पर विश्वास अन्तिम समय तक अक्षुण्ण बना रहा। एन्थोनी पॉरेल ने अपनी महत्वपूर्ण कृति 'हिन्द स्वराज एंड अदर राइटिंग' में गांधी वाङ्मय में 'हिन्द स्वराज' की केन्द्रीयता का विशद विवेचन किया है। उस विस्तार में जाने की न तो आवश्यकता है और न ही सार्थकता, क्योंकि उन बातों से हम भलीभाँति परिचित हैं। सिर्फ़ यह ध्यान रखने की ज़रूरत है कि पॉरेल ने 'अदर राइटिंग' के अन्तर्गत गांधी की जिन अन्य कृतियों का उल्लेख किया है, वे पॉरेल के अनुसार 'हिन्द स्वराज' की पूरक हैं, इसलिए 'हिन्द स्वराज' को ठीक से समझने के लिए इन कृतियों को भी ध्यान में रखने की ज़रूरत है।

'हिन्द स्वराज़' को समझना वास्तव में गांधी को समझना है। गांधी वाङ्मय को समझने के 'निर्देशक सिद्धान्त' 'हिन्द स्वराज' में मौजूद हैं। इस आलेख में मैं 'हिन्द स्वराज' की मूलभूत अन्तर्दृष्टि को रेखांकित करने की कोशिश करूँगा। विस्तार से बचने के लिए मैं उन पहलुओं को छोड़ दूँगा जिन पर पर्याप्त चर्चा हो चुकी है, और जिन पर विभिन्न विद्वानों ने पहले ही बहुत कुछ लिख दिया है। गांधी और 'हिन्द स्वराज' पर इतना महत्वपूर्ण कार्य हो चुका है कि किसी मौलिकता का दावा करना तो मूर्खतापूर्ण होगा, किन्तु बलाघात के फ़र्क से भी कई बार अर्थ बदल जाता है।

गांधी ने कहा था कि मेरा जीवन ही मेरा संदेश है। नेहरू ने जैसे इसी बात की तस्दीक करते हुए गांधी के नाम अपने पत्र में लिखा कि 'बापू आप अपनी छोटी-छोटी किताबों से कहीं ज़्यादा बड़े हैं।' उल्लेखनीय है कि निजी एवं सार्वजनिक जीवन में किसी भी प्रकार के आत्यन्तिक भेद को अस्वीकार करते हुए गांधी ने अपने व्यक्तिगत जीवन को सार्वजनिक निगरानी के लिए पूरी तरह खुला छोड़ दिया था। लब्बोलुआब यह कि गांधी का लेखन ही नहीं, उनका समूचा व्यक्तिगत-सार्वजनिक जीवन, यहाँ तक कि उनका शरीर भी संदेश-वाहक बन जाता है। संकेत— विद्या (सेमियाटिक्स) के आ जाने के बाद तो पश्चिम की भी समझ में आ गया है कि 'संदेश' सिर्फ़ शब्दों से ही नहीं दिया जाता। वस्तुत: गांधी का समूचा जीवन एक कृति (टेक्स्ट) है। शब्दों के संदेश को जीवन के सन्देश से अलग कर

देखना इसीलिए नाकाफ़ी है। अकारण नहीं है कि 'हिन्द स्वराज' का संदेश गांधी के जीवन में चरितार्थ या मंचित होता सा प्रतीत होता है। उनका जीवन और लेखन मिलकर एक महाकृति बनाते हैं। गांधी का सम्यक् अध्ययन वस्तुतः इस महाकृति (ग्रैन्ड टेक्स्ट) का ही अध्ययन है।

रचनात्मक कल्पनाशीलता और विनम्र साहस के बिना हिन्द स्वराज के निहितार्थों और सम्भावनाओं को पकड़ पाना लगभग असम्भव है। ध्यातव्य है कि स्वयं गांधी ने भारतीय सांस्कृतिक परम्परा और ज्ञानमीमांसा के मूल्यांकन में ऐसी ही रचनात्मक कल्पनाशीलता और विनम्र साहस से काम लिया था। अकारण नहीं है कि गांधी की बातों का तोतारटन्त की तरह पाठ करने वाले 'गांधीवादी' विद्वानों के मुक़ाबले उन विद्वानों का लेखन ज़्यादा उत्तेजक प्रतीत होता है जिन्होंने गांधी के मूलभूत सरोकारों की उपेक्षा किए बिना उनकी अन्तर्दृष्टियों के निहितार्थों को सर्जनात्मक विस्तार दिया है। अतः ऐसे प्रयासों को गांधी की अपेक्षाओं के अनुरूप ही मानना चाहिए।

एक ज़माना था जब गांधी को अतीतजीवी रोमैंटिक, बुर्जुवाजी का समर्थक, अराजकतावादी और पता नहीं क्या-क्या माना जाता था। आज भी कुछ लोग उन्हें आधुनिकता का समर्थक मानते हैं। आधुनिकता का दबदबा कम हो जाने के बाद इधर उन्हें उत्तर-आधुनिकतावादी के रूप में चिन्हित करने के भी प्रयास हुए हैं। इसके बावजूद उन्हें आधुनिकता के समर्थक के रूप में पेश करने का चलन अब भी ज़ारी है। पिछले दिनों दीपांकर गुप्ता ने उन्हें इसी रूप में पेश किया है (2009)। किन्तु यदि उन्हें किसी पश्चिमी वाद के साँचे में बैठाना ही हो तो आधुनिकता के मुकाबले उनकी संगति उत्तर आधुनिकता से ज़्यादा बैठेगी।

वस्तुतः 'हिन्द स्वराज' की ज्ञानमीमांसात्मक बुनियाद आधुनिकता के निषेध पर टिकी है। यदि यह गांधी की मूलभूत कृति है, जिसमें व्यक्त विचारों पर गांधी आजीवन अडिग रहे, तो गांधी को आधुनिकता के समर्थक के रूप में पेश करना सरासर ग़लत होगा।

गांधी के प्रति सहानुभूति रखने वाले भिक्खु पारेख जैसे विचारक भी यह मानते हैं कि वे आधुनिक सभ्यता की कुछ मूलभूत विशेषताओं को सराह न सके। अनुसंधान की वैज्ञानिक और आलोचनात्मक दृष्टि, प्रकृति पर मनुष्य का बेहतर नियन्त्रण और सांगठनिक क्षमता में दक्षता जैसी आधुनिकता की उपलब्धियों को गांधी ने नजरअन्दाज़ कर दिया (पारेख 1995 : 35)। उन्होंने औद्योगिकीकरण का विरोध इसलिए किया क्योंकि औद्योगिकीकरण के साथ पूँजीवाद और उपनिवेशवाद का इतिहास जुड़ा है; तर्कबुद्धि की आलोचना इसलिए की क्योंकि तर्कबुद्धि का पतन भौतिकतावाद में हुआ।

यदि थोड़ी देर के लिए गांधी की इन सीमाओं को स्वीकार भी कर लिया जाए, तो यह सवाल दरपेश रहता है कि क्या गांधी के द्वारा की गई आधुनिकता की आलोचना

अब बेमतलब हो गई है। जे.डी. सेठी की माने तो गांधी कृत आधुनिकता की आलोचना आज और भी प्रासंगिक हो गई है, क्योंकि 'गांधी ने लगभग आठ दशक पहले जो सवाल पूछे थे वे वही सवाल हैं जिनका सामना आज अविकसित और उत्तर औद्योगिक समाज कर रहे हैं, क्योंकि आधुनिकता द्वारा दिखाए गए सपने से उनका मोहभंग हो चुका है और सम्भ्रम बढ़ गया है' (1979 : 3)।

एन्थॉनी पारेल ने लिखा है कि लेनिन ने पूँजीवाद और उपनिवेशवाद की आलोचना की थी; गांधी ने एक क़दम आगे बढ़कर यह बताया कि पूँजीवाद, उपनिवेशवाद और आधुनिक औद्योगिक सभ्यता परस्पर नाभिनाल-आबद्ध हैं। आधुनिक औद्योगिक सभ्यता की बुनियादी विशेषताओं की आलोचना के बिना उपनिवेशवाद—पूँजीवाद की बुराइयों से मुक्ति की तमन्ना मृगमरीचिका ही साबित होगी (पारेल 2007 : XXI)। इसीलिए गांधी ने यह कहा कि उपनिवेशवाद से भी बड़ा ख़तरा आधुनिक सभ्यता है, क्योंकि उपनिवेशवाद आधुनिक सभ्यता की उपज है। गांधी उन लोगों से सहमत न हो सके जो आधुनिक सभ्यता को तो वरदान मानते थे किन्तु उपनिवेशवाद को अभिशाप। 'हिन्द स्वराज' के 1914 में प्रकाशित गुजराती संस्करण में उन्होंने लिखा कि 'भारत के दुर्भाग्य के लिए ब्रिटेन को जिम्मेदार मानना ठीक नहीं, वास्तव में इसके लिए हम स्वयं ज़िम्मेदार हैं क्योंकि हम आधुनिक सभ्यता के ललचावे में आ गए। आधुनिक सभ्यता से भारतीयों ने जो कुछ सीखा है उसे त्याग देने में ही भारत की भलाई है।' यदि 'भारतीय अपनी गौरवशाली सभ्यता की ओर लौट जाते हैं तो अंग्रेजों को भारतीय सभ्यता को अपनाना और स्वयं का भारतीयकरण करना होगा, नहीं तो उनका शासन समाप्त हो जाएगा।' अकारण नहीं है कि गांधी उन लोगों से भी सहमत नहीं हो पाए जो भारत को पश्चिम की तरह एक औद्योगिक आधुनिक स्वतंत्र राष्ट्र में तब्दील कर देने का सपना देखते थे। उन्होंने लिखा है कि 'यह तो आपने अच्छी तस्वीर खींची। इसका अर्थ यह हुआ कि हमें अंग्रेजी राज तो चाहिए पर अंग्रेज़ (शासक) नहीं चाहिए। आप बाघ का स्वभाव तो चाहते हैं, लेकिन बाघ नहीं चाहते। मतलब यह हुआ कि आप हिन्दुस्तानियों को अंग्रेज़ बनाना चाहते हैं। और हिन्दुस्तान जब अंग्रेज़ बन जाएगा तब वह हिन्दुस्तान नहीं कहा जाएगा, लेकिन सच्चा इंग्लिस्तान कहा जाएगा। यह मेरी कल्पना का स्वराज नहीं है' (हिन्द स्वराज)।

गांधी के विचार आधुनिकता और राष्ट्रवाद से नहीं निकले थे। वे आधुनिकता की ज्ञानमीमांसात्मक बुनियाद को ही ख़ारिज करते थे। अत: उनके विचारों को 'डिराइवेटिव डिस्कोर्स' नहीं कहा जा सकता। और न ही उन्हें आधुनिकता के समर्थक के रूप में पेश किया जा सकता है। आधुनिक सभ्यता को इसीलिए वे अनैतिक-शैतानी सभ्यता कहते रहे। इस सभ्यता में लोभ-लाभ और भौतिक सुख ही व्यक्ति का सर्वोच्च पुरुषार्थ बन जाता है। विस्तार में जाना तो सम्भव नहीं, किन्तु

इतना उल्लेख आवश्यक है कि गांधी ने आधुनिकता के सभी मूलभूत अनुषंगों की वैधता की आलोचना की। यह आलोचना उन्होंने तब की जब आधुनिकता का सूर्य देदीप्यमान था और उसकी सच्चाई पर सन्देह करने वाला एक ऐसा पुरातनपंथी/अतीतजीवी/प्रतिक्रियावादी मान लिया जाता था, जिसे इतिहास के नियमों का ज्ञान नहीं है। उन्होंने विज्ञान, टेक्नॉलजी (मशीन), सेकुलरइज़्म, तर्कबुद्धि, इतिहास, प्रतिस्पर्धा, व्यक्तिवाद, भौतिकतावाद, राष्ट्रराज्य, नागरिक समाज और प्रगति की रेखीय अवधारणा समेत आधुनिकता का शायद ही कोई अनुषंग हो जिसकी आलोचना न की हो। उत्तर आधुनिकतावाद द्वारा आधुनिकता के सत्य के दावों का विखंडन हो जाने के बाद अब आधुनिकता की आलोचना बहुत आसान हो गई है, किन्तु गांधी जब आधुनिकता को खारिज़ कर रहे थे तब आधुनिकता की आलोचना करना फैशन में नहीं था। उस समय यह मान लिया गया था कि आधुनिकता के द्वारा प्रदत्त सत्य लगभग अन्तिम है और इसे स्वीकार न करने वाला प्रतिक्रियावादी या अतीतजीवी है। आधुनिकता को उसकी तार्किक परिणति तक पहुँचाने और पूँजीवाद की बुराइयों से मुक्ति दिलाने का दावा करने वाले मार्क्सवाद की भी तब विज्ञान–टेक्नॉलजी, औद्योगिकीकरण और तर्क–बुद्धि में आस्था अक्षुण्ण थी।

गांधी के सपनों का भारत बनाना आज यदि लगभग असम्भव लगता है तो इससे गांधी द्वारा की गई आधुनिकता की आलोचना बेमतलब नहीं हो जाती क्योंकि आधुनिकता का प्रोजेक्ट आज जिस क़दर संकटग्रस्त और दिग्भ्रमित है, उतना संकटग्रस्त और दिग्भ्रमित वह पहले कभी नहीं रहा।

विद्वानों का यह मानना है कि गांधी ने 'हिन्द स्वराज' में भारतीय संस्कृति का एक आदर्शीकृत रूप पेश किया है। इस आदर्शीकृत रूप और आधुनिक पश्चिमी संस्कृति में किसी प्रकार के सामंजस्य की सम्भावना वे नहीं देखते। इसीलिए वे चाहते हैं कि अच्छा होता यदि भारत वह सब त्याग देता जो उसने पश्चिम से सीखा है।

गांधी द्वारा की गई आधुनिकता की आलोचना को आदर्शीकृत भारतीय संस्कृति की बुनियाद पर निर्मित बताने से उनकी आलोचना का वज़न कमजोर नहीं हो जाता, क्योंकि ज्ञान–मीमांसात्मक वाद–विवाद में इस बात से कोई फ़र्क नहीं पड़ता कि तर्क आदर्शीकृत यथार्थ पर आधारित है या वास्तविक यथार्थ पर। उल्लेखनीय है कि नेहरू ने गाँधी के पत्र के जवाब में जब यह लिखा कि जिस गाँव की बात वे कर रहे हैं, वे अज्ञान, अशिक्षा और दरिद्रता के गढ़ हैं, तो गांधी ने उत्तर दिया कि वे वास्तव में मौजूद गाँव की बात नहीं कर रहे, वे अपने सपने के भावी गाँव की बात कर रहे हैं। इसलिए यह देखना ज़्यादा सार्थक होगा कि गांधी ने भारतीय संस्कृति की किन विशेषताओं को आधुनिकता की आलोचना के लिए आविष्कृत किया। क्योंकि जैसा कि आशीष नन्दी ने लिखा है गांधी ने भारतीय संस्कृति की सभी बातों को आँख मूँदकर स्वीकार नहीं किया। वे 'क्रिटिकल ट्रेडिशनलिस्ट' थे।

गांधी ने भारतीय संस्कृति को नए सिरे से रचा। उन्होंने इस संस्कृति के कुछ तत्वों को महत्व दिया, कुछ को छोड़ दिया और कुछ की महत्ता बदल दी। इस प्रकार उन्होंने भारतीय संस्कृति को युगानुरूप नई अर्थवत्ता दी। इसके बावजूद गांधी द्वारा आविष्कृत भारतीय संस्कृति और आधुनिकता में समानता के बिन्दु लगभग नगण्य हैं। यह सही है कि गांधी पश्चिमी विद्वानों से भी प्रभावित और प्रेरित थे। इस बात की पुष्टि 'हिन्द स्वराज' के परिशिष्ट में दी गई पुस्तकों की सूची से भी होती है। लेकिन इससे यह सिद्ध नहीं होता कि उन्होंने परम्परा और आधुनिकता में समन्वय स्थापित करने का प्रयास किया। आशीष नन्दी ने इस मुद्दे को स्पष्ट करते हुए लिखा है कि 'गांधी परम्परावादी थे क्योंकि उन्होंने आधुनिकता से कुछ तत्व, बिना शर्मिन्दगी महसूस किए, उधार लेकर पारम्परिक भारतीय 'विश्वदृष्टि' में 'फिट' कर दिए।...आधुनिक वह है जो परम्परा को अस्वीकार करता है या जो वैकल्पिक रूप से परम्परा को आधुनिक विश्व दृष्टि में 'एकोमडेट' कर लेता है, (1986 : 126)। पॅरेल का ख़याल है कि गांधी ने समानता, नागरिक स्वाधीनता, अधिकार, आर्थिक स्थिति में सुधार, स्त्रियों की दशा में सुधार और धार्मिक सहिष्णुता के तत्व पश्चिम से लिए थे (207 : XVII)। पॅरेल की बात पूरी तौर पर सही नहीं है। फिर भी यह सही है कि गांधी ने आधुनिकता के कुछ तत्वों को लेकर उन्हें पारम्परिक ज्ञानमीमांसा के दायरे में फिट कर दिया। इसलिए आशीष नन्दी के शब्दों में गांधी को परम्परावादी/ आलोचनात्मक परम्परावादी कहना ही ठीक होगा। उन्होंने स्वतंत्रता को स्वराज (आत्मबोध/आत्मज्ञान/आत्मसंयम /मोक्ष) के, अधिकारों को कर्त्तव्य के, अनुभवजन्य ज्ञान को नैतिक अन्तर्दृष्टि के, आर्थिक प्रगति को आध्यात्मिक प्रगति के, शहरों को गाँव के, धार्मिक सहिष्णुता को धार्मिक विश्वास के और नारी-मुक्ति को मनुष्यता की व्यापक अवधारणा के अधीन रखा। इसी आधार पर उन्होंने माना कि वास्तव में सभ्यता आचरण की वह पद्धति है जो मनुष्य को कर्त्तव्य-मार्ग की ओर ले जाती है। आधुनिक सभ्यता में आचरण की ऐसी पद्धति का अभाव है क्योंकि वह 'जिसके पास ताकत है, वही सही है' के सिद्धान्त पर चलती है, जहाँ सिर्फ़ योग्यतम (फिटेस्ट) को ही जीने का हक़ है। पश्चिमी सभ्यता का कोई लक्ष्य नहीं है क्योंकि यह केन्द्र— अपसारी है। जबकि भारतीय सभ्यता केन्द्राभिसारी, अनुकूलनपरक और मननशील है। ऐसी सभ्यता, जिसमें सारी शक्तियाँ केन्द्र से बाहर की ओर भाग रही हों, का कोई लक्ष्य नहीं हो सकता। इसके विपरीत एक ऐसी सभ्यता, जिसमें सारी शक्तियाँ किसी बिन्दु पर मिलती हों, का एक लक्ष्य होता है। भारतीय सभ्यता ऐसी ही सभ्यता थी।

गांधी का ख़याल था कि सिर्फ़ आधुनिक सभ्यता पर तोहमत लगाने से भारत का भला नहीं होने वाला। भारतवासियों को अपनी कमियाँ दूर करनी पड़ेंगी और इसके लिए व्यक्तिगत स्तर पर आत्मसंयम/आत्मशुद्धता का उद्यम करना होगा।

उनके लिए अन्तरात्मा की चेतना सर्वोपरि थी। इस प्रसंग में उल्लेखनीय है कि गांधी तॉलस्तॉय के विचारों का अनुमोदन करते हैं। तॉलस्तॉय ने अपनी पुस्तक 'किंगडम ऑफ गॉड इज़ विदइन यू' में लिखा है कि अन्तरात्मा को सर्वोपरि मानने के मार्ग में दो बाधाएँ हैं। पहली बाधा सांस्थानिक ईसाइयत की है जो राज्य के अस्तित्व को न्यायोचित ठहराती है, और धर्मयुद्ध एवं सैन्य सेवाओं का समर्थन करती है। दूसरी बाधा आधुनिक समाजवैज्ञानिकों की है जो अन्तरात्मा-आत्मबोध की सर्वोच्चता को अस्वीकार करते हैं और बाह्य एवं सांस्थानिक परिवर्तन को सर्वोपरि मानते हैं। तॉलस्तॉय ने लिखा है कि बाह्य परिस्थितियाँ बदल जाने पर भी मनुष्यता का भला नहीं होने वाला। मनुष्यता का भला तभी होगा जब आन्तरिक और बाह्य दोनों प्रकार के परिवर्तन घटित हों।...ईश्वर का राज्य प्रेम और अहिंसा का राज्य है। समाजवाद के पतन और सत्ता में आने के बाद कम्युनिस्टों के पतित हो जाने की प्रक्रिया की पुनरावृत्ति के बाद क्या तॉलस्तॉय और गांधी की बात पर ध्यान देने की जरूरत नहीं लगती? उल्लेखनीय है कि चीन में ल्यूशाओ ची की एक किताब छपी थी 'अच्छे कम्युनिस्ट कैसे बनें'। इस किताब को बाद में इसलिए प्रतिबन्धित कर दिया गया क्योंकि इसमें अच्छा कम्युनिस्ट बनने के लिए वर्ग-संघर्ष के महत्व का बखान करने के बजाय व्यक्तिगत/आत्मगत उद्यम की चर्चा ज़्यादा की गई थी।

गांधी ने स्वराज शब्द का प्रयोग आत्मसंयम/आत्मबोध/मोक्ष (सेल्फ रूल) और स्वशासन (सेल्फ गवर्न्मेंट) के अर्थ में किया था। आत्म-संयम से आशय स्वैच्छिक त्याग, अपरिग्रह, सादगी, करुणा, प्रेम और पारस्परिक सहयोग से था। गांधी के अनुसार आत्म-संयम (सेल्फ रूल) की बुनियाद पर ही स्वशासन सम्भव था। स्वराज के इन दोनों अर्थों में आत्म-गौरव का भाव अन्तर्निहित है। स्वतंत्रता का मतलब आत्मबोध है। जो स्वयं डूब रहा है, वह डूबते को क्या बचाएगा? स्वराज एक ऐसा आत्मज्ञान है जो किसी अन्य की कोशिश से मिलने वाला नहीं : 'स्वराज तो सबको अपने लिए पाना चाहिए—और सबको उसे अपना बनाना चाहिए। दूसरे लोग जो स्वराज दिला दें वह स्वराज नहीं है, पर-राज है।'

गांधी आधुनिक राष्ट्र-राज्य की अभूतपूर्व शक्ति और सत्ता के दुरुपयोग की सम्भावना से संशकित थे। इसीलिए उन्होंने गाँव को बुनियादी इकाई मानते हुए सत्ता के विकेन्द्रीकरण पर ज़ोर दिया था। आर.के. प्रभु ने लिखा है कि गांधी के मुताबिक वास्तविक स्वराज वह नहीं जिसमें सत्ता कुछ लोग हथिया लें, बल्कि वह है जिसमें सभी सत्ता के दुरुपयोग का विरोध करने की क्षमता अर्जित कर लेते हैं' (1941 : 4-5)। जे.डी. सेठी ने इसी बात को आगे स्पष्ट करते हुए लिखा है कि 'गांधी के लिए विकेन्द्रीकरण का अर्थ था समानान्तर राजनीति की रचना, जिसमें लोकशक्ति को सांस्थानिक रूप दिया जाए ताकि आधुनिक राष्ट्र की सारी शक्ति केन्द्रित कर लेने और लोगों को बेगाना बना देने की प्रवृत्ति को रोका जा सके। इस

प्रकार गांधीवादी विकेन्द्रीकरण की नीति में राज्य के खात्मे की प्रक्रिया अन्तर्निहित थी' (1979 : 229)।

गाँव और गाँववासियों को औद्योगिकीकरण की चपेट से बचाने के लिए गांधी ने 'मास प्रोडक्शन' के बजाय 'मासेज़' द्वारा प्रोडक्शन की बात कही। वस्तुतः वे किसी स्थान की आबादी और पर्यावरण को विनाश से बचाने वाली नीति की ओर संकेत कर रहे थे, जिसे आज की भाषा में उपयुक्त टेक्नॉलजी और टिकाऊ विकास कहा जा सकता है। वे ऐसे विकास की बात कर रहे थे जिसमें सुख का पैमाना सिर्फ़ भौतिक समृद्धि नहीं थी। वे ऐसे व्यक्ति की बात कर रहे थे जो स्वाधीन और प्रबुद्ध था और जो व्यक्तिगत हित और सामुदायिक हित में आत्यन्तिक विरोध नहीं देखता था और जिसे त्याग में भी सुख मिलता था। वे एक ऐसी प्रगति की बात कर रहे थे जो प्रतिस्पर्द्धा पर नहीं, पारस्परिक सहयोग, भाई-चारे और प्रेम पर आधारित थी। गांधी किसी अज्ञान से परिपूर्ण अन्धकारयुग में वापसी की बात नहीं कर रहे थे, बल्कि वैकल्पिक जीवन-मूल्यों की पेशकश कर रहे थे; स्वैच्छिक सादगी, अपरिग्रह और मन्थरता में सौन्दर्य देखने की वकालत कर रहे थे, जिसे आधुनिकता ने पिछड़ेपन की निशानी बताकर अवैध घोषित कर दिया था। वस्तुतः वे प्रगति के उस आख्यान को अस्वीकार कर रहे थे जिसके मुताबिक औद्योगिकीकरण के लिए किसान और कारीगर की तबाही और उनका मज़दूर के रूप में रूपान्तरण अपरिहार्य मान लिया गया था। इस दृष्टि से सोचें तो गांधी का चिन्तन मार्क्स से ज़्यादा माओ के समीप लगता है।

एन्थोनी पॉरेल का खयाल है कि उद्योग-मशीन को लेकर गांधी के चिन्तन में बदलाव आया। हिन्द स्वराज के हिन्दी अनुवाद (1921) की गांधी द्वारा लिखी गई भूमिका को वे प्रमाण के रूप में पेश करते हैं (2007)। किन्तु सुनील सहस्त्रबुद्धे का खयाल है कि मशीन को लेकर गांधी के चिन्तन में कोई बुनियादी बदलाव नहीं आया (2006)। आदित्य निगम भी इसी मत के हैं 'आधे अधूरे मन से उस प्रक्रिया को स्वीकार कर लिया जिस पर उनका (गांधी का) कोई नियन्त्रण नहीं। लेकिन कोई मूलभूत बदलाव नहीं आया (2009 : 46)।

महादेव देसाई ने 1924 में रामचन्द्रन के साथ हुई बातचीत का जो ब्योरा दिया है, उसका इस प्रसंग में उल्लेख उपयुक्त होगा। यह ब्योरा पॉरेल की किताब में नहीं है किन्तु 'हिन्द स्वराज' के हिन्दी संस्करण में है। लिखा है 'मेरा विरोध यन्त्रों के लिए नहीं है, बल्कि यन्त्रों के पीछे जो पागलपन चल रहा है, उसके लिए है।...उनसे मेहनत जरूर बचती है, लेकिन लाखों लोग बेकार होकर भूखों मरते हुए सड़क पर भटकते हैं। समय और श्रम की बचत तो मैं भी चाहता हूँ, परन्तु वह किसी ख़ास वर्ग की नहीं, बल्कि सारी मानव-जाति की होनी चाहिए। कुछ गिने-गिनाए लोगों के पास सम्पत्ति जमा हो ऐसा नहीं, बल्कि सबके पास जमा हो, ऐसा मैं चाहता हूँ।...मैं

इतना कहने की हद तक समाजवादी तो हूँ ही कि ऐसे कारखानों का मालिक राष्ट्र हो या जनता की सरकार की ओर से ऐसे कारखाने चलाए जाएँ। उनकी हस्ती नफ़े के लिए नहीं, बल्कि लोगों के भले के लिए हो। लाभ की जगह प्रेम को कायम करने का उसका उद्देश्य हो' (गांधी 2009 : 15-17)।

यदि यह बात सही है तो यह मानना पड़ेगा कि गांधी, मजबूरी में ही सही, मानवता के हित में यन्त्रों के सीमित पैमाने पर उपयोग को स्वीकार करने लगे थे। फिर उन्हें डेविड हार्डीमान की तरह वैकल्पिक आधुनिकता के सर्वाधिक मौलिक चिन्तक के रूप में चिन्हित करना अनुचित न होगा (2003)।

गांधी ने स्थानीयता के महत्व को दोबारा स्थापित किया। स्थानीयता में भी गाँव की चिन्ता इसलिए आवश्यक थी क्योंकि पूँजीवाद ने पहले यूरोप और फिर उपनिवेशों में सबसे पहले गाँव और गाँववासियों को ही तबाह किया था। वे ऐसी किसी भी आर्थिक विकास-नीति से सहमत नहीं हुए, जिसके कारण गाँव और गाँववासी बड़े पैमाने पर तबाह हों, बेरोजगारी बढ़े और सारी शक्ति कुछ लोगों के हाथों में सिमट जाए। गांधी का गाँव आच्छादित करने वाली और विस्तृत होती जाती सामुद्रिक लहरों के जाल का केन्द्र था। यह गाँव देश दुनिया से अलग-थलग और बेख़बर नहीं था। गांधी जिस गाँव की बात कर रहे थे वह सिर्फ एक भौगोलिक इकाई, सांख्यिकीय आंकड़ा या सामाजिक वर्ग मात्र नहीं था। गांधी का गाँव एक परिघटना थी, एक स्वप्न था, एक संस्कृति थी, कुछ मूल्यों का समुच्चय था।

स्थानीयता को महत्व देने के लिए समकालीनता को महत्व देना ज़रूरी था। समकालीनता से आशय समकालीन जीवन और उसकी समस्याओं से है। उल्लेखनीय है कि पारम्परिक भारतीय ज्ञानमीमांसा के मुताबिक आत्म-संयम आत्म-निग्रह एक अराजनीतिक और समाज-निरपेक्ष क्रिया थी। आत्मसंयमी व्यक्ति के लिए राजनीतिक पराधीनता या निर्धनता महत्वहीन चीज़ें थीं। आत्म-संयम या मोक्ष पाने के लिए राजनीतिक/आर्थिक जीवन से निरपेक्षता आवश्यक मानी गई थी। मोक्ष के लिए संसार का निषेध न सही, संसार का त्याग आवश्यक माना गया था। गांधी की मौलिकता यह है कि आत्मसंयम/मोक्ष/बोध/ज्ञान के केन्द्रीय महत्व को कायम रखते हुए भी इसे उन्होंने सामाजिक, आर्थिक और राजनीतिक मुक्ति के अभियान से जोड़ दिया। उन्होंने कहा कि 'आत्मसंयम के बिना स्वाधीनता शक्तिशाली व्यक्तियों का शासन बन जाएगी। लेकिन यह आध्यात्मिक मुक्ति सामाजिक, आर्थिक और राजनीतिक जीवन से विमुख रहने पर नहीं मिलने वाली। मैं जो कुछ भी लिखता-पढ़ता हूँ, राजनीति में मैं जो भी करता हूँ, वह सब इसी उद्देश्य की प्राप्ति के लिए है। जो व्यक्ति आध्यात्मिक मुक्ति या आत्मसंयम पाना चाहता है, वह जीवन के किसी भी क्षेत्र से अलग नहीं रह सकता। सत्य के प्रति मेरी निष्ठा ही मुझे राजनीति की ओर खींच लाई।'

आत्म-बोध/आत्म-मुक्ति की भारतीय अवधारणा को समकालीन जगत की समस्याओं से जोड़ने के लिए गांधी ने राम और कृष्ण के अवतारी चरित्र का दृष्टान्त सामने रखा। तुलसीदास कृत रामचरितमानस और गीता उनके सबसे प्रिय भारतीय ग्रन्थ थे। असल में अवतारवाद की अवधारणा मुक्ति की उस ज्ञानमीमांसात्मक परम्परा में फिट नहीं बैठती जिसके अनुसार जगत-विमुखता के बिना आत्म-मुक्ति असम्भव है।

यदि भारतीय ज्ञानमीमांसात्मक परम्परा 'ट्रासेंडेंस' के नाम पर समकालीनता की उपेक्षा करती थी तो आधुनिकता किसी स्वर्णिम भविष्य के नाम पर समकालीन जीवन की तबाही को जायज़ ठहराती थी। प्रगति के रेखीय आख्यान में किसान और कारीगर का तबाह होकर मज़दूर बन जाना औद्योगिक विकास का पथ प्रशस्त करने के लिए आवश्यक था। इसीलिए गांधी ने मशीन केन्द्रित आधुनिकता के आख्यान को खारिज किया था। उन्होंने इस तथ्य को भली भाँति समझ लिया था कि समकालीन सामाजिक, आर्थिक और राजनीतिक जीवन में हस्तक्षेप किए बिना आधुनिकता का मुक़ाबला नहीं किया जा सकता। अत: उन्होंने भारतीय ज्ञानमीमांसात्मक परम्परा के उस पक्ष को उभारा जहाँ आत्म-मुक्ति और समकालीन जीवन में सक्रियता के बीच किसी विरोध की कल्पना नहीं की गई थी।

आधुनिकता के प्रोजेक्ट में हिंसा अन्तर्निहित है। हिंसक तरीक़े से आधुनिकता का विरोध करने वाला अन्तत: आधुनिकता का समर्थक बनने के लिए अभिशप्त है। गांधी आधुनिकता के प्रोजेक्ट में शामिल होने को उत्सुक नहीं थे। उन्होंने आधुनिकता का विरोध आधुनिकता की शर्तों पर करने के बजाय, सत्य, अहिंसा, संयम, प्रेम, त्याग और परस्पर सहयोग के आदर्शों को सामने कर आधुनिकता की बुनियाद को ही चुनौती दी थी। साधन और साध्य में पूर्ण पार्थक्य स्वीकार कर लेने से आधुनिकता का प्रोजेक्ट आगे बढ़ाने में सहूलियत होती है और स्थानीय समकालीन जीवन को स्वर्णिम भविष्य की खातिर नष्ट करने की छूट मिल जाती है। गांधी ने कहा कि सफलता के लिए हिंसा का शार्टकट अपनाने में वे विश्वास नहीं करते।...मेरा रास्ता लम्बा, बहुत लम्बा लग सकता है किन्तु मैं आश्वस्त हूँ कि यह सबसे छोटा रास्ता है। लक्ष्य तमाम तरह के क्रिया-कलापों की श्रृंखला के परिणामस्वरूप आता है। इसलिए साधन-साध्य में कोई आत्यन्तिक भेद नहीं है।...'साध्य मैं नहीं जानता, मेरे लिए तो साधन के बारे में जानना ही काफी है। मेरे जीवन दर्शन में साधन-साध्य परस्पर परिवर्तित होने वाली अवधारणाएँ हैं।' उल्लेखनीय है कि अराजकतावादी विचारक एम्मा गोल्डमान ने रूसी क्रान्ति के पतन के कारणों को प्रारम्भ में ही पहचान लिया था। उनके अनुसार क्रान्ति के पतित हो जाने में साधन-साध्य के प्रति ग़लत मार्क्सवादी समझ की अहम भूमिका थी। साधन साध्य को प्रभावित परिवर्तित करते हैं। वर्तमान से ही भविष्य का जन्म होता है। अनैतिक साधन से नैतिक साध्य के जन्म की उम्मीद नहीं की जा सकती।

गांधी ने कहा था कि आप कानून और संविधान चाहे जितना अच्छा बना लें, यदि उसको लागू करने वाला व्यक्ति नैतिक नहीं है, तो उससे कोई फ़र्क पड़ने वाला नहीं। क्या गांधी की यह बात आज सोलहो आने सही नहीं साबित हो रही?

सन्दर्भ

गांधी, एम. के. (2009) हिन्द स्वराज, सर्वसेवा संघ प्रकाशन, वाराणसी

गुप्ता, दीपांकर (2009): गांधी बिफोर हैबरमास, इकनॉमिक एंड पॉलिटिकल वीकली, मार्च 7

प्रभु, आर.के. (1961) : सम्पादक, डेमोक्रेसी रियल एंड डिसेप्टिव, नवजीवन पब्लिकेशन, अहमदाबाद

पारेख, भिक्खु (1995) : गांधीज़ पॉलिटिकल फ़िलासफ़ी, अजन्ता, दिल्ली

पारेल, एन्थॉनी (2007) : हिन्द स्वराज एंड अदर राइटिंग्स, कैम्ब्रिज यूनिवर्सिटी प्रेस, नई दिल्ली

नन्दी, आशीष (1986) : फ्राम आउट साइड द इम्पेरिएम, कंटेम्पररी क्राइसिस एंड गांधी पुस्तक में संकलित लेख, सम्पादक : रामाश्रय राय, डिस्कवरी पब्लिशिंग हाउस, दिल्ली

निगम, आदित्य (2009) : गांधी-द एन्जेल ऑफ़ हिस्ट्री, इकनॉमिक एंड पॉलिटिकल वीकली, मार्च 14

सहस्रबुद्धे, सुनील (2006) : द मशीन डेबटिंग गांधी पुस्तक में संकलित लेख, सम्पादक : ए. रघुराम राजू, ऑक्सफोर्ड यूनिवर्सिटी प्रेस, नई दिल्ली

सेठी, जे. डी. (1979) : गांधियन वैल्यूज़ एंड ट्वेंटीएथ सेंचुरी चैलेंजेस, गवर्नमेंट ऑफ इंडिया, पब्लिकेशन डिवीजन, नई दिल्ली

हार्डिमान, डेविड (2003) : गांधी एंड हिज़ टाइम एंड अवर्स, परमानेन्ट ब्लैक, दिल्ली

किसान की मौत

मार्क्सवादी चिन्तन के केन्द्र में पूँजीवादी व्यवस्था है। मार्क्सवाद यह मानकर चलता है कि पूँजीवाद में ही वे स्थितियाँ तैयार होती हैं जिनके आधार पर वर्गविहीन समाजवादी समाज के निर्माण का स्वप्न वास्तव में सम्भव हो पाता है। इसी वजह से रूस में कम्युनिस्ट पार्टी क्रान्ति से पहले ही दो धड़ों में बँट गई थी। जो लोग यह मानते थे कि पूँजीवाद के भरे-पूरे विकास के बिना समाजवादी क्रान्ति नहीं हो सकती, वे मेन्शेविक कहलाए। जिन्होंने यह माना कि पूँजीवाद के भरे-पूरे विकास का इन्तजार किए बिना भी समाजवादी क्रान्ति सम्भव है, वे बोल्शेविक कहलाए। और उन्हीं के नेतृत्व में रूस में क्रान्ति भी हुई। चीनी कम्युनिस्ट पार्टी को भी कुछ ऐसी ही समस्याओं का सामना करना पड़ा। वहाँ भी पूँजीवाद का विकास अपनी प्रारम्भिक अवस्था में ही था और ज्यादातर आबादी खेतिहर थी, इसलिए सिर्फ मजदूरों के सहारे क्रान्ति कर पाना असम्भव था। चीनी क्रान्ति में किसानों की केन्द्रीय भूमिका को ध्यान में रखते हुए उसे नवजनवादी क्रान्ति नाम दिया गया। नवजनवादी क्रान्ति से आशय यह था कि कम्युनिस्ट पार्टी को एक कृषि-प्रधान देश को औद्योगिक देश में रूपान्तरित करने का अतिरिक्त कार्यभार पूरा करना है।

भले ही कम्युनिस्ट क्रान्तियाँ कृषि-प्रधान समाजों में हुई हों और उनमें मजदूरों के बजाय किसानों की निर्णायक भूमिका रही हो, किन्तु कम्युनिस्ट पार्टी का लक्ष्य जल्दी-से-जल्दी एक औद्योगिक समाज बनाने का ही रहा। क्योंकि मार्क्सवादी चिन्तन में औद्योगिक समाज विकास की उन्नत अवस्था का सूचक है। औद्योगिक समाज बनने पर ही वे वस्तुगत स्थितियाँ तैयार होती हैं, जिनके सहारे वर्गविहीन समाज बनाया जा सकता है। मार्क्सवादी चिन्तन में किसानों का किसान बने रहना पिछड़ेपन की निशानी था। किसान सामन्ती समाज के अवशेष थे, जिन्हें जितनी जल्दी हो सके, उतनी जल्दी औद्योगिक समाज के अनुरूप रूपान्तरित कर देने की जरूरत थी। इस सोच के तहत कम्युनिस्ट पार्टियों ने बड़े पैमाने पर औद्योगिकीकरण का रास्ता अपनाया और खेती का जबरन समूहीकरण करने की कोशिश की। बड़े पैमाने पर औद्योगिकीकरण के लिए जरूरी पूँजी कहाँ से आए ? यह बड़ा सवाल था। पश्चिमी देशों ने यह पूँजी अन्तर्-बाह्य औपनिवेशीकरण के जरिए इकट्ठा की थी,

लेकिन इन समाजवादी देशों के पास कोई उपनिवेश तो थे नहीं, इसलिए आन्तरिक उपनिवेशीकरण के जरिए यह पूँजी इकट्ठा करने की कोशिश की गई। कृषि से होने वाली आय को औद्योगिकीकरण में झोंक दिया गया, जिसका परिणाम यह हुआ कि कृषि का समुचित विकास नहीं हो पाया। ग्रामीण आबादी को भुखमरी तथा अकाल का सामना करना पड़ा। क्रान्ति के बाद रूस और चीन में इसीलिए किसान बड़े पैमाने पर तबाह हो गए और मारे गए। इस तरह किसानों का न तो पूँजीवादी व्यवस्था में भला हुआ और न ही समाजवादी व्यवस्था में।

मार्क्सवादी चिन्तन में कृषक संस्कृति के क्या मायने हैं, यह समझने के लिए पन्त की 'ग्राम्या' पढ़नी चाहिए। 'ग्राम्या' में पन्त ने किसानों को सामन्ती समाज का अवशेष माना है और उन्हें जानवरों से भी बदतर प्राणी के रूप में चित्रित किया है। मेरा खयाल है कि किसानों का इस रूप में चित्रण मार्क्सवादी चिन्तन में किसानों की वास्तविक भूमिका को ठीक से प्रतिबिम्बित करता है। मार्क्सवादी चिन्तन में किसान पिछड़ी हुई व्यवस्था के अवशेष हैं। जैसाकि पहले कहा गया, मार्क्सवाद के केन्द्र में उद्योग-प्रधान समाज है। अब यह बात बहुत मायने नहीं रखती कि औद्योगिकीकरण पूँजीवाद द्वारा होता है या कम्युनिस्ट पार्टी द्वारा। विद्वानों ने यह लक्ष्य किया है कि मार्क्स ये मानते थे कि औद्योगिक समाज के विकास की कोई सीमा नहीं है। यद्यपि पिछले कुछ दशकों में मार्क्स को दोबारा पढ़ा गया है। मार्क्स के इस पुनर्पाठ से यह साबित होता है कि मार्क्स अन्धाधुन्ध औद्योगिकीकरण के समर्थक नहीं थे फिर भी लम्बे समय तक कम्युनिस्ट पार्टियाँ प्रकृति और पर्यावरण की चिन्ता किए बगैर अन्धाधुन्ध औद्योगिकीकरण का ही रास्ता अपनाती रहीं।

अब प्रश्न यह है कि क्या मार्क्सवादी नजरिए से किसानों के जीवन पर कोई अच्छा साहित्य लिखा जा सकता है? क्या यह सच नहीं है कि चाहे मार्क्सवादी आन्दोलन हो या उपनिवेशवादविरोधी राष्ट्रीय आन्दोलन, सभी ने किसान-आन्दोलनों का अपने हित में इस्तेमाल किया। क्या यह अकारण है कि मार्क्सवादी लेखकों के यहाँ किसानों का जिक्र प्रायः आन्दोलनों के सन्दर्भ में ही आता है। यह क्यों है कि किसी भी मार्क्सवादी लेखक के यहाँ कृषक-जीवन, कृषक-संस्कृति, कृषक-मूल्य और कृषक-जीवन दृष्टि का वैसा भरा-पूरा बोध नहीं दिखाई पड़ता, जैसा प्रेमचन्द के यहाँ दिखाई पड़ता था। एक भी मार्क्सवादी लेखक ऐसा नहीं है जिसे कृषक-जीवन का चितेरा कहा जा सके। नागार्जुन के यहाँ जरूर कृषक-जीवन के चित्र हैं, किन्तु यह उनके मार्क्सवादी होने के बावजूद सम्भव हो सका, क्योंकि उनकी जड़ें ग्रामीण जीवन में थीं। मार्क्सवादी दृष्टि में कृषक-संस्कृति को समझने से ज्यादा उसे बदलने पर जोर है। अधिक से अधिक शोषण के कुछ आर्थिक रूप तो उसकी पकड़ में आ जाते हैं लेकिन कृषक-संस्कृति और जीवन-दृष्टि का मर्म न तो उसकी समझ

में आता है और न ही इसकी जरूरत महसूस होती है। इसलिए यह कहना अत्युक्ति न होगी कि किसानों पर उन्हीं लेखकों का लेखन उल्लेखनीय रहा है जो पूरी तरह से मार्क्सवादी नहीं थे। भले ही वे अपने को मार्क्सवादी कहते रहे हों, लेकिन जिनमें 'गँवई' संस्कार और मूल्य-बोध बचा रह गया था, ऐसे ही 'मार्क्सवादी' लेखकों ने किसानों के जीवन के बारे में महत्वपूर्ण लेखन किया है।

गांधी मंथरता में सौन्दर्य देखने की बात करते थे, ग्रामीण जीवन को सामन्ती अवशेष नहीं मानते थे। वे ग्रामीण-संस्कृति को पश्चिम की औद्योगिक संस्कृति के विकल्प के रूप में प्रस्तुत करते थे। इस प्रसंग में 1946 में उनका नेहरू से हुआ पत्राचार उल्लेखनीय है, जिसमें उन्होंने वास्तविक गाँवों के बजाय अपने सपनों के गाँव को भविष्य के मॉडल के रूप में प्रस्तुत किया था। गांधी की नजर में सादगी, संयम, सन्तोष, शारीरिक श्रम, आपसी सहयोग और भाईचारा कृषक-जीवन के ऐसे मूल्य थे जिन्हें वे पश्चिमी उद्योग-प्रधान सभ्यता के विकल्प के रूप में प्रस्तुत करते थे। यह सही है कि गांधी में एक गहरी आध्यात्मिकता थी, जिसका सिरा भक्तिकालीन कवियों से जुड़ता था। इसके बावजूद कृषक-संस्कृति के प्रतीक के रूप में उन्होंने चरखा और खादी को ही सामने रखा। इस प्रकार उन्होंने कृषक संस्कृति को बहुत ही स्थूल और उपयोगितावादी नजरिए से देखने की गलती की। जबकि इसी कृषक-संस्कृति में हस्तशिल्प का ऐसा विकास हुआ था, जिसका लोहा समूची दुनिया मानती थी। साहित्य और कला के क्षेत्र में भक्तिकालीन कवियों और कलाकारों ने जिस प्रकार की कलात्मक और आध्यात्मिक ऊँचाई प्राप्त की, उसके मुकाबले आधुनिक साहित्य और कला कहीं नहीं ठहरते। संगीत और दर्शन के क्षेत्र में भी, इस दौर में ऐसी उल्लेखनीय उपलब्धियाँ अर्जित की गईं, जिनके सामने हिन्दू-मुसलमान का भेद भी बेमानी लगने लगता है। कहने का आशय यह है कि जिसे हम कृषक-संस्कृति कहते हैं, उसकी सांस्कृतिक उपलब्धियाँ इतनी बेजोड़ हैं कि उसके सामने आधुनिक युग की सांस्कृतिक उपलब्धियाँ फीकी लगती हैं। इस दृष्टि से सोचें तो गांधी से प्रभावित लेखक और कलाकार भी कृषक-संस्कृति के वास्तविक मर्म और उसकी सांस्कृतिक सामर्थ्य को ठीक से नहीं पहचान पाए। उन्होंने कृषक-जीवन के कुछ पक्षों को तो ठीक से पकड़ा और उसका सहानुभूतिपूर्ण चित्रण भी किया, किन्तु उन कलात्मक और साहित्यिक बुलंदियों के आस-पास भी वे नहीं पहुँच पाए जो बुलंदियाँ भक्तिकालीन कवियों और कलाकारों ने अर्जित की थीं। सम्भवतः यह इसलिए हुआ, क्योंकि आधुनिक युग में उस आध्यात्मिक ऊँचाई से जीवन-जगत को देखने की सम्भावना ही क्षीण हो गई जो ऊँचाई भक्तिकालीन कवियों-कलाकारों को सहज ही उपलब्ध थी। इसके बावजूद यह कहना गलत नहीं होगा कि मार्क्सवाद से प्रभावित लेखकों की तुलना में गांधीवाद से प्रभावित लेखक-रचनाकार-कलाकार कृषक-संस्कृति के मर्म को ज्यादा बेहतर ढंग से समझ पाए।

असल में, समस्या की शुरुआत तो तभी हो गई जब भारतीय संस्कृति को कृषक-संस्कृति बना दिया गया। कृषक-संस्कृति कहने से भी बात बनती नहीं दिखी तो इसे सामन्ती संस्कृति का अवशेष घोषित कर दिया गया। भारतीय संस्कृति जब सामन्ती व्यवस्था बन गई तब जाके किसान-समस्या का जन्म हुआ। किसान-समस्या के रूप में देखने पर इस संस्कृति में गरीबी, दमन, शोषण, गैरबराबरी और अन्धविश्वास की बुराइयाँ तो चमकने लगीं, किन्तु इसमें अन्तर्निहित सांस्कृतिक वैभव और मानवीय गरिमा की उदात्त अच्छाइयाँ विलुप्त हो गईं। आधुनिक दृष्टि ने इस 'कृषक-संस्कृति' को 'ठोस सामाजिक-आर्थिक' संदर्भों में निःशेष कर 'किसान-समस्या' में तब्दील कर दिया। कृषक-संस्कृति के किसान-समस्या के रूप में सेकुलराइजेशन के बाद आधुनिक विचारधाराएँ इस समस्या के कारण और समाधान बताने की स्थिति में आ गईं। मतलब यह कि मरीज का अवमूल्यन किए बिना मर्ज की पहचान ही सम्भव न थी। मर्ज की पहचान हो गई तो किसान-आन्दोलन के रूप में मर्ज का समाधान भी निकल आया। अर्थात् गाड़ी आधुनिकता की पटरी पर आ गई। गाड़ी चल पड़ी तो देर-सबेर औद्योगिकीकरण के स्टेशन पर पहुँचेगी ही। अब इस प्रक्रिया में किसान का जो होना हो, सो हो। सच तो सम्भवतः यह है कि 'किसान' और 'किसान-समस्या' का जन्म ही आधुनिकता के आने के बाद हुआ। जन्म हुआ है तो मृत्यु भी होगी। सो जन्म की इस घोषणा में किसान के मृत्यु की भविष्यवाणी भी छिपी हुई थी!

यह सही है कि लम्बे अर्से से हिन्दी में कोई ऐसा उपन्यास नहीं लिखा गया, जिसके केन्द्र में किसान हो। कुछ कहानियाँ जरूर लिखी गईं, जो कृषक-जीवन पर आधारित हैं। यह बात भी ठीक है कि 'आधुनिकीकरण' और 'नगरीकरण' का प्रभाव कृषक-संस्कृति पर भी बहुत तेजी से बढ़ा है। इसलिए अब ऐसे किसान की कल्पना कर पाना भी मुश्किल है जैसा किसान प्रेमचन्द की रचनाओं में दिखाई पड़ता है। फिर भी यह कहना कि कृषक-संस्कृति और उसके जीवन-मूल्य और जीवन-दृष्टि पूरी तरह खत्म हो गए हैं, गलत होगा।

आज हम एक ऐसे परिदृश्य में जी रहे हैं, जिसमें बढ़ते औद्योगिकीकरण के कारण प्रकृति और पर्यावरण का इस कदर तेजी से विनाश हो रहा है कि पृथ्वी का अस्तित्व ही खतरे में पड़ गया लगता है। दूसरी तरफ, औद्योगिक समाजों ने अपने प्राकृतिक संसाधनों का इस हद तक दोहन कर लिया है कि वहाँ अब आगे विकास की सम्भावना ही क्षीण होती जा रही है। औद्योगिक समाज अपनी समृद्धि को बनाए रखने के लिए गैर-औद्योगिक समाजों के प्राकृतिक और मानव-संसाधनों के दोहन पर बुरी तरह निर्भर होते जा रहे हैं। भूमंडलीकरण के नाम पर औद्योगिक राष्ट्र विकासशील राष्ट्रों पर लगातार दबाव डाल रहे हैं कि वे अपने संसाधनों को उनके लाभ के लिए खोलें। इसे ही उदारीकरण और 'स्ट्रक्चरल एडजस्टमेंट' कहा जा रहा

है। तीसरी दुनिया के राष्ट्र इस दबाव में अपने संसाधनों को उनके दोहन और शोषण के लिए लगातार खोलते भी जा रहे हैं। तीसरी दुनिया का राजनीतिक नेतृत्व अपनी जनता को यह विश्वास दिलाने की कोशिश कर रहा है कि देश के विकास के लिए इस प्रकार का उदारीकरण और सुधार जरूरी है। इस विकास की असलियत को सिंगरौली के अजय की कविता, जो सुनील सहस्त्रबुद्धे द्वारा प्रकाशित 'लोक-विद्या-पंचायत' पत्रिका में छपी थी, इस तरह दिखाती है :

आओ खेलें, विकास-विकास
दे दो, जो भी है तुम्हारे पास
खेत, मकान, बाग-बगीचा
दुख मत करना, दुनिया ये फानी है
पानी का बुलबुला ये जिन्दगानी है।
कर दो निछावर सर्वस्व अपना देश-हित में
लगेंगी विशाल परियोजनाएँ, विदेशी कर्जों से
तभी तो 'मेरा भारत महान' विकसित कहलाएगा
आर्थिक ताकत का लोहा दुनिया में मनवाएगा
तुम्हें भी मिलेगा मुआवजा, पुनर्वास सर्वसुविधायुक्त
पुनर्वास बस्ती में
क्या कहा? नहीं चाहिए, तुम्हे ऐसा विकास
लाये जो पर्यावरण-विनाश,
विस्थापन बार-बार
छीनकर संसाधन मेहनती हाथों से,
लोक-विद्या के धनी, ज्ञानी जनों से
बनाकर उन्हें अकुशल ठेका मजदूर

कृषक-जीवन, कृषक-संस्कृति और मूल्य-दृष्टि के मर्म और कलात्मक वैभव का उद्घाटन वे विचारधाराएँ नहीं कर सकतीं, जो औद्योगिक सभ्यता को मनुष्यता का परम पुरुषार्थ मानकर चलती हैं। हिन्दी में यदि लम्बे समय से कृषक-जीवन पर उल्लेखनीय उपन्यास नहीं आया, तो उसका एक बड़ा कारण एक ऐसी बड़ी दृष्टि का अभाव भी है, जो कृषक-जीवन के मर्म को उद्घाटित करने में समर्थ हो। अब जबकि औद्योगिक सभ्यता अपने ही भँवर-जाल में फँस गई लगती है और उसे आगे का रास्ता नहीं सूझ रहा, तब हमें कृषक-संस्कृति के उन मूल्यों पर पुनर्विचार करना चाहिए, जिनका उद्घाटन राजनीति में एक सीमा तक गांधी ने और साहित्य में प्रेमचन्द ने किया था। किन्तु कृषक-संस्कृति को हम तब तक नहीं समझ पाएँगे जब तक उसे भारतीय संस्कृति के व्यापक परिदृश्य से जोड़कर नहीं देखते। और भारतीय संस्कृति का मर्म तब तक उद्घाटित नहीं होगा जब तक पश्चिमी आधुनिकता के निकष से उसका मूल्यांकन होता रहेगा।

प्रेमचन्द और राष्ट्रवाद

आधुनिकता के उदय की तार्किक परिणति यह हुई कि ग़ैरपश्चिमी समाज पारम्परिक मान लिए गए। इन पारम्परिक समाजों के अध्ययन के लिए दो नए विषयों की स्थापना हुई, जिन्हें एन्थ्रोपॉलजी और ओरियन्टलइज़्म नाम दिया गया। पश्चिम की नज़र में जो निहायत ही अविकसित कबीलाई समाज थे, उनका अध्ययन एन्थ्रोपॉलजी के अन्तर्गत और जो थोड़े विकसित किन्तु पश्चिम के मुक़ाबले पिछड़े समाज थे, उनका अध्ययन ओरियन्टलइज़्म के अन्तर्गत किया गया। ओरियन्टलइज़्म के भी कई उपविभाग किए गए। भारत से सम्बन्धित जो ज्ञान पश्चिमी विद्वानों ने तैयार किया, उसे इन्डोलॉजी कहा गया।

पश्चिमी विद्वानों ने माना कि भारत का अतीत तो बेहतर था लेकिन आगे चलकर इसकी प्रगति अवरुद्ध हो गई, इसका पतन हो गया, यह परम्परा की अमानवीय बेड़ियों में क़ैद होकर रह गया (आनिया लुम्बा, 2005)। इस पारम्परिक समाज की अवरुद्ध गति को मुक्त करने का बीड़ा औपनिवेशिक आधुनिकता ने उठाया! (प्रकटे कृपाला दीन दयाला...।) मतलब यह कि पश्चिम से बाहर पड़ने वाले समाज अब पारम्परिक समाज हो गए। और परम्परा का मतलब परिवर्तनहीनता हो गया। वैसे तो हिन्दुत्ववादी विचारक भी भारतीय समाज को अपरिवर्तनशील मानते हैं लेकिन ओरियंटलिस्टों के विपरीत वे अपरिवर्तनशीलता को पतन नहीं, श्रेष्ठता के सबूत के रूप में पेश करते हैं (जो भी हो फिलहाल हमारा मकसद इस बहस को आगे बढ़ाने का नहीं है।) वस्तुतः आधुनिकता के उदय के बाद पहली बार ऐसा हुआ कि परम्परा का मतलब परिवर्तनहीनता हो गया। इससे पहले परम्परा और परिवर्तनशीलता परस्पर विरोधी पद नहीं थे। परम्परा में परिवर्तन की अवधारणा शामिल थी, यह अलग बात है कि इन दोनों में परम्परा को प्राथमिकता दी जाती थी। आधुनिकता के आने के बाद परम्परा और परिवर्तन परस्पर विरोधी पद हो गए। और वही परिवर्तन श्रेयस्कर माना गया जो आधुनिकता के निकष पर खरा उतरे। इस तरह पहले तो ग़ैरयूरोपीय समाजों का पारम्परीकरण (traditionalization) किया गया और यह बताया गया कि वे अपने आप नहीं बदल सकते थे। बदलाव के लिए उपनिवेशीकरण आवश्यक है। औपनिवेशीकरण की भूमिका को सकारात्मक,

प्रगतिशील और नैतिक औचित्य प्रदान करने के लिए इस तरह की स्थापना ज़रूरी थी।

उपनिवेशीकरण ग़ैरयोरोपीय समाज को विकास और प्रगति के पश्चिम केन्द्रित महाआख्यान में शामिल करने के लिए ज़रूरी था। पश्चिमी समाज की मूलभूत आलोचना करने वाले भी यही मानते थे कि ग़ैरपश्चिमी समाजों का भावी विकास औपनिवेशिक अधीनता के रास्ते ही सम्भव होगा। आशीष नन्दी ने लिखा है :

'धुर कट्टरपंथी और उपनिवेशवाद के समर्थकों को ही नहीं, पश्चिमी समाज के मूलभूत आलोचकों को भी पक्का यकीन था कि एक दिन उनका सांस्कृतिक मिशन पूरा होगा और 'बर्बर' सभ्य बन जाएँगे। उन्हें विश्वास था कि कुछ समाजों के परिपक्व होने के लिए उपनिवेशवाद एक आवश्यक चरण है' (1983 : 14)। यहाँ तक कि मार्क्सवाद, जिसे सामान्य रूप से उपनिवेशवाद और शोषण का विरोधी माना जाता है, अपने यूटोपिया की चरितार्थता के लिए उपनिवेशवाद की सकारात्मक भूमिका खोज लेता है। राबर्ट युंग के शब्दों में : विश्व-इतिहास की तार्किक-प्रणाली के अभ्युदय का मार्क्सवादी महाआख्यान वस्तुतः यूरोपीय साम्राज्यवाद के इतिहास का नकारात्मक रूप है। अन्ततः हीगेल ही थे जिन्होंने घोषणा की कि अफ्रीका का कोई इतिहास नहीं है, मार्क्स ही थे जो ब्रिटिश साम्राज्यवाद की आलोचना करने के बावजूद इस नतीजे पर पहुँचे कि अन्ततः ब्रिटिश साम्रज्यवाद से भारत का भला ही हुआ, क्योंकि उसी की वजह से भारत पश्चिमी इतिहास के विकसनशील आख्यान में दाखिल हुआ, और इस प्रकार उपनिवेशवाद ने वर्ग-संघर्ष के लिए हालात तैयार किए। मार्क्स ने हेगेल को सर के बल खड़ा करके उनके आदर्शवाद को भले ही उलट दिया हो लेकिन इससे अवधारणात्मक प्रणाली की संचालन प्रविधि में कोई बदलाव नहीं आया। वह आज भी मूलतः यूरो-केन्द्रित बनी हुई है। (व्हाइट मायथॉलजी, रूटलेज, लन्दन, 1990, पृष्ठ 2-3)

यही नहीं, मार्क्स ने भारत को अर्द्धबर्बरता की स्थिति से सभ्यता की ऊँचाई पर पहुँचाने का सेहरा भी ब्रिटिश उपनिवेशवाद के सिर पर बांधा है। यह ठीक है कि मार्क्स ब्रिटिश उपनिवेशवाद के समर्थक नहीं, कटु आलोचक थे लेकिन प्रगति, विकास और सभ्यता के यूरोकेन्द्रित तत्समय प्रचलित महाआख्यान के प्रभाव से वह भी पूरी तौर पर मुक्त नहीं थे। उत्तर औपनिवेशिक चिन्तकों द्वारा की गई मार्क्स की आलोचना जायज़ है, लेकिन उन्हें उपनिवेशवाद के समर्थक के रूप में पेश करना ठीक नहीं। एरिका बेनर ने ठीक लिखा है 'मार्क्स ने योरोपीय उपनिवेशवाद की सकारात्मक सराहना नहीं की बल्कि उनकी चिन्ता यह थी कि भारत में एक ऐसे सामाजिक आन्दोलन का जन्म हो जो उपनिवेशवाद विरोधी तो हो ही, साथ ही पारम्परिक निरंकुशता का भी विरोधी हो, मार्क्स के अनुसार इसी कमी के कारण भारत पश्चिमी आक्रमण के सामने कमज़ोर पड़ गया' (1995 : 176)। उस समय यूरोप वह आर्केमेडियन बिन्दु

था, जिसके आधार पर अन्य सभ्यताओं का मूल्यांकन होता था। इस महाआख्यान में 'अन्य' सभ्यताओं की भिन्नताओं को उनकी अक्षमता के रूप में देखा जाता था। आधुनिकता के इस महाआख्यान में दीक्षित मानस या तो अपनी परम्परा और संस्कृति को निकृष्ट मानने लगता था या अपनी परम्परा और संस्कृति में भी उन्हीं तत्वों की खोज करता था, जिन्हें इस महाआख्यान द्वारा वैध माना गया था।

भिन्नता अक्षमता के बजाय विशिष्टता की भी सूचक हो सकती है और उसके महत्व को नकारने के बजाय उसे समझने और वैकल्पिक सम्भावना पर गर्व करने की सार्थकता भी हो सकती है। ज़ाहिर है यह गर्व संग्रह और त्याग के आलोचनात्मक विवेक के बिना परम्परा और संस्कृति के प्रति अन्धपूजा का रूप ले लेता है। कालिदास ने लिखा है कि पुरानी होने से ही कोई चीज़ 'साधु' और नई होने से वन्दनीय नहीं हो जाती। इसीलिए सन्त किसी चीज़ को परीक्षा के बाद स्वीकार करते हैं जबकि मूढ़ दूसरे की बुद्धि से चलते हैं। आधुनिकता के महाआख्यान को निकष के रूप में स्वीकार कर लेने के बाद परम्परा का मूल्यांकन बहुत आसान हो गया। वस्तुतः यह परम्परा का मूल्याकंन था ही नहीं, परम्परा को आधुनिकता के साँचे में फिट करने की कोशिश थी। परम्परा ने औपनिवेशिक आधुनिकता को प्रश्नांकित, संशोधित और परिवर्तित करने का काम किया ही नहीं। उसने आधुनिकता को परम्परा की शब्दावली में सिर्फ अनूदित करने की कोशिश की। उसने इस बात का ध्यान नहीं रखा कि आधुनिकता का परम्परा की शब्दावली में यथावत् अनुवाद ज्ञानमीमांसात्मक हिंसा के बिना सम्भव ही नहीं। पार्थ चटर्जी जैसे राजनीतिविज्ञानी यदि भारतीय राष्ट्रवाद को पश्चिमी आधुनिकता का 'डिराइवेटिव डिसकोर्स' कहते हैं, तो क्या ग़लत कहते हैं?

अकारण नहीं है कि प्रेमचन्द का अध्ययन प्रायः आधुनिकता द्वारा स्वीकृत और राजनीतिक दृष्टि से 'सही' मुद्दों के आधार पर किया गया है। इसी कड़ी में प्रेमचन्द को कालक्रमानुसार देखने और किसी एक काल-खंड की रचनाओं को अपनी समझ के क़रीब पड़ने के कारण विशेष तरजीह दी गई। जैसे प्रेमचन्द के अन्तिम दौर की रचनाओं को मार्क्सवादी विद्वानों ने ज़्यादा महत्व दिया क्योंकि उनके अनुसार प्रेमचन्द इस दौर में 'लगभग' मार्क्सवादी हो गए थे। इस तरह के अध्ययन की विडम्बना यह है कि वह यह मानकर चलता है कि सच क्या है, यह उसे पहले से मालूम है। इस सच के समर्थन में एक गवाह के रूप में पेश करने के लिए वह प्रेमचन्द को ठोंक-पीटकर अपने सच के अनुरूप ढालने की कोशिश करता है। यानी यहाँ प्रेमचन्द स्वयं में महत्वपूर्ण नहीं हैं, महत्वपूर्ण है वह सच जो उसे पहले से मालूम है। यह प्रेमचन्द का रिडक्शन है, पहले से ज्ञात सच में प्रेमचन्द के रचनात्मक अवदान को हजम कर लेने की कोशिश है। प्रेमचन्द से कोई रचनात्मक संवाद या मुठभेड़ करने के बजाय पूर्व ज्ञात सत्य में प्रेमचन्द के व्यक्तित्व को विलुप्त करने की

यह कोशिश पॉलिटकली करेक्ट हो सकती है, लेकिन यह हमारे ज्ञान या समझ में कुछ नया नहीं जोड़ती। यह ऐसी पुनरावृत्ति है जो अमौलिक होने के लिए अभिशप्त है। सच तो यह है कि यहाँ नया कुछ खोजने या जानने की ज़रूरत ही नहीं है।

प्रेमचन्द भारतीय समाज की सामन्ती-वर्णव्यवस्था के कटु आलोचक थे लेकिन वे पश्चिम के अन्धसमर्थक नहीं थे। यही कारण है कि उन्हें आज के कथित दलित हितैषियों की तरह भारतीय सभ्यता में सब कुछ बुरा ही बुरा नहीं दिखाई पड़ता था। भारतीय सभ्यता की आलोचना की पूर्वशर्त पश्चिम का अन्धसमर्थन नहीं है और भारतीय सभ्यता की आलोचना का मतलब भारतीय सभ्यता का पूर्ण निषेध भी नहीं है। क्योंकि भारतीय सभ्यता के पूर्ण निषेध की तार्किक परिणति पश्चिमी साम्राज्यवाद के अन्धसमर्थन में होती है। जो लोग पश्चिमी साम्राज्यवाद के विरोध को ही ग़लत मानते हैं और 'देर से आए जल्दी चले गए' का जाप करते रहते हैं, उनका प्रेमचन्द की विरासत से कोई सम्बन्ध नहीं है। यदि वे प्रेमचन्द को दलित-विरोधी कहते हैं तो बिलकुल ठीक कहते हैं। उनकी नज़र में साम्राज्यवाद का विरोध करने वाला दलित-हितैषी हो ही नहीं सकता। प्रेमचन्द साम्राज्यवाद के विरोधी थे और पश्चिम की हर बात का आँख मूँद कर समर्थन नहीं करते थे।

जैसाकि पहले भी कहा गया प्रेमचन्द साम्राज्यवाद और सामन्ती वर्णव्यवस्था दोनों के विरोधी थे। वर्णव्यवस्था की आलोचना करने के लिए उन्हें न तो साम्राज्यवाद का समर्थन करने की ज़रूरत महसूस हुई और न ही भारतीय सभ्यता की सकारात्मक उपलब्धियों को पूरी तौर पर नकारने की। सच्चाई यह है कि साम्राज्यवाद का समर्थक सही मायने में सामन्तवाद का विरोधी नहीं हो सकता। भारतीय सभ्यता की बुराइयों का बढ़-चढ़कर बखान करने वाले मिस मेयो के समकालीन वंशज वस्तुतः वर्णव्यवस्था के विरोधी नहीं हैं। वर्णव्यवस्था का सुसंगत विरोध साम्राज्यवाद का भी विरोध है। कहने की आवश्यकता नहीं कि अंग्रेज़ी साम्राज्यवाद ने सामन्ती जागीरदारी व्यवस्था को ख़त्म कर किसानों में ज़मीन बाँटने की पहल कभी नहीं की। अंग्रेज़ी-साम्राज्यवाद वस्तुतः सामन्तवाद के सहारे ही फला-फूला और परवान चढ़ा। औपनिवेशिक जनता के लिए सबसे ज़रूरी चीज़ ज़मीन होती है जिस पर उपनिवेशवाद कब्ज़ा कर लेता है। फ्रैंज फेनन ने लिखा है : 'उपनिवेशित लोगों के लिए सबसे ज्यादा महत्व ज़मीन का है क्योंकि वह सबसे ज्यादा मूर्त्त भी है और क्योंकि इसी से उन्हें रोजी-रोटी और प्रतिष्ठा मिलेगी' 'For colonized people the most essential value, because the most concrete is first and formost the land : the land which will bring them bread and above all, diginity' (Wretched of earth, page 34, Penguin, 1974)

ज़मीदारी व्यवस्था ख़त्म कर किसानों में ज़मीन बाँटने और बिना किसी भेदभाव के सभी को समान नागरिकता देने का काम उपनिवेशवाद ने नहीं, राष्ट्रवाद ने

किया। लेकिन दलित-हितैषी चिन्तकों को औपनिवेशिक शासन के सिवा बाक़ी सभी वर्णवादी लगते हैं। राष्ट्रवाद की कमियाँ गिनाकर उपनिवेशवाद का समर्थन करने में इन्हें कुछ भी अटपटा नहीं लगता। औपनिवेशिक शासकों के प्रति इस भक्ति-विह्वल प्रेम की जितनी तारीफ़ की जाए, कम होगी! एकतरफ़ा प्रेम में बौराए इन बेचारों को यह भी नहीं पता कि औपनिवेशिक शासक इनके बारे में क्या सोचते हैं। उल्लेखनीय है कि औपनिवेशिक शासक सफ़ेद नस्ल को सर्वश्रेष्ठ मानते थे। सभी भारतीय उनकी दृष्टि में हीन प्रजाति के थे। इन हीनों में सवर्ण बेहतर थे क्योंकि वे पतित आर्य थे; दलित तो पतित आर्य भी नहीं थे, वे निकृष्टतम प्रजाति के थे (पीटर वैनेडर वीर, 2001)। हिन्दी में इन दिनों प्रगतिशीलता का एक नया ढब निकला है। इस ढब के मुताबिक़ उपनिवेशवाद भारत के लिए और विशेष रूप से दलितों के लिए वरदान था। दलितों का उद्धार करने के लिए ही अंग्रेज़ों ने भारत को उपनिवेश बनाया था। बुरा हो राष्ट्रवादियों का जिन्होंने उन्हें ज़्यादा दिन टिकने नहीं दिया। वे देर से आए और जल्दी चले गए। अब ये उन्हें दोबारा वापस बुलाने की फ़िराक़ में हैं। मज़ा यह है कि सवर्ण नेतृत्व भी इस मुद्दे पर उनके साथ है। क्यों न हो, सवर्ण सामन्तों ने भी 'इन दलितों' की तरह कभी नहीं चाहा कि अंग्रेज़ देश छोड़कर चले जाएँ। अंग्रेज़ों के जाते ही उनकी जमींदारी चली गई। छूत-अछूत सभी क़ानून की नज़र में बराबर हो गए। बुरा हो गांधी का, बुरा हो कम्युनिस्टों का, बुरा हो भगत सिंह का! अंग्रेज़ीराज में सभी सुखी थे; सवर्ण भी, दलित भी! अंग्रेज़ीराज़ क्या गया, सुख चैन छिन गया!

प्रो. नामवर सिंह ने बहुत पहले लिखा था कि 'प्रासंगिक क्या वही है जो हमारे विचारों का अनुमोदन करता है और आपके अनुकूल है? जो आपसे भिन्न है और हमें चुनौती देता है, वह प्रासंगिक क्यों नहीं है?...अतीत के लेखकों को प्रगतिशील सिद्ध करने की चिन्ता में या तो वर्तमान से उनके पार्थक्य को कम करके बताया जाता है या फिर इस अन्तर को एकदम ही भुला दिया जाता है। इस प्रक्रिया में होता यह है कि प्रगतिशील परम्परा की एक अटूट अविच्छिन्न धारा तो बन जाती है, किन्तु कुछ समान प्रगतिशील तत्वों के कारण अतीत के प्रायः सभी महान लेखक एकरूप दिखाई पड़ते हैं—यहाँ तक कि उनके चेहरे की निजी विशिष्टता भी खो जाती है। इस प्रकार फ़ौरी तौर पर यह प्रगतिवादी राजनीति भले ही कारगर प्रतीत हो, किन्तु यह आश्चर्यजनक एकरूपता ही उसे संदिग्ध बना देती है' (1983 : 6)

इन दिनों दलित और स्त्री 'विमर्श' का इस क़दर दबदबा है कि पिछले बरसों (धर्मवीर जैसे एकाध अपवादों को छोड़ दें तो) प्रेमचन्द को भी इन दो 'विमर्शों' के साँचे में फिट करने की कोशिश की गई और इस प्रक्रिया में प्रो. नामवर सिंह की चेतावनी को लगभग नजरअन्दाज़ कर दिया गया। जबकि प्रो. नामवर सिंह ने कहा कि प्रेमचन्द दलित लेखक नहीं हैं और यह कहना प्रेमचन्द की तौहीन नहीं है, बल्कि

प्रेमचन्द को उनके ऐतिहासिक परिप्रेक्ष्य में देखने की प्रस्तावना है। उल्लेखनीय है कि प्रेमचन्द के दलित और स्त्री विमर्श को उपनिवेशवादविरोधी राष्ट्रवाद के परिप्रेक्ष्य में ही ठीक से समझा जा सकता है। यह सही है कि प्रेमचन्द के लेखन को 'डीकन्सट्रक्ट' किया जा सकता है, लेकिन फ़िलहाल हम प्रेमचन्द की चिन्ताओं को राष्ट्रवाद के परिप्रेक्ष्य में ही समझने की कोशिश करेंगे। इस आलेख को हम प्रेमचन्द के वैचारिक लेखन पर केन्द्रित करेंगे।

2

प्रेमचन्द के वैचारिक लेखन को समझने के लिए हमने कुछ बीज-शब्दों (Key words) को चिन्हित किया है। ये बीजशब्द ऐसे हैं जो उस दौर के प्रायः सभी लेखकों की मूलभूत चिन्ताओं को सूत्रबद्ध करते हैं, लेकिन ख़ास बात ये देखना है कि प्रेमचन्द की रचनाओं में ये बीज-शब्द किस रूप में उभरते हैं।

सबसे पहले हम यह देखने की कोशिश करेंगे कि प्रेमचन्द की पश्चिम के प्रति क्या अवधारणा है? इसी क्रम में पश्चिमी राष्ट्रवाद के बारे में प्रेमचन्द की सोच और भारतीय राष्ट्रवाद से उसकी भिन्नता पर विचार करेंगे। फिर भारतीय राष्ट्रवाद के टुकड़ों (Fragments)—शहर (नागरिक समाज), गाँव (पारम्परिक सामुदायिकता) और गाँव में भी दलित और स्त्री के बारे में प्रेमचन्द के विचारों की चर्चा करेंगे। और फिर यह देखने की कोशिश करेंगे कि इन घटकों के आपसी सम्बन्ध को प्रेमचन्द किस तरह रचते हैं।

यह ठीक है कि उत्तर-आधुनिकता का दौर समाप्त हो चुका है और सयाने लोगों ने इस जहाज़ को छोड़ दिया है, लेकिन आधुनिकता के बौद्धिक आतंक और वर्चस्व को तोड़ने में इसकी भूमिका से इन्कार नहीं किया जा सकता। गायत्री चक्रवर्ती स्पीवाक ने 'पोस्ट कोलोनियल क्रिटिक' (1990) पुस्तक में स्वीकार किया है कि पश्चिम के ही विचारक देरिदा ने जब ज्ञानमीमांसा की पश्चिमी परम्परा को चुनौती दी तो उनकी भी हिम्मत बढ़ी और लगा कि यह परम्परा अभेद्य नहीं है। उत्तर-आधुनिकता ने बहुलता, बहुसांस्कृतिकता, संवादधर्मिता, भिन्नता, महाआख्यान की समाप्ति और केन्द्र के टूटने की बात कर और पश्चिम के 'सिविलाइज़िंग मिशन' के ज्ञानमीमांसात्मक आधार को चुनौती देकर ग़ैरपश्चिमी समाजों को अपनी ज्ञान-मीमांसात्मक परम्परा को पश्चिम के निकष पर तौलने की बाध्यता से मुक्त कर दिया।

पश्चिम के ज्ञानमीमांसात्मक वर्चस्व को उत्तर-आधुनिक चिन्तकों से बहुत पहले गांधीजी ने चुनौती दी थी। गांधी ने तो यहाँ तक कहा था कि सबसे अच्छा तो यह होता कि भारत पश्चिम को पूरी तौर पर नकार देता। गांधी की दृष्टि में

राष्ट्रीय आन्दोलन का लक्ष्य सिर्फ़ राजनीतिक स्वाधीनता प्राप्त करना नहीं है। पश्चिम की 'शैतानी सभ्यता' से मुक्ति ही राष्ट्रीय आन्दोलन का चरम ध्येय है। अपनी इस मान्यता पर वे अन्तिम दिनों तक अडिग रहे। गांधी पश्चिमी शिक्षा प्राप्त भारतीय बुद्धिजीवियों से इस मायने में अलग हैं कि उन्होंने पश्चिम और पश्चिम से आने वाली किसी भी विचारधारा को पूरी तौर से स्वीकार नहीं किया। उनका इरादा पूर्व को पश्चिम का वर्णसंकर (Hybrid) बनाने का नहीं था। वैसे भी यह वर्णसंकरता सिर्फ़ दिखाने की वर्णसंकरता थी। इसमें पूर्व का रंग-रोगन भले ही दिख जाए, लेकिन इसका मूल पश्चिमी था। पश्चिम से इसकी भिन्नता ने गुणात्मक रूप से किसी भिन्न चीज़ को जन्म नहीं दिया। क्योंकि पार्थ चटर्जी के शब्दों में यह 'डिराइवेटिव डिसकोर्स' ही था (1986)। आर. राधाकृष्णन के शब्दों में यह समूचा घालमेल (Hybridity) पश्चिमी ज्ञानमीमांसा की परिधि के भीतर ही हुआ। पूर्वी ज्ञानमीमांसा से मुठभेड़ के बाद उत्पन्न होने वाली वर्णसंकरता इसे नहीं कहा जा सकता, क्योंकि इसने पूर्वी ज्ञानमीमांसा को अपदस्थ/बहिष्कृत कर दिया और उससे बराबरी के स्तर पर संवाद की आवश्यकता को ही अस्वीकार कर दिया (2008)। यही कारण है कि अर्जुन अप्पादुराई जैसे विचारक को आज यह लगता है कि पुराने द्विआधारी विरोध की अवधारणा जैसे ग्लोबल/लोकल, उत्तर/दक्षिण, मेट्रोपॉलिटन/नानमेट्रोपॉलिटन की तरफ वापस जाने की ज़रूरत है, क्योंकि बहाव पश्चिम से पूर्व की ओर आ रहा है (1996)। फ्रेडरिक जेम्सन के शब्दों में 'पूर्व के वे इलाक़े जो उपनिवेशवाद के दौर में कमोबेश अछूते रह गए थे; जैसे—कृषि, संस्कृति और अवचेतन, वे भी इस पश्चिमी प्रवाह में बहे जा रहे हैं' (1982)।

प्रेमचन्द ने पूर्व और पश्चिम के अन्तर को मिटाने की कोशिश नहीं की। उन्होंने पश्चिम का न तो आँख मूँद कर समर्थन किया और न ही विरोध। गांधी की तरह उन्होंने पश्चिम की लगभग हर बात का निषेध भले ही न किया हो, लेकिन चूँकि उनकी जड़ें भारतीय गाँवों में थीं और उन पर गांधीजी का गहरा असर था, इसलिए उन्होंने पश्चिम की हर बात को सही भी नहीं माना। सबसे पहले यह देखना दिलचस्प होगा कि उन्होंने पश्चिम को किस रूप में देखा। पश्चिम को देखने के उनके ढंग से यह भी अनुमान लगता चला जाएगा कि पूर्व के बारे में उनका नज़रिया क्या है। जैसा कि पहले भी संकेत किया गया था, हम उस सैद्धान्तिकी को अस्वीकार करते हैं, जिसके मुताबिक़ प्रेमचन्द के अन्तिम दौर के लेखन को उनके पूर्ववर्ती लेखन पर तरजीह दी जाती है। आख़िरी दौर के लेखन को तरजीह इसलिए दी जाती है क्योंकि आधुनिकता द्वारा अनुमोदित सत्य के निकष के यह सबसे क़रीब पड़ता है। यदि ऐसा न होता तो हम उसे भी नकार देते। अन्तिम दौर का लेखन अपने आप में परिपक्वता की कोई कसौटी नहीं है। अरविन्दो और सावरकर के प्रारम्भिक दौर का लेखन, कुछ लोगों की दृष्टि में, ज़्यादा सार्थक है। यही बात इक़बाल के बारे में भी कही जाती

है। इक़बाल, अरविन्दो और सावरकर के पूर्ववर्ती लेखन को तरजीह दी जाती है और परवर्ती लेखन को 'विचलन' के रूप में देखा जाता है। लब्बोलुआब यह कि अन्तिम दौर का लेखन अपने आप में परिपक्वता की कसौटी नहीं है। परिपक्व लेखन वही, जो हमारे द्वारा तय सच के पैमाने में फिट बैठे! लेकिन मुसीबत यह है कि सच का पैमाना बदलता रहता है और यह सिलसिला लेखक के अन्तिम दौर के साथ समाप्त नहीं हो जाता। अर्थात् अन्तिम कुछ भी नहीं होता। अन्तिम दिनों में ज़ो बातें लेखक को सच लगती थीं, यदि अन्तिम दिनों की सीमा आगे खिसका दी जाए या लेखक के मृत्यु के बाद वापस लौट आने की कल्पना की जाए, तो बहुत सम्भव है कि उसके अंतिम दौर के 'परिपक्व' विचारों में बदलाव आ जाए, पूर्ववर्ती बातें ज़्यादा सच्ची और खरी लगने लगें और आख़िरी दौर के परिपक्व विचार उतने परिपक्व न प्रतीत हों, जितने वे एक ज़माने में लगते थे। कहने का आशय यह कि यदि प्रेमचन्द आज जीवित होते तो सम्भवत: उनके विचार वही नहीं होते, जो अन्तिम दौर में थे। इस उत्तर-औपनिवेशिक दौर में प्रेमचन्द के लेखन पर विचार करते समय इस बात की कोई ख़ास सार्थकता नहीं कि वे किस दौर से सम्बन्धित है। बहुत सम्भव है कि प्रारम्भिक दौर में लिखी गई कोई बात परवर्ती दौर में लिखी गई बात से ज़्यादा सार्थक प्रतीत हो। इसलिए हमने इस बात को ज़्यादा तवज्जो नहीं दी है कि यह लेखन किस दौर से सम्बन्धित है, क्योंकि दौर के आधार पर किसी बात की महत्ता का निर्धारण नहीं किया जा सकता। सम्भवत: इसीलिए वाल्टर बेन्यामिन ने अतीत, वर्तमान और भविष्य के बीच सीधे रेखीय सम्बन्ध के बजाय गतिशील, लचीले एवं टुकड़ों में बंटे हुए सम्बन्ध की अवधारणा प्रस्तुत की थी। तर्कप्रधान आधुनिक समाज के दोनों रूपों—पूँजीवादी और समाजवादी-की कटु आलोचना करते हुए बेन्यामिन ने लिखा है कि इतिहासवाद द्वारा तय की गई प्रगति की अवधारणा पुरानी शक्ति-संरचना और चिन्तनरूप को पुनरुत्पादित करती है, क्योंकि यह ऐतिहासिक समय को 'इंस्ट्रूमेंटल मैटर' में रिड्यूस कर देती है, जहाँ ऐतिहासिक समय बर्बरता से सभ्यता की ओर, आदिम से आधुनिक की ओर, और बुरे पुराने दिनों से अच्छे नए दिनों की ओर संचरित होता है। इस इतिहासवाद के विरुद्ध बेन्यामिन ने ऐतिहासिक भौतिकवाद की अवधारणा रखी, जहाँ समय को समरूप (Homogenious) सतत (Continuous) और एककालिक (Simulteneous) नहीं माना गया। बेन्यामिन की दृष्टि में समय अतीत से होते हुए मनुष्यता की मुक्ति के भविष्य की ओर जाता है। उन्होंने आधुनिकता की समरूपता को अतीत (या भविष्य) की विविधता के बरक्स नहीं रखा, बल्कि यह दिखाया कि अतीत और वर्तमान दोनों उस अभिशप्त समय द्वारा रचे गए हैं जिसका नाम आधुनिकता है। इसलिए भौतिकवादी इतिहासकार को न तो अतीत के प्रति मासूम सहानुभूति प्रकट करने की ज़रूरत है और न ही प्रगति के नाम पर वर्तमान की अन्धप्रशंसा करने की, बल्कि उसे आधुनिकता और स्वयं की असफलता को पहचानना चाहिए। बेन्यामिन की

दृष्टि में 'समरूप रिक्त समय' की अवधारणा प्रगति की रिक्त अवधारणा का ही दूसरा रूप है और इसीलिए उन्होंने समय की समरूप नहीं, बहुमुखी अवधारणा प्रस्तुत की और सातत्य के बजाय विच्छिन्नता को महत्व दिया (2004)। स्वाभाविक है कि उत्तर-आधुनिक चिन्तकों की दृष्टि में वाल्टर बेन्यामिन द्वारा प्रस्तुत समय की अवधारणा प्रगति की उस अवधारणा को विखण्डित करती है जिसके केन्द्र में पश्चिम है और जिसके मुताबिक ग़ैरपश्चिमी समाजों को इतिहास के इस पश्चिम-सम्मत पथ पर प्रगति करने के लिए उपनिवेशवाद को एक 'आवश्यक बुराई' के रूप में स्वीकार करने की सलाह दी गई थी। पश्चिम के इतिहास को केन्द्र में रखकर देखने पर ग़ैरपश्चिमी समाजों के इतिहास में 'कमी' या 'विचलन' दिखाई पड़ना स्वाभाविक है। दीपेश चक्रवर्ती ने ठीक लिखा है कि 'इस विचलन या कमी से उपनिवेशवाद उन्हें मुक्त करता है, इसलिए सारी बुराइयों के बावजूद उपनिवेशवाद का एक प्रगतिशील पक्ष भी निकल आता है। लेकिन यदि यह मान लिया जाए कि विभिन्न सभ्यताओं का विकासपथ एक जैसा नहीं होता, क्योंकि वे स्वयं एक जैसी नहीं होती, और उनके जीवन-मूल्य और प्राथमिकताएँ भी एक जैसी नहीं होती, तो पश्चिमी सभ्यता की श्रेष्ठता का मिथ टूट जाता है। इतिहास के अभी तक के अनुभव से यह बात खुलकर सामने आई है कि प्रत्येक सभ्यता की अपनी एक आन्तरिक गतिकी (Internal Dynamics) होती है और उसी के अनुरूप यदि उसका सहज विकास होता रहे तो यह उस सभ्यता के लिए हितकर साबित होता है। लेकिन जब कोई सभ्यता अपने हित में दूसरी सभ्यता को अधीन बना लेती है तो अधीनस्थ सभ्यता का विकास बाधित और विकृत हो जाता है, और जीवन-मूल्यों तथा संस्थाओं की विविधता एवं वैकल्पिक सम्भावनाएँ नष्ट हो जाती हैं। यदि नीयत दुरुस्त हो और इरादे नेक, तो भी सभ्यताओं का निर्यात फलीभूत नहीं होता। उपनिवेशवाद को तो छोड़िए ही, समाजवाद का निर्यात भी सफल नहीं हुआ। सभ्यताओं के बीच आदान-प्रदान और अन्तरावलम्बन का इतिहास तो इतना पुराना है कि किसी सभ्यता के पूर्ण पार्थक्य में विकसित होने की कल्पना ही नहीं की जा सकती। पूर्ण पार्थक्य की अवधारणा को, इधर के अध्ययनों को यदि प्रमाण माने, राष्ट्रवाद के अभ्युदय ने बढ़ावा दिया। इसीलिए संजय सुब्रह्मण्यन जैसे इतिहासकार अब 'कनेक्टेड' इतिहास की बात करने लगे हैं। लेकिन सभ्यताओं के बीच चले आ रहे आदान-प्रदान के सहज सिलसिले को उपनिवेशवाद ने बहुत ही आक्रामक और हिंसक तरीक़े से तोड़ दिया। बर्नाड एस. कोह्न ने बहुत सटीक बात लिखी है कि 'उपनिवेशवाद ने केवल एक भूभाग पर कब्जा किया; उसने ज्ञानमीमांसा की पहले से चली आ रही परम्परा को भी अपदस्थ कर दिया' (1985)। ज्ञान का मतलब अब औपनिवेशिक आधुनिकता द्वारा अनुमोदित ज्ञान हो गया। ग़ैर-पश्चिमी ज्ञान को अपदस्थ करने के बाद उपनिवेशवाद ने हाशिए पर ढकेलकर अवैधानिक घोषित कर दिया। उपनिवेशवाद ने उपनिवेशित समाज के लोगों को यह पाठ पढ़ाया

कि 'अज्ञान-अन्धविश्वास और पिछड़ेपन' से मुक्ति उसके द्वारा सिखाए गए रास्ते पर चल कर ही मिल सकती है। पश्चिम के इस ज्ञानमीमांसात्मक प्रभुत्व के प्रभाव में लोग न आए हों, ऐसा नहीं; लेकिन इस प्रभुत्व से मुक्त होने की जद्दोजहद बंगाल से ही शुरू हो गई थी। क्योंकि बंगाल ही सबसे पहले पश्चिम के अधीन हुआ था। तपनराय चौधरी ने अपनी पुस्तकों में इस प्रक्रिया का बहुत विस्तार से विश्लेषण किया है। फिलहाल उस विस्तार में जाना तो सम्भव नहीं, लेकिन प्रेमचन्द के हवाले से हम उस प्रक्रिया की हिन्दी-प्रदेश में घटित होने वाली अगली कड़ी को समझने की कोशिश ज़रूर करेंगे। आइए सबसे पहले इस बात पर विचार करें कि प्रेमचन्द ने पश्चिम को किस रूप में देखा।

3

यदि पश्चिम ने अपनी ज़रूरतों के मुताबिक पूर्व की एक छवि गढ़ी और उसे पूर्व पर आरोपित कर दिया तो पूर्व ने पश्चिम द्वारा गढ़ी गई छवि को बिना किसी ना नुकुर के यथावत् स्वीकार नहीं कर लिया। यह ठीक है कि पश्चिम के मुक़ाबले पूर्व पर स्वयं को परिभाषित करने का दबाव था और उसे पश्चिम द्वारा लगाए गए आरोपों का जवाब देना था। पश्चिम ने पूर्व पर 'असभ्य, बर्बर, आलसी, अन्धविश्वासी, असंगठित, पिछड़े हुए, राष्ट्र-राज्य और विज्ञान का विकास कर पाने में अक्षम' जैसे आरोप लगाए थे और उपनिवेशवाद को 'सिविलाइज़िंग मिशन' के रूप में प्रस्तुत किया था। उसने पूर्व को यह विश्वास दिलाने की कोशिश की कि 'सिविलाइज़िंग मिशन' से वह इन कमियों से मुक्त हो जाएगा। जैसे पश्चिम ने पूर्व की एक छवि गढ़ी और उसे हीन साबित करने की कोशिश की, वैसे ही पूर्व ने भी पश्चिम की एक छवि गढ़ी और उसकी श्रेष्ठता के दावे पर पलटवार किया। पश्चिम द्वारा गढ़ी गई पूर्व की छवि पर, एडवर्ड सईद के प्रभाव से, बहुत काम हुआ, लेकिन भारत की आधुनिक भाषाओं के बुद्धिजीवियों द्वारा गढ़ी गई पश्चिम की छवि पर अभी काम शुरू ही हुआ है।

प्रो. अवधेश कुमार सिंह के निर्देशन में हिन्दी और गुज़राती भाषाओं के लेखन पर पिछले दिनों महत्वपूर्ण काम हुआ है, जिसका कुछ हिस्सा 'क्रिएटिव बुक्स' से प्रकाशित हुआ है। उस विस्तार में जाना फिलहाल उचित नहीं होगा। इसलिए हम अपने को सिर्फ प्रेमचन्द के लेखन तक सीमित रखेंगे। पश्चिम के प्रति प्रेमचन्द के नज़रिए पर तत्कालीन बौद्धिक चिन्तन का प्रभाव तो है ही, लेकिन उन पर सबसे गहरा प्रभाव गांधी का है। उन्होंने लिखा है कि महात्मा गांधी के आने से 'यूरोप की बुराइयाँ हमें नज़र आने लगीं।' (विवधि प्रसंग-2, पृ. 302-303, 3 अप्रैल, 1933) कहने का आशय यह कि पश्चिम को देखने की आलोचनात्मक दृष्टि महात्मा गांधी से मिली और उसे उन्होंने अपने ढंग से परवान चढ़ाया। आगे बढ़ने से पहले उपर्युक्त उद्धरण

को पूरा देखें 'हमने बन्दरों की तरह पश्चिम वालों की नकल शुरू की और अभी तक करते जा रहे हैं...महात्मा गांधी ने आकर उन बिखरी हुई आकारहीन भावनाओं को मूर्तिमान कर दिया और यूरोप की बुराइयाँ हमें नज़र आने लगीं। (उपर्युक्त)

यूरोप में बुराइयाँ भी हैं, प्रतीति तो होती थी, लेकिन यह प्रतीति बिखरी हुई और आकारहीन थी, गांधी ने उसे मूर्तिमान कर दिया। अनुभूति तो सभी को होती है लेकिन उसे शब्दों में मूर्तिमान करने का कार्य कोई बड़ा लेखक, कवि या चिन्तक ही कर पाता है। गांधी ऐसे ही चिन्तक-विचारक थे। प्रेमचन्द के सामान्य पाठक भी प्राय: यह कहते पाए जाते हैं कि उनकी बिखरी हुई और आकारहीन अनुभूतियों को प्रेमचन्द ने शब्दों में मूर्त्त कर दिया है।

ऐसा नहीं है कि गांधी से पहले यूरोप की बुराइयाँ किसी को दिखी ही न हों, लेकिन गांधी जैसी दृढ़ता के साथ आधुनिकता की ज्ञानमीमांसात्मक परम्परा को चुनौती देने वाला कोई नहीं दिखता; अरविन्दो और विवेकानन्द भी नहीं। चलते-चलते यहाँ ज़िक्र कर दें कि बंगाल में अरविन्दो और विवेकानन्द से पहले ही पश्चिम अर्थात् आधुनिकता की मूलभूत आलोचना शुरू हो गई थी। और लोगों को छोड़ भी दें तो भूदेव मुखोपाध्याय का उल्लेख आवश्यक है। उन्होंने 'सामाजिक प्रबन्ध' नामक एक ग्रन्थ लिखा, जिसमें, कुछ लोगों को, आगे आने वाले गांधी की झलक दिखाई देती है। उन्होंने लिखा है कि सभ्यताओं के उद्देश्य और उनकी प्राथमिकताएँ एक जैसी नहीं होतीं; इसलिए उनकी तुलना नहीं की जा सकती। तुलना सभी की स्वीकार्य सार्वभौम निकष पर ही सम्भव है। और यह निकष मनुष्य की प्रेम करने की क्षमता का क्रमिक विस्तार हो सकता है। पहले व्यक्ति और फिर व्यक्ति से आगे बढ़ते हुए इस दायरे में परिवार, समुदाय, राष्ट्र, मानवता और अन्ततः समूचा ब्रह्माण्ड आना चाहिए। लेकिन पश्चिमी संस्कृति में यह राष्ट्र पर आकर रुक जाती है। हिन्दू धर्म के सार्वभौम प्रेम की तुलना में यह मनुष्यता के लिए हीनतर लक्ष्य है। यूरोप के इतिहास का चरम ध्येय राष्ट्र-राज्य है, और यह राष्ट्र-राज्य अन्तर्बाह्य संघर्षों के अन्तहीन सिलसिले का दूसरा नाम है। यूरोपीय सभ्यता की तथाकथित विशेषताएँ—एकता, अनुशासन, नेतृत्व के प्रति आज्ञाकारिता और राष्ट्रहित में आत्मबलिदान—संघर्ष के लम्बे इतिहास का प्रतिफल हैं। इसी में आगे वह विचारधारा जुड़ गई जिसका जन्म धन-प्रेम और सम्पत्ति-अधिकारों के बीच हुआ था। पश्चिमी सभ्यता की मूलभूत विशेषताएँ दो हैं—व्यक्तिवाद और स्वार्थपरता। मशीन ने मनुष्य के जीवन को सुगम बनाने के बजाय मज़दूरों को अपना दास बना डाला है और बाज़ार तथा एकाधिकार की अन्तहीन चाहत को जन्म दिया है, जिसकी परिणति युद्ध, विजय और नरसंहार में हुई है। यूरोप का समतावादी आदर्श भी इस प्रदूषण से मुक्त नहीं है, क्योंकि उसका जन्म स्वार्थ और लालच की विचारधारा की प्रतिक्रिया में हुआ है और वह मनुष्यता की इस समस्या के समाधान के लिए हिंसा से बेहतर कोई

विकल्प नहीं देता। योरोप के लोगों में अंग्रेज़ सबसे स्वार्थी हैं, लेकिन उनके स्वार्थीपन में एक मासूमियत का गुण है। वे अपने हित से इस क़दर मोहाविष्ट हैं कि उन्हें लगता है कि जो उनके हित में है, वही सारी दुनिया के हित में है और दुनिया भर के लोग उनके शासन का स्वागत करने के लिए बेताब हैं। व्यावहारिक मामलों के तकनीकी कौशल के अतिरिक्त उनके पास ऐसा कुछ भी नहीं, जिसे सीखने की ज़रूरत भारत को हो। अच्छा हो यदि भारत उनसे इसके अतिरिक्त और कुछ भी न सीखे। अंग्रेज़ों और भारतीयों के सम्पर्क से यदि भारतीयों के बजाय अंग्रेज़ कुछ सीखते तो बेहतर होता। लेकिन ऐसा होना नामुमकिन लगता है (2005)।

4

भूदेव मुखोपाध्याय के विचारों का संक्षिप्त परिचय इसलिए ज़रूरी था क्योंकि इन विचारों की अनूगूँज आगे गांधी और प्रेमचन्द के विचारों में सुनाई पड़ती है। प्रेमचन्द के विचारों पर एक नज़र डालें :

'संसार मरे हम जीते हैं। यही पश्चिमी सभ्यता है।' (विविध प्रसंग, भाग-2, पृ. 84, अक्टूबर, 1931, 'सरकारी ख़र्चे किफ़ायत।')...

'पश्चिम की देखा-देखी हम भी धनोपार्जन को ही जीवन का लक्ष्य मानने लगे हैं, सम्पत्ति को ही सर्वोपरि समझने लगे हैं, यही हमारा धर्म हो गया है...हमारे हृदय की उच्च वृत्तियाँ सभी धन-इच्छा के नीचे दबती जाती हैं। स्वराज को पाकर हम अपनी आत्मा को पा जाएँगे।' (विविध प्रसंग, भाग-2, पृ. 277, 'स्वराज के फायदे', सन् का उल्लेख नहीं।)

प्रसिद्ध समाजशास्त्री मैक्स वेबर ने यूरोप में पूँजीवाद के विकास को 'प्रोटेस्टेन्ट इथिक्स' के साथ जोड़ा था और यह दिखाया था कि दुनिया के बाक़ी धर्म—भारतीय, चीनी इत्यादि—चूँकि प्रोटेस्टेन्ट इथिक्स जैसी चीज़ का विकास नहीं कर पाए, इसलिए वहाँ पूँजीवाद का विकास भी नहीं हुआ। इसी आधार पर वेबर ने यूरोप की सभ्यता को शेष दुनिया की सभ्यताओं से श्रेष्ठ घोषित किया था। वेबर को मानने वाले समाजशास्त्रियों का विचार है कि दो प्रकार की सभ्यताएँ होती हैं—एक्ज़िएल (Axial) और नान एक्जिएल (Non-axial)। एक्जिएल सभ्यताएँ बेहतर जीवन का सपना देखती हैं और इस सपने को यथार्थ की ज़मीन पर सम्भव करने की कोशिश करती हैं। पश्चिमी सभ्यता ऐसी ही सभ्यता है; इसीलिए वहाँ आधुनिकता और पूँजीवाद का विकास सम्भव हुआ और शेष सभ्यताएँ ऐसा कर पाने में नाकामयाब रहीं। जिस पूँजीवाद को पश्चिम के चिन्तक अपनी सभ्यता की श्रेष्ठता के प्रमाण के रूप में पेश कर रहे थे, वही पूँजीवाद प्रेमचन्द की नज़र में पश्चिमी सभ्यता की बुराइयों की जड़ है। उन्होंने लिखा है :

'पश्चिम की पुरानी संस्कृति हमारी संस्कृति से अभिन्न थी। जब से पश्चिम में कलों का युग आरम्भ हुआ है, तभी से वहाँ की संस्कृति में स्वार्थ और संघर्ष की प्रधानता हुई है। यद्यपि यह कथन सारहीन नहीं है फिर भी पश्चिमी संस्कृति का जो उद्‌गम स्थल है यानी यूनान और रोम, वह संघर्ष-प्रधान राष्ट्र था। ईसाई धर्म जो मूल में बौद्ध-धर्म और बहुत अंशों में हिन्दू धर्म का ही रूपान्तर है, पश्चिम में उस पौधे के समान था, जिसे कहीं बाहर से लाकर आरोपित किया गया हो।...(भारत में) देवताओं और असुरों में लड़ाई की कथाएँ मिलती हैं, लेकिन यह स्वार्थ का संघर्ष न था, बल्कि सिद्धान्त का संघर्ष था। असुर भोगवादी थे, देवता त्यागवादी।...यूरोप में इसके प्रतिकूल स्वार्थ का संघर्ष था।...ईसाई धर्म ने कई सदियों तक उस स्वाभाविक मनोवृत्ति को दबाए रखा। अन्त में वह भी परास्त हो गई, अतएव यूरोप के जीवन में आज जो स्वार्थ का उन्माद है वह उसकी स्वाभाविक और सनातन मनोवृत्ति है। बार-बार क्रान्ति का होना उसी स्वार्थमय संघर्ष का परिणाम है।' (विविध प्रसंग-1, पृ. 206, 5 सितम्बर, 1932, 'जाग्रति')

अब यदि कोई चाहे तो इसे 'ओरिएन्टलइज़्म' का जवाब 'काउन्टर नैरेटिव' कह सकता है। ओरिएन्टलइज़्म का प्रभाव भारतीयों पर पड़ा ज़रूर, लेकिन अपनी ज़रूरत के मुताबिक वे पश्चिम का 'काउन्टर नैरेटिव' गढ़ने से नहीं चूके। इसलिए पश्चिम द्वारा गढ़ी गई भारत की छवि का अध्ययन जितना ज़रूरी है, उतना ही ज़रूरी भारत द्वारा गढ़ी गई पश्चिम की छवि का अध्ययन है। लेकिन इस तरफ़ अभी विद्वानों का ध्यान नहीं गया है, क्योंकि ऐसी सामग्री प्रायः भारतीय भाषाओं (अंग्रेजी में नहीं) में ही उपलब्ध है।

प्रेमचन्द एक ऐसे भारत की कल्पना करते हैं जो पश्चिम से तात्विक और बुनियादी रूप से भिन्न है। तात्विक (cssentialist) और बुनियादी भिन्नता की बात करना उत्तर-आधुनिक दौर में भले ही गुनाह रहा हो लेकिन उपनिवेशवादविरोधी राष्ट्रीय आन्दोलन की इसके बिना कल्पना कर पाना भी आसान नहीं। तात्विक और बुनियादी भिन्नता की बात वही कर सकता था जो आधुनिकता की ज्ञानमीमांसा को पूरी तौर पर ख़ारिज करता हो। वामपंथी ऐसी भिन्नता की कल्पना नहीं कर सकते थे क्योंकि वामपंथ के सार्वभौमिक महाआख्यान में भिन्नता के लिए ख़ास जगह नहीं थी। भिन्नता का मतलब उनके लिए विशिष्टता नहीं, कमी थी, जो उन्हें भारत के इतिहास में दिखाई पड़ती थी। पश्चिम की तर्ज़ पर भारत के इतिहास में पुनर्जागरण, ज्ञानोदय, राष्ट्रवाद, औद्योगिक क्रान्ति; व्यक्तिवाद वगैरह की आपेक्षिक अनुपस्थिति देख, उनके 'करुणा कलित हृदय' में आह सी उठती थी और फिर वे इस शोध में जुट जाते थे कि क्या कारण (अर्थात् कमी थी) थे, जिनकी वजह से हमारे यहाँ...। कुल मिलाकर भारत के अतीत-इतिहास में गर्व करने लायक़ उन्हें कुछ ख़ास नज़र नहीं आता था। मार्क्स की तरह उन्हें भी लगता था कि शैतान को भी उसका जायज़

हक़ मिलना ही चाहिए। सदियों से चली आ रही जड़ अर्थव्यवस्था को नष्ट कर उपनिवेशवाद ने भारतीय इतिहास को पटरी पर ला दिया। भारत को 'इतिहास के राजपथ' पर घसीट लाने का सेहरा उपनिवेशवाद के माथे बाँध देने के बाद उपनिवेशवाद का एक प्रगतिशील पक्ष तो निकल आया, लेकिन इसी के साथ भारत के इतिहास की विशिष्टता का महत्व समझने वाली दृष्टि भी ग़ायब हो गई। लब्बोलुआब यह कि उपनिवेशवाद आया तो भारत की जड़ता टूटी और पूँजीवाद का विकास शुरू हुआ। पूँजीवाद आ गया तो देर-सबेर समाजवाद आना ही है। यह सोचने की जहमत नहीं उठाई गई कि सभ्यताओं के विकासक्रम और जीवन-मूल्य एक जैसे नहीं होते—ख़ास तौर पर प्राक् औद्योगिक सभ्यताओं के। इस विविधता और वैकल्पिक सम्भावना को उपनिवेशवाद ने नष्ट कर दिया और पहले से चली आ रही समस्याओं को अपने स्वार्थ के वशीभूत होकर और भी विकृत कर सुलझाने के बजाय उलझा दिया। यूरोप के इतिहास को दुनिया के इतिहास का आदर्श मान लेने और उसी निकष पर स्वयं का मूल्यांकन करने पर भारत के इतिहास में कमियाँ ही कमियाँ दिखाई पड़ेंगी। और पश्चिम के इतिहास में ख़ूबियाँ ही ख़ूबियाँ। यूरो-केन्द्रित इतिहास की आलोचना करते हुए दीपेश चक्रवर्ती ने ठीक लिखा है कि 'यूरोप आज भी समूची दुनिया की इतिहास का सम्प्रभु कर्ता है' (2000)।

गांधी की तरह प्रेमचन्द भारतीय सभ्यता के सकारात्मक वैकल्पिक जीवन-मूल्यों को देख सकते थे, जिन्हें औपनिवेशिक आधुनिकता में पगी आँखें नहीं देख पाती थीं। उनके पास वह 'क्रिटिकल स्पेस' था जहाँ से वे दोनों की ख़ूबियाँ और ख़ामियाँ देख सकते थे। उन्होंने लिखा है :

'पश्चिम वालों को शक्तिशाली देखकर हम इस भ्रम में पड़ गए हैं कि हममें सिर से पाँव तक दोष ही दोष हैं और उनमें सिर से पाँव तक गुण ही गुण हैं। इस अन्धभक्ति में हमें उनके दोष भी भूषण मालूम होते हैं और अपने गुण भी दोष।' ('मानसिक पराधीनता' विविध प्रश्न-1, पृ. 189, जनवरी, 1931)

चूँकि पश्चिमी सभ्यता का इस समय समूची दुनिया पर वर्चस्व है, इसलिए हमें पश्चिम में अच्छाई ही अच्छाई और अपने यहाँ बुराई-ही-बुराई दिखती है। जो जीता वही सिकन्दर की तर्ज़ पर क्या यह कहना ठीक है कि पश्चिमी सभ्यता भारतीय सभ्यता से श्रेष्ठ है? प्रेमचन्द के सामने भी यह सवाल था और उसका उन्होंने जो जवाब दिया उस पर ग़ौर करने की ज़रूरत है :

'देशों को जीत लेना और चीज़, ऊँची सभ्यता और चीज़ है। इटली ने निम्न स्तर की सभ्यता रखते हुए भी यूनान को जीत लिया जो उस ज़माने में सभ्यता के उच्चतर शिखर पर पहुँचा था। सभ्यता और हिंस्र भावनाओं का बैर है। बर्बर क़ौमें सभ्य क़ौमों के मुक़ाबले ज़्यादा लड़ाकू और जान पर खेलने वाली होती हैं। पश्चिमी सभ्यता की सबसे बड़ी ख़ूबी यह है कि उसने बर्बर क़ौमों की विशेषताओं को

सभ्यता के गम्भीर प्रभाव से बचाए रखा। ख़ुलासा यह कि हिन्दुस्तानी सभ्यता की बुनियाद धर्म और नेकी पर थी जबकि पश्चिमी सभ्यता की बुनियाद लाभ और ईर्ष्या पर है।' (विविध प्रसंग-3, पृ. 182)

उस दौर के अन्य लेखकों-विचारकों की तरह प्रेमचन्द के लिए भी पश्चिम एक चुनौती था और अपने वैचारिक लेखन में पश्चिम द्वारा फेंकी गई चुनौती का वे जवाब देते हैं : विजय और सफलता के आधार पर किसी सभ्यता को श्रेष्ठ नहीं ठहराया जा सकता। पराजित होकर भी भारतीय सभ्यता पश्चिमी सभ्यता से श्रेष्ठ है। क्योंकि :

'भौतिकता पश्चिमी सभ्यता की आत्मा है। अपनी ज़रूरतों को बढ़ाना और सुख-सुविधा के लिए आविष्कार इत्यादि करना, अपने नफ़े के लिए दूसरों के जानमाल की परवाह न करना—यही पश्चिमी सभ्यता की विशेषताएँ हैं। जीवन के हर क्षेत्र में व्यापार के नियम को लागू करना और नफ़े या नुकसान के ख़याल को एक क्षण के लिए आँख से ओझल न होने देना, यह पश्चिमी सभ्यता के लक्षण हैं।' (विविध प्रसंग-3, पृ. 174-175) मैं इस बात पर ज़ोर देना चाहता हूँ कि प्रेमचन्द ने पश्चिम की व्यावसायिक सभ्यता की श्रेष्ठता को कभी भी स्वीकार नहीं किया, अन्तिम दौर में भी नहीं। लिखते हैं :

'वाह रे पश्चिम की सभ्यता, तूने मानवता के लिए तो कहीं जगह ही नहीं रखी। चारो तरफ़ निकृष्ट व्यावसायिकता का राज है।...लोभ को जब पर लग जाते हैं, तब वह जुआ हो जाता है।...वाह रे योरोप! तेरी ग़ुलामी हमें न जाने पतन की किस गहराई तक ले जाएगी'। (जुए का युग, विविध प्रसंग-1, पृ. 455-56, 25 दिसम्बर, 1933)

प्रेमचन्द भारतीय सभ्यता की सभी बातों की आँख मूँदकर तारीफ़ करने वालों में न थे, फिर भी उन्होंने पश्चिम की व्यावसायिक सभ्यता को भारतीय सभ्यता से बेहतर नहीं माना। भारतीय सभ्यता की कमियों का समाधान उन्हें पश्चिमी व्यावसायिक सभ्यता में नहीं दिखा। लिखा है :

'हम नहीं कहते कि वह पुरानी बातें सब की सब तारीफ़ करने के क़ाबिल हैं, मगर वह कितना ही बुरा क्यों न हो और कितने ही ताने उसे क्यों न दिए जाएँ, नई स्वार्थपरता, घमंड और आडम्बर से कई गुना अच्छा है।' (विविध प्रसंग-3, पृ. 263)

प्रेमचन्द पश्चिम की व्यावसायिक सभ्यता नहीं, बल्कि समाजवाद की ओर अपने आख़िरी दौर में ज़रूर आकृष्ट हुए थे, क्योंकि उन्हें लगता था भारतीय सभ्यता का बेहतर विकल्प उसमें मिल सकता है। पुरानी समाज-व्यवस्था को वे लगातार, अन्तिम समय तक, पश्चिम की व्यावसायिक सभ्यता से बेहतर बताते रहे :

'पुरानी समाज-व्यवस्था अपनी सादगी और सच्चाई में नई समाज-व्यवस्था की प्रदर्शन-प्रियता और आडम्बर से कहीं अच्छी थी।' (विविध प्रसंग-1, पृ. 63)

या

'पुराने ज़माने में सभ्यता का अर्थ आत्मा की सभ्यता और आचार की सभ्यता होता था। वर्तमान युग में सभ्यता का अर्थ है स्वार्थ और आडम्बर, उसका नैतिक पक्ष छूट गया।' (विविध प्रसंग-3, पृ. 258)

दाढ़ में खाज यह कि 'योरोप का विलास तो अपनी सारी बुराइयों के साथ आ डटा पर योरोप का अध्यवसाय और साहस और उत्सर्ग और अन्य हजारों ख़ूबियाँ जो उस विलासिता का पर्दा ढाँकती हैं, यहाँ नज़र नहीं आती।' (विविध प्रसंग-1, पृ. 218, सितम्बर, 1932) ध्यान देने लायक़ बात यह है कि योरोप की ख़ूबियाँ भी वास्तव में उसकी विलासिता पर पर्दा ढाँकने का काम करती हैं, इसलिए योरोप की इन 'ख़ूबियों' पर भी आँख मूँद कर मोहित होने की ज़रूरत नहीं है। यदि ब्रिटिश चरित्र में अच्छाइयाँ हैं तो बुराइयाँ भी हैं, उसी प्रकार भारतीय चरित्र में भी...लेकिन भारतीय चरित्र में बुराई के मुक़ाबले अच्छाइयाँ अधिक हैं। (विविध प्रसंग-1, पृ. 450, 13 फरवरी, 1933)

योरोप की साम्प्रदायिक, जातीय और औपनिवेशिक हिंसा और शोषण के सामने एशियाई सभ्यता की कमियाँ कहीं नहीं ठहरतीं। योरोप ने अपनी ख़ूबियों का ख़ूब प्रचार किया, लेकिन ख़ामियों को छिपाकर रखा। अभी भी भूगोल की किताबों में पुनर्जागरण के दौरान नए सामुद्रिक मार्गों और द्वीपों की खोज का बढ़-चढ़कर बखान किया जाता है लेकिन यह नहीं बताया जाता कि इन खोजों के परिणामस्वरूप जब यूरोप के लोग वहाँ पहुँचे तो वहाँ के मूल निवासियों का क्या हश्र हुआ। सिर्फ़ एक मिसाल देखें। कोलम्बस ने 1492 में अमेरिका की खोज की और यूरोपियन्स ने वहाँ बर्बरता का ऐसा तांडव नृत्य किया कि वहाँ की आबादी अगली सदी में घटकर आधी रह गई। सोलहवीं सदी में जब दुनिया के कई क्षेत्रों में (भारत समेत) आबादी बढ़कर लगभग दोगुनी हो रही थी, अमेरिका की आबादी घटकर आधी रह गई। अफ्रीका में यूरोपवासियों ने क्या किया और 'दास-व्यापार' के दौरान कैसी अमानवीय हिंसा से काम लिया गया—ये सारी बातें इतनी जगजाहिर हैं कि उन्हें दोहराने की ज़रूरत नहीं लगती। बात सिर्फ़ यह है कि योरोपीय सभ्यता की प्रगति और मानवीयता का बढ़-चढ़कर बखान करने वालों को उसके इस पक्ष को भी ध्यान में रखना चाहिए। ये सारी बातें तथ्यों और साक्ष्यों के आधार पर यूरोप के ही विद्वानों ने लिख दी हैं, गर्व के साथ नहीं, प्रायश्चित् और क्षमायाचना के रूप में। ये विद्वान न तो आर.एस.एस.-भा.ज.पा. के सदस्य हैं और न ही इनसे उन्हें कोई सहानुभूति है। लेकिन हमारे यहाँ आज भी कुछ दलित और दलित-हितैषी विद्वान मौजूद हैं, जिनके लिए भारत में सब कुछ बुरा ही था और पश्चिम में अच्छा ही अच्छा। ऐसा भी नहीं है कि हिंसा और बर्बरता का यह सिलसिला सिर्फ़ शुरुआती दौर तक सीमित हो—वह अबाध गति से आज तक चला आ रहा है। प्रेमचन्द इसीलिए 'सिविलाइजिंग मिशन' के क़ायल नहीं हो पाए। उन्होंने लिखा है : 'हम कहते हैं कि यह क़ौमें (माओरी, जुलू) वहशी सही, जंगली सही...हम उन्हें मौजूदा तहज़ीब के

खुंखार दरिन्दों से... ख़ून पीने वाले अत्याचारी व्यापारियों से कहीं बेहतर समझते हैं। (विविध प्रसंग-2, पृ. 28) और अन्तत: प्रेमचन्द ने वे बातें लिखीं जिनका महत्व उत्तर-औपनिवेशिक दौर के चिन्तकों—आशीष नन्दी, शेल्डन पोलक, दीपेश चक्रवर्ती के समकालीन लेखन को पढ़कर ही समझा जा सकता है। लिखा है कि 'योरोपियन संस्कृति की तारीफ़ें सुनते-सुनते हमारे कान पक गए। उनको अपनी सभ्यता पर गर्व है। हम एशिया वाले तो मूर्ख हैं, बर्बर हैं, असभ्य हैं, लेकिन जब हम उन सभ्य देशों की पशुता देखते हैं तो जी में आता है कि यह उपाधियाँ सूद के साथ उन्हें क्यों न लौटा दी जाएँ।...(जर्मनी में यहूदियों पर अत्याचार 30 अप्रैल, 1933)। इसके मुक़ाबले भारत को देखिए। यहाँ हिन्दू, मुसलमान, ईसाई, पारसी सब सदियों से रहते चले आते हैं। इधर कुछ दिनों से हिन्दू-मुसलमान के एक दल में वैमनस्य हो गया है; पर इसके लिए भी वही लोग ज़िम्मेदार हैं जिन्होंने पश्चिम से प्रकाश पाया है और अपरोक्ष रूप से वही पश्चिमी सभ्यता अपना करिश्मा दिखा रही है।' (विविध प्रसंग-2, पृ. 205-206) आशीष नन्दी भी तो यही कहते हैं कि भारतीय समाज ने विभिन्न धार्मिक सम्प्रदायों के बीच सहिष्णुता और सह-अस्तित्व की संस्कृति विकसित कर ली थी; साम्प्रदायिकता और साम्प्रदायिक संघर्ष तो आधुनिकता के बाइप्रोडक्ट हैं। साम्प्रदायिकता का उद्गम-स्थल भारत नहीं, पश्चिमी आधुनिकता है और भारत में साम्प्रदायिकता की राजनीति करने वालों को यह ज्ञान पश्चिम से मिला है। साम्प्रदायिकता और आधुनिकता में आत्यन्तिक विरोध देखने वाली औसत समझ को यह अन्तर्दृष्टि चुनौती देती है और पड़ताल करने पर मालूम होता है कि इस चुनौती में दम है, क्योंकि साम्प्रदायिकता आधुनिकता की विरोधी नहीं बल्कि आधुनिकता की तरह वह भी सार्वभौम ज्ञान का दावा करती है और आधुनिकता के मूलभूत अनुषंगों—विज्ञान, राष्ट्र-राज्य की आलोचना करने के बजाय उनका समर्थन करती है (आशीष नन्दी, 1988; आर. रघुराम राजू, 2006)।

अब इसे औपनिवेशिक मानसिकता का चमत्कार न कहें तो क्या कहें कि जो दुर्गुण आधुनिकता के साथ आया उसे भी 'सेकुलर बुद्धिजीवियों' ने भारतीय सभ्यता के साथ जोड़ दिया। बात सिर्फ़ यह है कि यदि आधुनिकता विवेक, विकास और प्रगति के नाम पर 'अन्य' को नष्ट करती है तो साम्प्रदायिकता धार्मिक आस्था और संस्कृति के नाम पर। 'अन्य' के लिए न तो आधुनिकता में जगह है और न ही साम्प्रदायिकता में।

5

प्रेमचन्द ने पश्चिम की व्यावसायिक सभ्यता के विपरीत भारतीय सभ्यता की एक सकारात्मक छवि प्रस्तुत की है। भारतीय सभ्यता की ख़ामियों से वे वाकिफ़ थे और

उसकी आलोचना भी करते थे। लेकिन कुल मिलाकर पश्चिम की व्यावसायिक सभ्यता के मुक़ाबले उन्हें भारतीय सभ्यता बेहतर लगती थी और आख़िरी दौर में भी उनके इस विश्वास में कोई बदलाव नहीं दिखाई पड़ता। आगे बढ़ने से पहले, आइए देखें कि प्रेमचन्द की नज़र में भारतीय सभ्यता की विशेषताएँ क्या थीं।

प्रेमचन्द ने लिखा है कि पुरानी समाज-व्यवस्था में सादगी और सच्चाई थी जो 'नई समाज-व्यवस्था की प्रदर्शन-प्रियता और आडम्बर से कहीं अच्छी थी।' (विविध प्रसंग-1, पृ. 73) त्याग, संयम, मर्यादा और सादगी भारतीय सभ्यता की विशेषताएँ थीं और उसी के अनुरूप यहाँ के आदर्श पश्चिम के आदर्शों से भिन्न हैं।

'हमारे आदर्श नैपोलियन जैसे नहीं जो संसार पर अधिकार प्राप्त करना चाहता था, न क्लाइव और क्रामबेल जैसे, लेनिन या मुसोलिनी जैसे। हमारे आदर्श चरित्र कृष्ण और राम और अशोक जैसे राजा, अर्जुन और भीष्म जैसे योद्धा और गांधी जैसे गृहस्थ हैं। हमारा विश्वास संघर्ष में नहीं, सहयोग में है। (जाग्रति, वि.प्र.—1, पृ. 208, 5 सितम्बर, 1932)

पश्चिम की व्यावसायिक सभ्यता का कुछ ऐसा असर हुआ है कि जिन विशेषताओं की शुमार गुण में होती थी, वे अवगुण मान ली गईं है और जिन्हें पहले अवगुण माना जाता था, उनकी गुण के रूप में तारीफ़ की जाने लगी है :

'नम्रता और सहिष्णुता, शर्म और हया, सदाचार और मुरव्वत—गुणों का सब आदर करते थे। आज हालत कुछ और है। नम्रता को आज निर्बलता की स्वीकृति समझा जाता है। लाज-शर्म नामर्दों के गुण हैं।...दया और प्रार्थना, संयम और नर्मी को कायरता और पस्त-हिम्मती समझा जाता है।...ग़ुस्सा एक मर्दाना जौहर है। उसे रोकना बुज़दिली की दलील है। मुरव्वत और इंसानियत को पास न फटकने दीजिए। ये ग़रीब और मजबूर लोगों के गुण हैं।' (वि.प्र.-3, पृ. 262-263)

उल्लेखनीय है कि उपनिवेशवाद की दृष्टि में औपनिवेशिक समाज स्त्रैण समाज थे, जिनमें पुरुषोचित क्रियाशीलता, उग्र आक्रामक वर्चस्व भावना, जोख़िम उठाने के साहस का अभाव तो था ही, नए-नए क्षेत्रों को खोज निकालने और उन पर अपना प्रभुत्व स्थापित करने का वीरोचित आवेग भी नहीं था। चिन्तकों ने लक्ष्य किया है कि उपनिवेशवाद का चरित्र पौरुषपूर्ण था। ज़ाहिर है कि औपनिवेशिक विमर्श में सहिष्णुता, शर्म और हया, सदाचार और मुरव्वत, संयम और नम्रता को गुण नहीं, कमी के रूप में चिन्हित किया गया। ये गुण अब अवगुण मान लिए गए। जैसा कि अक्सर होता है, उपनिवेशित समाज के बुद्धिजीवी भी यह मान बैठे कि उपनिवेशवाद के आगमन के समय भारतीय समाज पतन के दौर से गुज़र रहा था और इस पतन का कारण उसमें आ गई स्त्रैणता थी। दिलचस्प तथ्य यह है कि उपनिवेशवाद के पहले समूचे भारतीय साहित्य और चिन्तन-परम्परा में पतन का भाव कहीं नहीं है, लेकिन उपनिवेशवाद के आने के बाद, विशेष रूप से उन्नीसवीं सदी से यह भाव

कुंडली मारे बैठा है। पतन का यह भाव हिन्दू और मुस्लिम दोनों परम्पराओं में मौजूद है और इससे मुक्ति के लिए अपने 'गौरवपूर्ण' अतीत का अवलम्ब गहने और उससे प्रेरणा लेने का भाव भी दोनों जगह कमोबेश एक जैसा है। बात चाहे गौरवपूर्ण अतीत के स्मरण की हो या समकालीन पतन की, निकष विक्टोरियन आदर्श ही हैं और इसीलिए अतीत की इस कल्पित छवि में भी इन्हीं आदर्शों का प्रक्षेपण है। इन आदर्शों से विरत होने की वजह से पतन का दौर शुरू हुआ। हाली तो यहाँ तक कहते हैं, जिन आदर्शों को मुसलमानों ने त्याग दिया था, उन्हें ही पश्चिम ने अपनाया और प्रगति के पथ पर बढ़ गए :

'शरियत के जो हमने पैमाने तोड़े
वो ले जाके सब अहले मग़्रिब ने जोड़े।'

इसे ही आलोचक एलनॉर शाफर ने 'माइथॉलाजिकल डबलिंग' कहा है : जहाँ एक ज्ञानप्रणाली किसी अन्य ज्ञानप्रणाली के मूल्यों-अन्तर्दृष्टियों को इस तरह पेश करती है जैसे वे उसी के मूल्यों-अन्तर्दृष्टियों का प्रच्छन रूप हों (1998)। ख़ास बात यह कि औपनिवेशिक मानस कहीं-न-कहीं पश्चिम की श्रेष्ठता स्वीकार करने लगता है और अपने यहाँ ऐसा समाज बनाना चाहता है जिसमें 'सामाजिक बुराइयाँ' न हों और जो पश्चिम की तरह 'स्वस्थ' और 'गतिशील' हो। उन्नीसवीं सदी के धार्मिक और समाज-सुधार आन्दोलनों का जन्म इसी मनःस्थिति में हुआ था। औपनिवेशिक आधुनिकता की दृष्टि में पारम्परिक भारतीय समाज के मूल्य पिछड़ेपन की निशानी बन गए और उनकी जगह व्यक्तिवादी उग्रता, सकर्मकता, पुरुषोचित आवेश को तरजीह दी जाने लगी। औरों को छोड़िए, विवेकानन्द के यहाँ भी पौरुषपूर्ण क्रियाशीलता और भौतिक सम्पन्नता का आग्रह साफ़ दिखाई पड़ता है। लब्बोलुआब यह कि मान लिया गया कि नम्रता, सहिष्णुता, शर्म और हया, सदाचार, संयम और मुरव्वत गुण नहीं हैं, बल्कि पिछड़ेपन और सामन्ती मानसिकता के परिणाम हैं। वस्तुतः इन गुणों का उपयोग-दुरुपयोग तो सम्भव है लेकिन इनकी सार्थकता थोड़े बहुत हेर-फेर के साथ हमेशा बनी रहती है। लेकिन इन गुणों और आधुनिकता का 'केर-बेर' संग निभता नहीं। पूँजीवाद किसी बन्धन-अनुशासन, मर्यादा, संयम, मानवता जैसे नैतिक मूल्य को नहीं मानता। वह लोभ-लाभ की संस्कृति का निर्माण करता है, जिसमें पैसे-मुनाफ़े के अलावा और किसी मूल्य के लिए जगह नहीं बचती। मार्शल बर्मन ने अपनी पुस्तक 'ऑल दैट इज़ सॉलिड मेल्ट्स इन टू एयर' (1988) में पूँजीवाद के इस चरित्र का सटीक विश्लेषण किया है।

प्रेमचन्द ने लिखा है कि गांधी ने बताया तो पश्चिम की बुराइयाँ समझ में आने लगीं। पहले महसूस तो होती थीं लेकिन समझ में नहीं आती थीं। यहाँ इतना जोड़ने की ज़रूरत है कि गांधी ने समझाया तो भारत की अच्छाइयाँ समझ में आने लगीं। पहले महसूस तो होती थीं लेकिन...। गांधी ने पौरुष-प्रधान, आक्रामक और वर्चस्व-

वासना से ग्रस्त आधुनिकता को सभ्यताओं का निकष मानने से इन्कार कर दिया और यह बताया कि कोमलता और सहजता, त्याग और क्षमा, करुणा और परदुख-कातरता दुर्गुण नहीं, गुण हैं। आधुनिकता का जवाब आधुनिकता के निकष पर देने के बजाय उन्होंने भारतीय सभ्यता की सकारात्मक उपलब्धियों के आधार पर उपनिवेशवाद को चुनौती दी। इसीलिए उनके राजनीतिक विमर्श में आक्रामक हिंसा की जगह विनम्रता, वर्चस्व-वासना की जगह त्याग और संयम, आत्म की जगह अन्य, अतिशय भोग की जगह इन्द्रिय-निग्रह, मशीन की जगह मनुष्य, शहर की जगह गाँव, ज्ञान की जगह प्रेम और करुणा को वरीयता दी गई है। आशीष नन्दी ने ठीक लिखा है कि औपनिवेशिक आधुनिकता के प्रभाव में जिन चीजों को स्त्रैण मान लिया गया था, गांधी ने उनकी वैकल्पिक सार्थकता को दोबारा स्थापित किया। (देखें—आशीष नन्दी : इन्टीमेट एनमी)

प्रेमचन्द भारतीय सभ्यता की विशेषताओं का जिक्र करते समय अक्सर पश्चिम को सामने रखते हैं, आधुनिक आलोचना की भाषा में कहें तो द्विआधारी विरुद्धों की रचना करते हैं। जैसे :

'हमारी सभ्यता कहती है कि अपनी ज़रूरतों को मत बढ़ाओ ताकि तुम्हारी जात से कुटुम्ब या परिवार का भी कुछ उपकार हो। पश्चिमी सभ्यता का आदर्श है—अपनी ज़रूरतों को ख़ूब बढ़ाओ, चाहे उसके लिए दूसरे की जेब ही क्यों न काटनी पड़े। अपने लिए ही जिओ और अपने लिए ही मरो।' (मानसिक पराधीनता, वि.प्र.-1, पृ. 139, जनवरी, 1931)

या

'यहाँ अर्जुन विजय प्राप्त करके ग्लानि और विराग में डूब जाते हैं। अशोक प्रभुता के शिखर पर पहुँचकर भिक्षु बन जाता है... । मनोवृत्तियाँ कुछ इस तरह की हो गई थीं कि लोग अधिकारों की अपेक्षा अपने कर्त्तव्यों का ज़्यादा विचार रखते थे।...पश्चिम में स्वार्थ और लोभ का राज है। कलों के आविष्कार ने व्यावसायिकता की एक हवा सी फैला दी है। यह व्यावसायिकता पश्चिमी सभ्यता का कलंक है। संसार का जितना अहित इस व्यवसाय से हुआ है और आगे होगा, वह अभूतपूर्व है।' (वि.प्र.-1, जागृति, पृ. 207, सितम्बर, 1932)

सम्भवतः इसीलिए प्रेमचन्द के सपनों का स्वतंत्र भारत व्यावसायिक योरोप की प्रतिकृति नहीं होगा, उससे भिन्न होगा :

'योरोप की स्वाधीनता और कृत्रिमता और हृदयहीनता भारत को ग्रस्त करती चली जाती है।...हमारी क्रान्ति अपनी खोई हुई आत्मा को, अपने त्याग और सरलता और आदर्श को—फिर वापस लाना चाहती है और इस पश्चिमी संघर्ष और स्वार्थवाद को मिटाकर उसकी जगह सहयोग और सहृदयता को आसीन देखने की इच्छुक है।' (वि.प्र.-1, पृ. 200, संयुक्त प्रान्त के दो कन्वोकेशन, 1934)

लेकिन द्विआधारी विरुद्धों (Binary opposites) के आधार पर पश्चिम की व्यावसायिक सभ्यता की प्रेमचन्द द्वारा की गई आलोचना के मर्म को उद्घाटित नहीं किया जा सकता। इस आलोचना के मूल में गांधी के चिन्तन की भूमिका है। यह ठीक है कि प्रेमचन्द गांधी के विचारों के यथावत् अनुवादक नहीं हैं, लेकिन गांधी के विचारों का प्रभाव उन पर बहुत गहरा है, इसे सिर्फ़ सत्याग्रह और हृदय-परिवर्तन तक सीमित कर देना ठीक नहीं। आख़िरी दौर में साम्यवाद के प्रति उनका आकर्षण कदाचित् इसीलिए बढ़ा क्योंकि साम्यवाद में उन्हें पश्चिम की व्यावसायिक सभ्यता का विकल्प नज़र आया। पश्चिम की व्यावसायिक सभ्यता को उन्होंने भारतीय सभ्यता के विकल्प के रूप में कभी स्वीकार नहीं किया। 'साम्यवाद में व्यावसायिक सभ्यता का विकल्प नज़र आया' कहने का यह मतलब नहीं कि वे साम्यवादी हो गए थे। सामुदायिक ग्रामीण जीवन, सादगी, इच्छाओं-आवश्यकताओं को बढ़ाने के बजाय उन पर संयम और नियन्त्रण, प्रतिद्वन्द्विता के बजाय सहयोग और भाईचारा, कृषि-आधारित उद्योगों का सीमित पैमाने पर विकास जैसे आदर्शों में उनकी आस्था अन्तिम दौर में भी क़ायम रही। अब यह देखें कि प्रेमचन्द के द्वारा पश्चिम की व्यावसायिक सभ्यता की आलोचना के मुख्य आधार-बिन्दु क्या हैं।

6

पश्चिम की व्यावसायिक सभ्यता की बुनियाद में विज्ञान का अभूतपूर्व विकास है। विज्ञान के विकास के बिना न तो राष्ट्र-राज्य की कल्पना सम्भव थी और न ही उपनिवेशवाद की। पश्चिम का अन्य सभ्यताओं पर सबसे बड़ा आक्षेप यही था कि वे विज्ञान और राष्ट्र-राज्य की अवधारणा का विकास करने में असफल रही हैं। इस चुनौती का जवाब देने का सिलसिला तो बंगाल नवजागरण के दौरान ही शुरू हो गया था। गांधी एवं प्रेमचन्द उसी सिलसिले की अगली कड़ी हैं। गांधी विज्ञान के विकास के साथ आने वाली ख़ामियों का ज़िक्र करते हुए बताते हैं कि चाहते तो हम भी विज्ञान का वैसा विकास कर सकते थे लेकिन हम जानते थे कि उसके साथ ये ख़ामियाँ भी आएँगी, इसलिए हमने जानबूझकर विज्ञान का विकास नहीं किया। विज्ञान का विकास कोई ऐसी उपलब्धि नहीं जिस पर गर्व किया जाए। एक तरह से पश्चिम के आक्षेप पर गांधी का यह पलटवार था। इस पलटवार को सिर्फ़ पॉलिमिक्स मान लेना ठीक नहीं होगा क्योंकि गांधी इस बात पर आख़िरी दिनों तक क़ायम रहे। गांधी की तरह प्रेमचन्द भी पश्चिम की इस वैज्ञानिक-औद्योगिक प्रगति की आलोचना करते हैं।

गांधी का प्रभाव तो है ही लेकिन उससे भी ख़ास बात यह है कि यह तर्क इतना शक्तिशाली है कि आज भी समाजवैज्ञानिकों के बीच इस बात को लेकर बहस ज़ारी

है और उनमें एक बड़ा हिस्सा ऐसे बुद्धिजीवियों का है जो यह मानता है कि वैज्ञानिक प्रगति और उपनिवेशवाद नाभिनाल आबद्ध हैं। यदि यह बात ठीक है कि वैज्ञानिक प्रगति के बिना औपनिवेशिक वर्चस्व असम्भव था, तो फिर उपनिवेशवाद का विरोध करने वाले बुद्धिजीवी/नेता से यह उम्मीद करना ज़्यादती होगी कि वह वैज्ञानिक प्रगति को विकास के आगे बढ़े हुए दौर के रूप में सराहे। कम से कम गांधी और गांधी से प्रभावित विचारकों से तो हमें ऐसी उम्मीद नहीं करनी चाहिए। क्योंकि गांधी एक ऐसे विचारक हैं जो आधुनिकता की आलोचना उसकी ज्ञानमीमांसा के बाहर से करते हैं। आधुनिकता के अन्तर्विरोधों को दिखाना एक बात है और आधुनिकता की ज्ञानमीमांसात्मक बुनियाद को ही ख़ारिज कर देना बिल्कुल अलग बात। रोम्या रोलाँ ने गांधी के चिन्तन के इस मूलभूत पक्ष को बहुत पहले चिन्हित करते हुए लिखा था कि उनके चिन्तन की केन्द्रीय विशेषता है : प्रगति और योरोपीय विज्ञान का निषेध (रोम्या रोलाँ : महात्मा गांधी, अनु. रामास्वामी अय्यर, पृ. 30)। पार्थ चटर्जी ने सही लक्ष्य किया है कि योरोप के रोमैंटिक विचारकों की पंक्ति में गांधी को नहीं रखा जा सकता। रोमैंटिक विचारक नागरिक समाज के अन्तर्विरोधों की आलोचना उसी के भीतर से करते हैं जबकि गांधी की आलोचना उत्तर-ज्ञानोदयी परम्परा के बाहर से उठती है और इसीलिए उनके चिन्तन का केन्द्रबिन्दु राष्ट्रवाद भी नहीं है। यही कारण है कि राष्ट्रवादी चिन्तकों की तरह वे ऐतिहासिकता, तार्किकता और वैज्ञानिकता को भी ज़्यादा तरज़ीह नहीं देते (1984 : 170,175,176)। कहने का आशय यह कि गांधी की तरह प्रेमचन्द भी पश्चिमी आधुनिकता की आलोचना उत्तर-ज्ञानोदयी परम्परा के भीतर से नहीं, बाहर से करते हैं। इसीलिए उन्होंने आधुनिक राष्ट्र-राज्य और उससे जुड़े हुए नागरिक समाज के अवयवों और मूल्यों की सख़्त आलोचना की है।

जैसाकि पहले कहा जा चुका है, विज्ञान और राष्ट्र-राज्य के बिना आधुनिकता की कल्पना असम्भव है (ज्ञान प्रकाश, 1999)। आधुनिकता के इन दो बुनियादी निकषों के आधार पर भारतीय सभ्यता की ख़ामियों का उपनिवेशवादियों ने ख़ूब प्रचार किया था। दूसरे के द्वारा रखी गई शर्त पर स्वयं को श्रेष्ठ (या बराबर) सिद्ध करने का एक सरल लेकिन तत्कालीन सन्दर्भ में प्रभावशाली तरीक़ा यह साबित करना था कि भारत में विज्ञान, राष्ट्रवाद और लोकतंत्र का अस्तित्व पहले (प्राचीन काल) से रहा है, और भारतीय राष्ट्रवाद, लोकतंत्र एवं विज्ञान पश्चिम से श्रेष्ठतर हैं। राष्ट्रवादी इतिहासकारों और आर्यसमाजियों ने यही दिखाने की कोशिश की। दूसरा तरीक़ा यह था कि पश्चिम के इतिहास के सार्वभौम महत्व को मानते हुए ईमानदारी से अपने इतिहास की 'कमियों' को स्वीकार किया जाए। वामपंथियों, नेहरूवादी चिन्तकों और इतिहासकारों ने यही किया। उन्होंने अपनी सारी ऊर्जा यह जानने में खपा दी कि भारत में पुनर्जागरण, ज्ञानोदय, पूँजीवाद और सेकुलर राष्ट्र-राज्य का

विकास क्यों नहीं हुआ। उनकी चिन्ता का विषय वह नहीं था जो हुआ; जो नहीं हुआ, उसे लेकर वे व्यथित होते रहे। उन्होंने यह सोचने की ज़हमत नहीं उठाई कि जहाँ ये सब हुआ, वहीं से उपनिवेशवाद का भी प्रादुर्भाव क्यों हुआ। उनके लेखे दूसरी सभ्यताओं को 'सही रास्ते' पर लाने के लिए उपनिवेशवाद एक ज़रूरी बुराई थी। उपनिवेशवाद के बिना भारत में राष्ट्र-राज्य का विकास असम्भव था। राष्ट्र-राज्य का विकास पश्चिमी सभ्यता की उपलब्धि है और भारतीय सभ्यता में उसका 'अभाव' दिखता है। तीसरा तरीक़ा यह था कि पश्चिमी इतिहास के सार्वभौम महत्व को अस्वीकार कर दिया जाए और यह दिखाया जाए कि सभ्यताओं के मूल्यांकन में कोई तटस्थ आर्केमेडियन बिन्दु निकाल पाना असम्भव है। किसी सभ्यता को हक नहीं कि अन्य सभ्यताओं को पिछड़ी हुई, असभ्य बताये। रवीन्द्रनाथ ठाकुर के शब्दों में अलग सभ्यताओं की प्राथमिकताएँ अलग-अलग होती हैं। भारतीय सभ्यता में समाज-हित की चिन्ता सर्वोपरि थी जबकि पश्चिमी सभ्यता में राज्य और प्रशासन पर ज़्यादा ध्यान दिया गया था। इसलिए भारत में राष्ट्रवाद का विकास न देखकर शर्मसार होने की ज़रूरत नहीं। रवीन्द्रनाथ ने योरोपीय इतिहास के निकष पर भारतीय इतिहास का मूल्यांकन करने की प्रवृत्ति की सख़्त आलोचना करते हुए लिखा कि 'योरोप का अपना अतीत है और वह उसकी शक्ति है। हम भारतीयों को अच्छी तरह जान लेना चाहिए कि किसी और का इतिहास उधार नहीं लिया जा सकता और अपने इतिहास का गला घोंटने का मतलब है आत्मघात। बाहर से उधार ली हुई चीज़ें जीवन को बर्बाद कर देतीं हैं।' उधार के इतिहास से काम चलाने वालों और अपने इतिहास का पूर्ण निषेध कर देने वालों में कोई ख़ास फ़र्क नहीं है। विडम्बना यह है कि ये दोनों प्रवृत्तियाँ आज भी मौजूद हैं और दलित-स्त्री-मुक्ति के नाम पर हुँकार भर रही हैं। जब हम अपने इतिहास पर ध्यान देंगे तो वहाँ ख़ामियों के साथ ऐसी ख़ूबियाँ भी नज़र आएँगी जो दूसरी सभ्यता में नहीं होंगी। अपनी सभ्यता को नितान्त त्याज्य मान लेने पर उधार के इतिहास से काम चलाने के अतिरिक्त और कोई विकल्प नहीं बचता। उधार के इतिहास में वह शक्ति नहीं होती जो किसी बड़े सामाजिक परिवर्तन को अन्जाम दे सके। गांधी की आपेक्षिक सफलता का राज़ यही था कि उन्होंने उधार के इतिहास से काम चलाने की कोशिश कभी नहीं की।

प्रेमचन्द भारत में राष्ट्र के अभाव को लेकर चल रही बहस से परिचित थे। राष्ट्रवाद की अवधारणा में निहित संकीर्णता की भावना की रवीन्द्रनाथ टैगोर द्वारा की गई आलोचना से भी वाक़िफ़ थे। उपनिवेशवादविरोधी संघर्ष में राष्ट्रवाद की सकारात्मक भूमिका के हिमायती होने के बावजूद वे राष्ट्रवाद, ख़ास तौर से पश्चिमी राष्ट्रवाद, की प्रकृति और अन्तर्विरोधों को अच्छी तरह समझते थे। गांधी की तरह उनके चिन्तन को भी राष्ट्रवाद की सीमा में नहीं बाँधा जा सकता। उनके राष्ट्र-सम्बन्धी चिन्तन से आज भी हम बहुत कुछ सीख सकते हैं। प्रेमचन्द ने यह दिखाया

कि आधुनिक क़िस्म का राष्ट्रवाद योरोप की ईजाद है; लेकिन यह वरदान नहीं, शाप है। प्रेमचन्द ने राष्ट्रवाद का जिस गहराई से विश्लेषण किया है उसके सामने समकालीन उत्तर-औपनिवेशिक चिन्तकों का लेखन भी फ़ीका लगने लगता है। लिखते हैं :

'राष्ट्र एक मानसिक प्रवृत्ति है। जब यह प्रवृत्ति प्रबल हो जाती है तो किसी प्रान्त या देश के निवासियों में भ्रातृभाव पैदा हो जाता है। प्राचीनकाल का भारत केवल इसी अर्थ में एक था कि उसकी संस्कृति एक थी।...परन्तु राजे सैकड़ों-हज़ारों थे, उनमें बराबर लड़ाइयाँ होती रहती थीं। उनके स्वार्थ अलग थे। वर्तमान राष्ट्र का विकास न हुआ था।...वर्तमान राष्ट्र योरोप की ईजाद है और राष्ट्रवाद वर्तमान युग का शाप।...इसी राष्ट्रवाद ने साम्राज्यवाद, व्यवसायवाद आदि को जन्म देकर संसार में तहलका मचा रखा है। व्यापारिक प्रभुत्व के लिए महान युद्ध होते हैं। यह सारे अनर्थ इसलिए हो रहे हैं कि धन और भूमि की तृष्णा ने राष्ट्रों को चक्षुहीन सा कर दिया है। प्राणिमात्र को भाई समझने वाला ऊँचा और पवित्र आदर्श इस राष्ट्रवाद के हाथों ऐसा कुचला गया कि अब उसका कहीं चिन्ह भी नहीं रहा।' (वि.प्र.-2, पृ. 11, अक्टूबर-नवम्बर, 1932)

प्रेमचन्द को यह स्वीकार करने में कोई संकोच नहीं हुआ कि भारत में सांस्कृतिक एकता तो थी, लेकिन राजनीतिक रूप से राष्ट्र के रूप में वह संगठित नहीं था। वर्तमान राष्ट्र यूरोप की ईजाद है और साम्राज्यवादी संघर्ष और लूट खसोट का आधार भी है। लेकिन योरोप में तीन सौ साल पहले जातीयता (राष्ट्रीयता) का वजूद नहीं था। जातीयता का विकास कोई ऐसी उपलब्धि नहीं जिस पर गर्व किया जाए। उसने मनुष्य को भिन्न-भिन्न भागों में बांटकर एक दूसरे का शत्रु बना दिया है। (देखें वि.प्र.-2, पृ. 198-99, 21 अगस्त, 1933) भारत की सबसे बड़ी ग़लती यह थी कि उसने जनता को राजनीति से बिल्कुल अलग रखा, जिसका परिणाम यह हुआ कि जनता राजनीतिक परिवर्तनों से निरपेक्ष बनी रही। (पूर्वोक्त) राष्ट्र क्या है? 'स्वार्थ से भरी हुई गुटबन्दी है, जिसने संसार को नरक बना रखा है।' (वि.प्र.-2, पृ.101, नवम्बर, 33) जैसे डाकू बाहर लूट-पाटकर अपना घर भरता है वैसे ही 'राष्ट्रीयता' भी अपने परिमित क्षेत्र के अन्दर रामराज्य का आयोजन करती है। उस क्षेत्र के बाहर का संसार उसका शत्रु है।'' (वि.प्र.-2, पृ. 334, 27 नवम्बर, 1933)

जैसे गांधी को पश्चिमी शिक्षा की उपयोगिता में यक़ीन नहीं था वैसे ही प्रेमचन्द अनेक प्रकार की 'अस्वाभाविकताओं' का कारण पश्चिमी शिक्षा को मानते थे। राष्ट्रीयता का रोग भी इसी शिक्षा का फल है, जो शिक्षित जनों को लगा हुआ है। लिखते हैं 'आज भी राष्ट्रीयता का रोग उन्हीं लोगों को लगा हुआ है जो शिक्षित हैं, इतिहास के जानकार हैं। वे संसार को राष्ट्र के रूप में ही देख सकते हैं। संसार के संगठन की दूसरी कल्पना उनके मन में आ ही नहीं सकती। जैसे शिक्षा से कितनी ही अस्वाभाविकताएँ हमने अन्दर भर ली हैं, उसी तरह इस रोग को भी पाल लिया है।'

(वि.प्र.–2, पृ. 334–35, 27 नवम्बर, 1933) पश्चिमी शिक्षा के बारे में प्रेमचन्द ने यही बातें 'शिक्षा का नया आदर्श' लेख में ज़्यादा साफ़ शब्दों में लिखीं। उन्हें उद्धृत करना ज़रूरी है ताकि किसी सन्देह की गुंजाइश न रहे। लिखा है : 'यह साम्राज्यवाद और व्यवसायवाद और राष्ट्रों में संघर्ष इसी कुशिक्षा के फल हैं, जिसने व्यक्ति को प्रधानता देकर उसे समाज का हिंसक जन्तु बना दिया है।' (वि.प्र.–1, पृ. 222, सितम्बर, 1933)

आधुनिक राष्ट्रवाद के उदय और विस्तार का नतीजा यह हुआ कि जो सभ्यताएँ राष्ट्र के रूप में संगठित नहीं थीं, वे 'उसके अत्याचारों का क्षेत्र' बन गईं। उपनिवेश में तब्दील हो गईं! प्रेमचन्द ने लिखा है कि 'जो 'अराष्ट्र' प्रदेश इस राष्ट्र के हाथों बन्दी हुआ, उसका जीवन निराशा, अपमान की भेंट चढ़ जाता है।...नारा व्यक्ति-स्वातंत्र्य का बुलन्द किया जाता है लेकिन सच तो यह है कि राष्ट्र ने व्यक्ति को मिटा दिया, व्यक्ति का अस्तित्व राष्ट्र या स्टेट में समाहित हो गया।' (वि.प्र.–2, पृ. 261) निष्कर्ष यह कि 'राष्ट्रवाद पैसे वालों का एक जत्था है जो नैतिक, भावनात्मक, आत्मिक वस्तुओं को व्यावसायिक लाभ और हानि की दृष्टि से देखता है जिसके निकट वही नेकी आचरण करने योग्य है जो दौलत के ढेर में कुछ वृद्धि कर सके। उसे जनतंत्र कहना ग़लती है। बराबरी और भाईचारे को उसने पैरों तले इस तरह रौंदा है कि अब उसकी शक्ल भी नहीं पहचानी जा सकती। इंसान की क़ीमत उसके नज़दीक इतनी ही है कि वह रुपया कमाने का साधन है। वह कसाई की तरह इंसान के गोश्त और खाल का अन्दाज़ा करके उसकी क़ीमत लगाता है।' (वही, पृ. 264) पश्चिमी राष्ट्रवाद और नागरिक समाज पर इससे सख़्त और सटीक टिप्पणी मेरे पढ़ने में नहीं आई।

अब सवाल यह था कि जो सभ्यताएँ राष्ट्र के रूप में संगठित नहीं थीं, वे क्या करें? स्वयं को कैसे बचाएँ? प्रेमचन्द का ख़याल था कि अव्वल तो उन्हें राष्ट्र के रूप में संगठित होना होगा 'अन्यथा असंगठित प्राणि समूहों का इस राष्ट्रीयता के युग में कहीं पता भी नहीं लगेगा।' (वि.प्र.–2, पृ. 100) राष्ट्र के रूप में संगठित होने के दौरान उन्हें उन बुराइयों से बचना होगा जो पश्चिमी राष्ट्रों में दिखती हैं। हमारा राष्ट्र पश्चिम की हूबहू नकल नहीं होगा। प्रेमचन्द लिखते हैं : हम उन बुराइयों से बचना चाहते हैं जिनमें अन्य अधिकांश राष्ट्र पड़े हुए हैं। हम पश्चिमी सभ्यता की कृत्रिमताओं को मिटाकर उस पर भारतीयता की छाप लगाना चाहते हैं; हम वह स्वराज चाहते हैं जिसमें स्वार्थ और लूट प्रधान न हो, नीति और धर्म प्रधान हो।' (वि.प्र.–2, पृ. 91, अप्रैल, 1932)

जैसे राष्ट्रवाद के विकास को प्रेमचन्द ने कोई बड़ी उपलब्धि नहीं माना वैसे ही राष्ट्रीयता के प्रश्न को सनातन प्रश्न नहीं माना। क्योंकि 'प्राय:' सभी राष्ट्रों में ऐसे विचारवान पुरुष निकल रहे हैं जिन्हें वर्तमान संस्कृति में तबाही के लक्षण दिख रहे हैं।'

(वि.प्र.-2, पृ. 101, नवम्बर, 1932) उन्हें लगता था कि 'बहुत मुमकिन है कि सभ्यता के विकास के साथ राष्ट्रीयता की समस्या ग़ायब हो जाए और सारी दुनिया में भाईचारे की व्यवस्था फैल जाए। इस आन्दोलन का आरम्भ श्री रवीन्द्रनाथ ठाकुर ने कर दिया है और दुनिया के उद्‌बुध विचारकों ने बड़ी उदारता से उसका स्वागत किया है।' (वि.प्र.-2, पृ. 33) लब्बोलुआब यह है कि 'संसार का कल्याण तभी हो सकता है जब संकुचित राष्ट्रीयता का भाव छोड़कर व्यापक अन्तर्राष्ट्रीय भाव से विचार हो। (वि.प्र.-2, जुलाई, 1933)

राष्ट्रीय-औपनिवेशिक संघर्ष का मूल कारण आर्थिक है। अन्तर्राष्ट्रीयतावाद का विकास अर्थ के प्रश्न को हल किए बिना न होगा। लिखते हैं : 'यह जो राष्ट्रों में परस्पर तनातनी हो रही है, इसका कारण अर्थ के सिवा और क्या हो सकता है। हज़रत, ईसा, महात्मा बुद्ध आदि सभी धर्म-प्रवर्त्तकों ने मानसिक और आध्यात्मिक संस्कार से समाज का संगठन बदलना चाहा। लेकिन उनकी असफलता का मुख्य कारण यही था कि उन्होंने अर्थ को नगण्य समझा। अन्तर्राष्ट्रीयता या एकात्मवाद या समता तीनों मूलतः एक ही हैं।...जब तक सम्पत्ति मानव-समाज संगठन का आधार है, संसार में अन्तर्राष्ट्रीयता का प्रादुर्भाव नहीं हो सकता... । सम्पत्ति ने मनुष्य को अपना क्रीतदास बना लिया है। उसकी सारी मानसिक, आत्मिक और दैहिक शक्ति केवल सम्पत्ति के संचयन में बीत जाती है।' (वि.प्र.-2, पृ. 334-35, नवम्बर, 1933)

विज्ञान और राष्ट्रवाद के विकास के साथ लोकतंत्र का विकास भी जुड़ा है। लोकतंत्र के विकास को भी पश्चिमी सभ्यता की महान उपलब्धि के रूप में प्रचारित किया जाता था। गांधी की तरह प्रेमचन्द भी लोकतंत्र की महानता के कायल नहीं हो पाए, लिखा है कि 'डेमोक्रेसी केवल एक दलबन्दी बन कर रह गई। जिसके पास धन था, जिनकी ज़बान में जादू था, जो जनता को सब्ज़बाग़ दिखा सकते थे, उन्होंने डेमोक्रेसी की आड़ में सारी शक्ति अपने हाथ में कर ली। व्यवसायवाद और साम्राज्यवाद उस सामूहिक स्वार्थपरता के भयंकर रूप थे जिन्होंने संसार को गुलाम बना डाला और निर्बल राष्ट्रों को लूटकर अपना घर भरा और आज तक वही नीति चली आ रही है। डेमोक्रेसी की इन दो सदियों में संसार में जो-जो अनर्थ हुए, वह एकाधिपत्य की असंख्य सदियों में न हुए थे। अपने राष्ट्र के लिए डेमोक्रेसी चाहे जितनी मंगलमय सिद्ध हुई हो, पर संसार की दृष्टि से तो उसने ऐसा कोई कार्य नहीं किया जिस पर वह गर्व कर सके। (वि.प्र.-3, पृ. 326, दिसम्बर, 1933)

विज्ञान, राष्ट्रवाद और लोकतंत्र—नागरिक-समाज के तीन मूलभूत आधार-स्तम्भ, और तीनों की ऐसी गहन आलोचना उस दौर में गांधी की प्रेरणा के बिना सम्भव न थी। प्रेमचन्द नागरिक-समाज की आलोचना भारतीय सभ्यता की ज़मीन से कर रहे थे। नागरिक-समाज की आलोचना मार्क्सवाद की भूमि से भी हो रही थी। लेकिन दोनों में फ़र्क है। प्रेमचन्द को 'लगभग' मार्क्सवादी सिद्ध करने के उन्माद में प्रायः

इस भेद की अनदेखी कर दी जाती है। लेकिन यह भेद महत्वपूर्ण है और प्रेमचन्द के अन्तिम दौर में भी यह भेद क़ायम रहता है। ख़ास बात यह है कि प्रेमचन्द पश्चिमी सभ्यता के ताम-झाम के पीछे छिपी सच्चाई को समझ रहे थे : 'संसार में जो यह तबाही आई हुई है उसका कारण योरोप के पूँजीपति हैं। संसार उनके भोग का क्षेत्र है। सारी राजव्यवस्था, ये बड़ी-बड़ी सेनाएँ, ये जंगी बेड़े, ये हवाई जहाज़ों की परें इन्हीं व्यापारियों के फ़ायदे के लिए तो हैं। वे संसार के स्वामी हैं, पार्लियामेंट, सीनेट-सिंडीकेट तो उनके खिलौने हैं। (वि.प्र.-2, पृ. 329, 30 अक्टूबर, 1933)

7

उपनिवेशवादविरोधी राष्ट्रीय आन्दोलन के उस दौर में प्रेमचन्द भली-भाँति यह समझते हैं कि कौन सी बात कहाँ कहनी चाहिए और कौन सी बात नहीं कहनी चाहिए। औपनिवेशिक प्रभुत्व के उस दौर में राष्ट्रीय आन्दोलन गांधी के नेतृत्व में इस वर्चस्व को चुनौती दे रहा था और अपना प्रति-वर्चस्व (Counter hegemoney) कायम करने की कोशिश कर रहा था। प्रेमचन्द इस अभियान से जुड़े हुए थे। उनके वैचारिक लेखन का अध्ययन करते समय संवाद के सन्दर्भ का ध्यान रखना ज़रूरी है। क्योंकि संवाद के सन्दर्भ के मुताबिक़ उनका बलाघात (emphasis) बदलता है। जैसे कबीर की कविताओं में पंडित, क़ाजी, मौलवी, साधो जैसे सम्बोधनों से यह पता चलता है कि ये कविताएँ किसे सम्बोधित हैं और उसी के अनुरूप उनकी तर्कप्रणाली में बदलाव दिखाई पड़ता है, वैसे ही प्रेमचन्द के लेखन में पश्चिम (योरोप), भारत, शहर, गाँव, स्त्री और दलित, व्यक्ति और समुदाय ऐसे सन्दर्भ हैं जिनके अनुसार वे अपनी तर्कप्रणाली के बलाघात को बदलते हैं।

पश्चिमी राष्ट्रवाद-उपनिवेशवाद की आलोचना करने के दौरान प्रेमचन्द ने यह दिखाया था कि जो समाज राष्ट्र के रूप में संगठित नहीं थे, उनके सामने आत्मरक्षा के लिए स्वयं को राष्ट्र के रूप में संगठित करने के सिवा और कोई विकल्प नहीं था। इसलिए इस बात पर ज़ोर देना ज़रूरी था कि 'भारत एक राष्ट्र है, अन्य राष्ट्रों की भाँति अनेक भेदों के होते हुए भी एक राष्ट्र है। धर्म और संस्कृति के अलग होने पर भी एक राष्ट्र है। (वि.प्र.-2, पृ. 387, अक्टूबर, 1932) भारत के एक राष्ट्र होने पर ज़ोर देना ज़रूरी था क्योंकि पश्चिमी राष्ट्रों के वज़न पर भारत को राष्ट्र कहना मुश्किल था। इस बात का प्रचार भी किया जाता था कि इतनी भिन्नताओं के रहते भारत का एक राष्ट्र के रूप में संगठित होना कठिन है। उपनिवेशवाद का मुक़ाबला करने के लिए स्वयं को राष्ट्र के रूप में संगठित करना एक ऐसा आपद्धर्म था जिसमें समाज के प्रायः सभी वर्गों को एकजुट करने की ज़रूरत थी। भिन्नता पर ज़ोर देने से ज्यादा एकता का महत्व समझाने की ज़रूरत थी। उपनिवेशवाद ने अपनी

मर्ज़ी से, सदिच्छा से, कुछ भी नहीं दिया। उससे लड़ने के लिए व्यापक गठजोड़ और जनसमर्थन ज़रूरी था। डेविडसन ने ठीक लिखा है कि 'उपनिवेशवाद विरोधी संघर्ष के लिए एक ऐसे विचारधारात्मक आधार की ज़रूरत थी जिसके द्वारा व्यापकतम एकता क़ायम की जा सके। उपनिवेशवाद विरोधी संघर्ष से पहले ऐसी व्यापक एकता की ज़रूरत कभी महसूस नहीं की गई थी' (1978)। नील लज़ारस का भी विचार है कि 'तीसरी दुनिया में राष्ट्रवाद अपरिहार्य है क्योंकि बहुराष्ट्रीय पूँजीवाद के दौर में उपनिवेशवाद का विरोध राष्ट्रवाद जैसे सार्वभौमिक विचार की बुनियाद पर ही सम्भव है (1996 : 216)।

ज़ाहिर है कि एकता का रूप, एकता का आधार एवं शर्तें सर्वत्र एक जैसी नहीं हो सकतीं। इसलिए अलग-अलग देशों के उपनिवेशवाद विरोधी संघर्ष का चरित्र और उसकी परिणति भी एक समान नहीं हो सकती थी। लेकिन इस फ़र्क़ से एकता की ज़रूरत और उसके महत्व का निषेध नहीं हो जाता। उपनिवेशवाद विरोधी संघर्ष में राजनीतिक-सांस्कृतिक कार्यवाही द्वारा लोगों को संगठित और एकजुट करना ज़रूरी था। भिन्नता पर ज़्यादा ज़ोर देने से यह एकजुटता टूटती थी, जिसका फ़ायदा अन्ततः उपनिवेशवाद को मिलता था। प्रेमचन्द इस बात को अच्छी तरह समझते थे। इसीलिए भिन्नता के नाम पर एकता को कमज़ोर करने की किसी भी कोशिश का उन्होंने समर्थन नहीं किया। लिखा है : 'राष्ट्रवाद चाहे कोई और उपकार न कर सके, देश में ख़ून-खच्चर तो नहीं कराता, कुछ लोगों को एकत्र करता है जो राष्ट्र को सम्प्रदाय से ऊपर समझते हैं।...वही बुनियाद है जिस पर राष्ट्र का भवन खड़ा होगा। जब तक राष्ट्र के भिन्न-भिन्न अंग एक दूसरे के अहित पर अपना हित निर्माण करते रहेंगे, राष्ट्र का पतन होता चला जाएगा।' (वि.प्र.-2, पृ. 421, अक्टूबर, 1933) निष्कर्ष ये रहा कि प्रेमचन्द सम्प्रदायवाद से राष्ट्रवाद को बेहतर समझते थे और राष्ट्रहित को राष्ट्र के भिन्न-भिन्न अंगों के हित से बड़ा मानते थे। अपनी इसी समझ के आधार पर उन्होंने सम्प्रदायवाद, प्रान्तवाद, क्रान्तिकारी आतंकवाद, अम्बेडकर के दलितवाद आदि की आलोचना की थी।

प्रेमचन्द को लगता था कि भारत के राष्ट्र के रूप में संगठित होने की प्रक्रिया में शिक्षित समुदाय अपने निहित-स्वार्थ के कारण बाधा उत्पन्न कर रहा है। लिखते हैं : 'वास्तव में जो मतभेद है वह शिक्षित समुदाय के अधिकार और स्वार्थ का है। राष्ट्र के सामने जो समस्या है उसका सम्बन्ध हिन्दू, मुसलमान, सिख, ईसाई सभी से है। बेकारी से सभी दुखी हैं।...गौण बातों को प्रधान समझा जा रहा है और थोड़े से व्यक्तियों के हित पर राष्ट्र के हित का बलिदान किया जा रहा है। (वि.प्र.-2, पृ. 393-94, नवम्बर, 1932)

नाना प्रकार की भिन्नताओं का राग अलापने के पीछे वस्तुतः शिक्षित समुदाय का सरकारी नौकरी के लिए मोह है : 'सरकारी नौकरियों के लिए शिक्षित समाज

में मोह है। वही मोह, वही लोभ इस भिन्नता का कारण है। वास्तविक राष्ट्र शिक्षित समाज की संकीर्ण स्वार्थपरता से विद्रोह करेगा। मुट्ठी भर पढ़े-लिखे आदमियों को अधिकार नहीं कि वह अपने हलुए-माड़े के लिए सम्पूर्ण राष्ट्र का जीवन संकटमय बनाएँ। वह ज़माना आ रहा है जब भारत के किसान, भारत के दुकानदार, भारत के मज़दूर खुद अपना नफ़ा-नुकसान समझेंगे और अपने हितों को शिक्षित समुदाय के पैरों तले कुचला जाना गवारा न करेंगे। शिक्षितों ने जीवन के पश्चिमी, नकली, आडम्बरपूर्ण आदर्शों की ग़ुलामी करके भारत को सर्वनाश की गर्त में ढकेल दिया।...इसी आडम्बरमय जीवन के निर्वाह के लिए तरह-तरह के ढोंग रचे जाते हैं, धर्म की आड़ ली जाती है, संस्कृति का रोना रोया जाता है, विशेष अधिकार का भूत खड़ा किया जाता है, भाषा और लिपि और अनेक कल्पित भिन्नताओं की दुहाई दी जाती है।...वह समय अब दूर नहीं जब भारत इस नकली आदर्श से विद्रोह करेगा और पृथकता के मकड़जाल को छिन्न-भिन्न कर देगा। (वि.प्र.-2, पृ. 374, अक्टूबर, 1931)

इस लम्बे उद्धरण को पढ़कर कोई सहज ही सोच सकता है कि प्रेमचन्द एक ऐसे क्रान्तिकारी राष्ट्रवाद की कल्पना कर रहे हैं जिसके केन्द्र में भारत के किसान-मजदूर और छोटे दुकानदार होंगे और यह 'वास्तविक राष्ट्र' शिक्षित समाज की संकीर्ण स्वार्थपरता के कारण राष्ट्रीय एकता के मार्ग में खड़ी की गई बाधाओं को तोड़ देगा। भारत-विभाजन के भावी परिदृश्य को यदि ध्यान में रखें तो यह आशंका निराधार नहीं लगती। अस्मितावादी समकालीन राजनीति की असलियत को इन पंक्तियों की रोशनी में समझा जा सकता है। और यह भी कि अस्मितावादी राजनीति के मूल में शिक्षितों का सरकारी नौकरी के लिए मोह है। अलग-अलग धर्म, जाति, क्षेत्र आदि का प्रतिनिधित्व करने का दावा करने वाले ये शिक्षित जन ही भारत को सर्वनाश की गर्त में ढकेलने के लिए ज़िम्मेदार हैं, क्योंकि ये पश्चिमी, नकली, आडम्बरपूर्ण आदर्शों की ग़ुलामी करने वाले लोग हैं।

लेकिन सच्चाई यह है कि प्रेमचन्द को अभी भी यही लगता है कि कांग्रेस के नेतृत्व में चल रहे राष्ट्रीय आन्दोलन को मज़बूत करके ही ऐसे राष्ट्रवाद को सम्भव बनाया जा सकता है। इसी लेख में वे लिखते हैं कि 'कांग्रेस ने राष्ट्र के स्वत्वों की जो घोषणा की है उसमें हरेक भारतीय के समान अधिकार रखे हैं। वोट का हक़ हरेक को दिया है। राजपद पर भी सब का समान अधिकार माना गया है।...इस वक्त तो पृथकता का राग अलाप कर वह हमारे शत्रुओं का साथ दे रहे हैं। लेकिन अगर डॉक्टर साहब (अम्बेडकर) ने मुसलमानों, ईसाइयों, एँग्लो-इंडियनों के साथ विशेष अधिकार पर ज़ोर दिया तो यह राष्ट्र क्या होगा लड़ैतियों का अखाड़ा होगा। भारत का उद्धार अब इसी में है कि हम राष्ट्रधर्म के उपासक बनें, विशेष अधिकारों के लिए न लड़कर समान अधिकारों के लिए लड़ें। हिन्दू या मुसलमान, अछूत या ईसाई

बनकर नहीं, भारतीय बनकर संयुक्त उन्नति की ओर अग्रसर हों, अन्यथा हिन्दू, मुसलमान, अछूत और सिक्ख सब रसातल को चले जाएँगे। सम्पूर्ण भारत का हित एक है, उसमें कोई भिन्नता नहीं है। (पूर्वोद्धृत)

सच तो यह है कि प्रेमचन्द ने समाज के वंचित वर्गों-समुदायों की विशेष ज़रूरतों को तो स्वीकार किया लेकिन इन समुदायों को लेकर अस्मितावादी राजनीति करने वालों को उन्होंने महत्व नहीं दिया। मुसलमान, सिक्ख, ईसाई और दलितों को अलग-अलग संगठित कर राजनीति करने वालों की आलोचना करते हुए उन्होंने लिखा कि 'यही वह संस्था (कांग्रेस) है जो प्रत्येक विषय पर राष्ट्रीय दृष्टि से विचार करती है और जाति-द्वेष से अपने को बचाती रहती है।' (वि.प्र.-2, पृ. 89, अप्रैल, 1932) मुसलमानों को पृथक निर्वाचन दिए जाने के नतीजे से उत्साहित अंग्रेज़ी सरकार ने अछूतों को भी कांग्रेस से अलग कर राष्ट्रीय आन्दोलन की कमर तोड़नी चाही : 'अछूत भाइयों को हिन्दुओं से अन्याय की शिकायत है ही और बज़ा शिकायत है। उन्हें पृथक करने में क्या देर लगती थी। वहाँ डॉक्टर अम्बेडकर थे ही। वह बड़ी खुशी से इस गुट में आ गए। यह किसी ने सोचने की ज़हमत नहीं उठाई कि कांग्रेस ने जिस नीति की घोषणा की है, उससे राष्ट्र के किसी अंग को वास्तव में हानि पहुँचती है या नहीं।'...कांग्रेस ही ऐसी संस्था है जो वास्तविक रूप में जनसत्ता चाहती है, जो जात-पाँत के झगड़ों से अलग रहकर राष्ट्र के उद्धार के लिए प्रयत्न करती है; जो दरिद्र किसानों के हित को सबसे ऊपर रखती है, विभिन्नता में एकता उत्पन्न करके राष्ट्र को बलवान बनाना चाहती है।' (वि.प्र.-2, पृ. 89-91, अप्रैल, 1932)

लेकिन सन् 1934 तक आते-आते कांग्रेसी नेतृत्व के प्रति प्रेमचन्द का असन्तोष बढ़ने लगता है। वह स्वराज के स्वरूप को लेकर चिंतित दिखते हैं : 'स्वराज हम चाहते ही हैं किसलिए? इसीलिए तो कि राष्ट्र को हम ज़्यादा सुखी और खुशहाल बना सकें,...वरना राष्ट्र को स्वराज से क्या फायदा? जेम्स की जगह मि. नायडू के आ जाने से जनता का क्या उपकार होगा।' (वि.प्र.-2, पृ. 262, अप्रैल, 1934) और फिर बिल्कुल साफ़-साफ़ बातें कांग्रेसी नेतृत्व के बारे में : 'कांग्रेस में बड़े-बड़े ताल्लुकेदार और ज़मींदार, बड़े-बड़े व्यापारी और पूँजीपति शरीक हैं। सभी स्वराज को अपने स्वार्थ की आँखों से देख रहे हैं। उसे आर्थिक समस्याओं का भी फैसला करना होगा, तभी उसके ऐब और हुनर मालूम होंगे।' (वि.प्र.-2, पृ. 264-65, अप्रैल, 1934)

किसी समुदाय या धार्मिक अल्पसंख्यक के नाम पर अस्मितावादी राजनीति करने वालों की प्रेमचन्द द्वारा की गई आलोचना पर विचार करते समय ध्यान रखना चाहिए कि उपनिवेशवाद विरोधी राष्ट्रीय आन्दोलन किसी एक वर्ग या समुदाय की माँगों के आधार पर नहीं चलाया जा सकता था। राष्ट्रीय आन्दोलन के चरित्र, स्वरूप और नेतृत्व में बदलाव की सम्भावना तो रहती है और उसकी परिणतियाँ भी एक

जैसी नहीं होतीं, लेकिन यह नहीं भूलना चाहिए कि नवजनवादी क्रान्ति की अवधारणा में किसान, मज़दूर के अलावा राष्ट्रीय पूँजीपति भी शामिल थे। प्रेमचन्द 'वास्तविक राष्ट्र' के हितों का प्रतिनिधित्व करने वाले अपेक्षाकृत रैडिकल राष्ट्रीय आन्दोलन की कल्पना तो करते हैं लेकिन यह स्वीकार नहीं करते कि ऐसे आन्दोलन की बुनियाद 'कल्पित भिन्नता' की आड़ में अस्मितावाद की राजनीति करने वालों के सहारे पड़ेगी। इसके विपरीत रैडिकल राष्ट्रीय आन्दोलन उपनिवेशवाद के विरुद्ध राष्ट्रीय एकता को और भी मज़बूत करेगा और उपनिवेशवाद का प्रखर विरोधी होगा। प्रेमचन्द का ख़याल था कि उपनिवेशवाद स्वेच्छा से किसी को कुछ नहीं देता, समाज के वंचित और कमज़ोर वर्ग को तो बिल्कुल ही नहीं। लिखते हैं : 'अंग्रेज जाति उनका उद्धार करने पर आमादा हो गई है।...डॉक्टर साहब (अम्बेडकर) तो विद्वान आदमी हैं क्या वे नहीं जानते कि विजेताओं ने हमेशा कमज़ोरों को दबाया है, यहाँ तक कि वही अंग्रेज़ जाति जिन्हें वह अपना उद्धारक समझ रहे हैं, अपनी पराधीन जातियों पर किस प्रकार शासन कर रही है? अफ्रीका वालों से अंग्रेजों की न्यायप्रियता की कथा पूछिए, रेड इंडियन से पूछिए, आस्ट्रेलिया के मावरियों से पूछिए, भारत वालों से पूछिए।' (वि.प्र.-2, पृ. 373, अक्टूबर, 1931)

प्रेमचन्द के इस कथन को हमें अपने समय की सच्चाई की रोशनी में देखना चाहिए। क्या यह सच नहीं है कि अस्मितावादी राजनीति का जब-जब प्रभाव बढ़ा, साम्प्रदायिक शक्तियाँ मज़बूत हुईं और नवसाम्राज्यवादी हस्तक्षेप बेलगाम हुआ। क्या यह सिर्फ़ संयोग मात्र है! लेकिन वे न तब समझे थे और न आज समझने के लिए तैयार हैं। उनके विरह-व्याकुल कंठ से तो एक ही सुर निकलता है : 'देर से आए और जल्दी चले गए।' क्या यह सच नहीं है कि ज़मींदारी-उन्मूलन, सार्वभौम मताधिकार और सभी प्रकार के भेद-भाव के ख़ात्मे का कानून उपनिवेशवाद ने नहीं, राष्ट्रवाद ने बनाया। लेकिन प्रेम के अंगने में तर्क का क्या काम?

8

प्रेमचन्द ने ऊँच-नीच के भेद को बढ़ावा देने वालों को कबीर की ही तरह पंडित नहीं, मूर्ख कहा है : जो दुखियों के दुख से दुखी नहीं होता, जो अन्याय देखकर उत्तेजित नहीं होता, वह पंडित होकर भी मूर्ख है।' (वि.प्र.-2, पृ. 446, 21 नवम्बर, 1932) मूर्खता का आलम यह है कि इन पंडितों को अपना हित भी नज़र नहीं आता : 'आपने आठ करोड़ हिन्दुओं को मुसलमान बना डाला, यह छः करोड़ अछूत भी आपके विद्याबाण के बेंधे हुए हैं, क्या हिन्दू धर्म को संसार से मिटाकर ही दम लेंगे—आपको अपना हित भी नज़र नहीं आता।' (वि.प्र.-3, पृ. 448, 21 नवम्बर, 1932) उल्लेखनीय है कि काशी के 'सनातन धर्म रक्षक' पंडितों ने

गांधी जी द्वारा चलाए गए मन्दिर-प्रवेश आन्दोलन का विरोध किया था और काशी आने पर गांधी को काले झंडे दिखाए थे। प्रेमचन्द ने उपर्युक्त टिप्पणी इन्हीं धर्मरक्षक पंडितों को लक्ष्य कर लिखी थी। लेकिन उन्हें यह एहसास भी हुआ कि दलितों की समस्याएँ मन्दिर-प्रवेश से हल होने वाली नहीं हैं, क्योंकि 'उस समस्या की आर्थिक बाधाएँ धार्मिक बाधाओं से कठोर हैं...हिन्दू जाति उन्हें अधिकार देकर केवल अपना कलंक दूर करेगी।...हरिजनों में मन्दिर-प्रवेश को लेकर विशेष उत्साह नहीं था, वे अपनी माली हालत सुधारने को ज़्यादा महत्व देते थे।' (वि.प्र.-2, पृ. 455, 26 दिसम्बर, 1932)

विचारणीय मुद्दा यह है कि परवर्ती और समकालीन दलित नेतृत्व दलितों के साथ हो रहे सामाजिक और धार्मिक भेदभाव पर तो ख़ूब हल्ला मचाता है लेकिन उनकी माली हालत सुधारने के लिए कोई ठोस नीति क्यों प्रस्तावित नहीं करता? जो भी हो, इतना तो तय है कि राष्ट्रीयता के उत्थान के लिए प्रेमचन्द जाति-भेद के ख़ात्मे को पहली शर्त मानते थे। लिखा है 'राष्ट्रीयता की पहली शर्त वर्ण-व्यवस्था, ऊँच-नीच के भेद और धार्मिक पाखंड की जड़ खोदना है।' (वि.प्र.-2, पृ. 476, 8 जनवरी,1934) प्रेमचन्द अब एक ऐसे राष्ट्र की कल्पना कर रहे थे जिसके केन्द्र में किसान और मज़दूर थे : 'हम जिस राष्ट्रीयता का स्वप्न देख रहे हैं उसमें जन्मगत वर्णों की तो गंध तक न होगी, वह हमारे श्रमिकों और किसानों का साम्राज्य होगा, जिसमें न कोई ब्राह्मण होगा, न हरिजन, न कायस्थ, न क्षत्रिय। उसमें सभी भारतवासी होंगे, सभी ब्राह्मण होंगे या सभी हरिजन।' (वही, पृ. 473) आगे उन्होंने स्वराज को और भी साफ़ शब्दों में परिभाषित किया है : 'हमारा स्वराज केवल विदेशी जुए से अपने को मुक्त करना नहीं है, बल्कि सामाजिक जुए से भी, इस पाखंडी जुए से भी, जो विदेशी शासन से कहीं अधिक घातक है...।' (वही, पृ. 476) इस तरह प्रेमचन्द जिस स्वराज की कल्पना कर रहे थे वह पूँजीपतियों का नहीं, बल्कि गरीबों, काश्तकारों और मज़दूरों का स्वराज था। (वि.प्र.-2, पृ. 218, 16 अक्टूबर, 1933)

अकारण नहीं है प्रेमचन्द का ध्यान अब कांग्रेस के वर्ग-चरित्र पर जा रहा था। कांग्रेस में ताल्लुकेदार, ज़मींदार, व्यापारी और पूँजीपति शरीक़ थे। और ये 'सभी स्वराज को अपने स्वार्थ की आँखों से देख रहे' थे। प्रेमचन्द रैडिकल राष्ट्रवादी थे और उन्हें 'वास्तविक राष्ट्र' से सच्चा लगाव था। पॉलिटिकली करेक्ट बातें कहकर सस्ती शोहरत हासिल करने की तमन्ना उनमें न थी। 'अनभै साँचा' वे कह सकते थे। किसी के नाराज़ होने का डर नहीं था। यदि वे अम्बेडकर के बारे में 'अप्रिय सत्य' कहने का साहस रखते थे, तो अल्पसंख्यकों की राजनीति करने वालों की आलोचना करने से भी नहीं डरते थे कि कहीं कोई उन्हें हिन्दूवादी न कह दे। ऐसा साहस सच्चे प्रेम से उपजता है। प्रेम का जब ढोंग किया जाता है तब पॉलिटकली करेक्ट बातें कही जाती हैं। प्रेमचन्द ऐसे ढोंगी न थे। उन्होंने हिन्दू साम्प्रदायिकता की आलोचना

तो की ही, मुस्लिम साम्प्रदायिकता की आलोचना करने से भी नहीं झिझके। लिखते हैं : 'मुस्लिम नेताओं में ऐसे सज्जन उँगलियों पर गिने जा सकते हैं जो देश की समस्याओं पर राष्ट्र की दृष्टि से देखते हों।' (वि.प्र.–2, पृ. 429, 22 जनवरी, 1934)

प्रेमचन्द ने इस बात पर बराबर ज़ोर दिया कि साम्प्रदायिक और अस्मितावादी राजनीति का आधार शिक्षित समुदाय है। लिखा है कि 'यह सारी लड़ाई मुट्ठी भर आदमियों की है जो ओहदे और मेम्बरियों के लिए एक दूसरे को नोच रहे हैं। इस समुदाय से अलग जो राष्ट्र है वहाँ न कोई हिन्दू है और न मुसलमान। वहाँ सब किसान हैं या मज़दूर जो एक-से-एक दरिद्र, एक से पिसे हुए, एक से दलित हैं। आर्ती और नमाज़, हिन्दी–उर्दू की समस्याएँ वहाँ हैं हीं नहीं।' (वि.प्र.–2, पृ. 404, 5 दिसम्बर, 1932)

राष्ट्रीय आन्दोलन को कमज़ोर करने के लिए साम्प्रदायिकता का इस्तेमाल उपनिवेशवाद 1857 से करता रहा था। प्रेमचन्द साम्प्रदायिकता के राजनीतिक निहितार्थों को भली-भाँति समझते थे : 'साम्प्रदायिकता सरकार का सबसे बड़ा अस्त्र है और वह आख़िर दम तक इस हथियार को हाथ से न छोड़ेगी।' (वि.प्र.–2, पृ. 118, 23 फरवरी, 1933) उनका अनुमान था कि 'सरकार ने भारत में साम्प्रदायिकता का बीज बो दिया है और किसी दिन इस वृक्ष का फल भारत और भारतीय सरकार दोनों के लिए घातक साबित होगा।' (वि.प्र.–2, पृ. 418, 4 सितम्बर, 1933) कहने की आवश्यकता नहीं कि यह अनुमान बिल्कुल सही निकला और भयंकर साम्प्रदायिक दंगों के बाद 1947 को भारत का साम्प्रदायिक आधार पर विभाजन हो गया।

पंथवाद और साम्प्रदायिकता के अतिरिक्त प्रेमचन्द क्रान्तिकारी आतंकवाद की भूमिका को लेकर भी आश्वस्त न थे। उन्हें लगता था आतंकवाद का मूल कारण युवकों की बेकारी है और सरकार बेकारी का इलाज़ कर दे तो आतंकवाद समाप्त हो जाएगा। (वि.प्र.–2, पृ. 70, सितम्बर, 1934) कांग्रेस से बग़ावत करने पर तुले इन युवकों में उन्हें विद्रोह के लक्षण दिखाई पड़ रहे थे और वे तय नहीं कर पा रहे थे : 'इसका फल क्या होगा ? देश के सुदिन आने वाले हैं या कुदिन।' (वि.प्र.–2, पृ. 178, 26 जून, 1933)

आतंकवाद के बजाय 1933 से प्रेमचन्द का झुकाव समाजवाद की ओर बढ़ता दीखता है। यद्यपि वे समाजवाद को लेकर पूरी तरह आश्वस्त नहीं हैं और वर्गवाद को विपत्ति मानते प्रतीत होते हैं। 9 अक्टूबर, 1933 को उनकी एक टिप्पणी है : 'भारत जैसे देश में जहाँ आबादी का बड़ा हिस्सा ग़रीबों का है...सोशलिज़्म के सिवा उनका आदर्श हो ही क्या सकता है। अगर इसके लिए वर्गवाद की विपत्ति आए और जो लोग भूमि और धन पर कब्ज़ा किए बैठे हैं, वे अनन्तकाल तक उसे भोगने की इच्छा रखें तो संघर्ष होना लाज़िमी है।' (वि.प्र.–2, पृ. 217) वर्गवाद को लेकर आशंकित होने के बावजूद उन्हें यह समझ में आ रहा था कि आने वाला समय

समाजवाद का है : 'यदि सरकार ने बाधाएँ न खड़ी की होतीं तो इस थोड़े समय में राष्ट्र साम्यवाद की ओर आ गया होता।' (वि.प्र.-2, पृ. 226, जनवरी, 1934 और वि.प्र. 1, पृ. 268)

यह ठीक है कि प्रेमचन्द को समाजवाद पूँजीवाद से बेहतर विकल्प लग रहा था लेकिन वे मूलत: भारतीय जीवन के पुनरुद्धार के हिमायती थे और स्वराज का फायदा उनकी नजर में ये था कि स्वराज मिलने पर 'हम संसार में एक नई सभ्यता, एक नए जीवन का प्रचार कर देगें, स्पर्द्धा और प्रतिद्वन्द्विता को मिटाकर सहकारिता और प्रेम का सिक्का जमा देंगे। (वि.प्र. /2/277-78) कृषि, गाँव और उद्योग को लेकर प्रेमचन्द की सोच समाजवादी आर्थिक परियोजना से भिन्न और गांधीवादी चिन्तन के नज़दीक लगती है। वे ऐसी ही आर्थिक नीतियों के हिमायती थे जिससे 'स्वास्थ्य रक्षा और आचरण की पवित्रता का प्रतीक ग्राम्य-जीवन' नष्ट न होने पावे, क्योंकि बड़े कारखाने क़ायम करने से 'मज़दूर लोग शहर में बसने लगते हैं और नाना प्रकार की आदतों में पड़कर अपनी शरीर और आत्मा दोनों का ही सर्वनाश करते हैं। कलकत्ता, बम्बई, अहमदाबाद आदि स्थानों में मज़दूरों की दशा अत्यन्त शोचनीय हो रही है।...इसलिए हमें प्राय: उन्हीं उद्योग-धन्धों का प्रचार करना होगा जो कृषक लोग घर बैठे अवकाश के समय कर सकें। छोटे-छोटे कारखाने अलबत्ता क़स्बों में खोले जा सकते हैं। हमारा उद्देश्य कदापि नहीं है कि सस्ता माल बनाकर निर्बल देशों पर पटकें और व्यवसाय के बहाने उन पर आधिपत्य जमाएँ।...इसी व्यावसायिक चढ़ा-ऊपरी के कारण योरोप की जातियों में नित्य वैमनस्य बना रहता है। उसका भयंकर परिणाम वह महासमर था जिसका अभी तक निपटारा नहीं हुआ है। इस व्यावसायिक स्वार्थपरता को छिपाने के लिए तरह-तरह के नैतिक ढकोसले गढ़े जाते हैं।' (वि.प्र. 2/280, स्वराज के फ़ायदे) प्रेमचन्द की इस सोच पर गांधी का प्रभाव साफ़ परिलक्षित होता है। उल्लेखनीय है कि 'यंग इंडिया' में 11 नवम्बर, 1931 को गांधी ने लिखा था : 'मुझे भय है कि औद्योगिकीकरण मानव जाति के लिए अभिशाप साबित हो रहा है। एक राष्ट्र का दूसरे राष्ट्र द्वारा शोषण सदैव नहीं चल सकता। औद्योगिकीकरण पूरी तौर पर आपकी इस क्षमता पर निर्भर करता है कि विदेशी बाज़ार आप के लिए खुले हों और प्रतियोगिता का अभाव हो। औद्योगिकीकरण के लिए भारत को दूसरे राष्ट्रों का शोषण करना होगा और इस तरह वह दूसरे राष्ट्रों के लिए अभिशाप और संसार के लिए मुसीबत साबित होगा' (1959 : 28)।

दूसरे राष्ट्रों का शोषण करने का 'सौभाग्य' तो ग़ैरपश्चिमी राष्ट्रों को सुलभ नहीं था, अत: उन्होंने औद्योगिकीकरण के लिए दूसरा तरीक़ा अपनाया, जिसे आन्तरिक औपनिवेशीकरण कहना अनुचित न होगा। औद्योगिकीकरण के लिए ज़रूरी पूँजी जुटाने के लिए इन राष्ट्रों के पास अपने ही देश के कृषि-संसाधनों का

दोहन करने के सिवा और कोई विकल्प नहीं था। नवस्वाधीन राष्ट्रों, सोवियत संघ और चीन जैसे समाजवादी देशों ने यही रास्ता अपनाया। और इस प्रकार 'स्वास्थ्य-रक्षा और आचरण की पवित्रता के पोषक' ग्रामीण जीवन को तबाह कर दिया। उल्लेखनीय है कि ग्रामीण जीवन को अम्बेडकर नरकतुल्य मानते थे और पंचायतों को अधिकार दिए जाने के विरोधी थे। अम्बेडकर के विपरीत प्रेमचन्द पारम्परिक संस्थाओं और मूल्यों के प्रगतिशील पुनरुद्धार और संवर्धन के हिमायती थे और औपनिवेशिक आधुनिकता द्वारा क़ायम की गई संस्थाओं के कटु आलोचक। इसीलिए वे औपनिवेशिक शिक्षा, न्याय प्रणाली, लोकतांत्रिक चुनाव और भोगवादी भौतिक संस्कृति की आलोचना करते हैं और इनके विकल्प के रूप में देसी मूल्यों और संस्थाओं को पुरस्कृत करते हैं। इस विस्तार में जाना तो फिलहाल सम्भव नहीं लेकिन कुछ बातें, संक्षेप में ही सही, कर लेनी ज़रूरी हैं।

9

औपनिवेशिक न्यायप्रणाली की तारीफ़ करने वालों की कोई कमी नहीं। उनकी न्यायप्रियता और समानता के मुरीद आज भी मिल जाएँगे। आइए देखें कि प्रेमचन्द की नज़र में यह कैसी थी? प्रेमचन्द ने औपनिवेशिक न्यायप्रणाली ही नहीं, औपनिवेशिक दौर में क़ायम की गई सभी संस्थाओं की आलोचना की है। लिखते हैं : 'अदालतें, सरकारी नौकरियाँ, सरकारी शिक्षा आदि हमारी आत्मा को कुचलने वाली, हमारे मन के पवित्र भावों का दमन करने वाली, हमें कौड़ी का ग़ुलाम बनाने वाली, हमारी वासनाओं को भड़काने वाली संस्थाएँ हैं।' (वि.प्र.2/274) अंग्रेज़ों द्वारा क़ायम की गई अदालतों का प्रेमचन्द द्वारा खींचा गया यह चित्र देखिए : 'अदालतों में मुक़दमेबाज़ी करने वाली जनता और उनका धन लूटने वाले वक़ील, मुख़्तार दोनों ही अपनी आत्मा को हताहत करते हैं। अगर कोई आदमी झूठ, छल, कपट, धूर्त्तता, बेईमानी का भीषण नाटक देखना चाहे तो उसे एक बार अदालत में जाना चाहिए। वहाँ ऐसे-ऐसे घृणोत्पादक दृश्य देखने को आएँगे कि उसकी आँख खुल जाएगी और मानवीय दुर्बलता, दुष्टता और नीचता का विकट अनुभव हो जाएगा। कहीं गवाह तैयार किए जा रहे हैं, कहीं काइयाँ मुहर्रिर मुवक़्किलों के ख़र्च के लिए तकरार कर रहा है, कहीं कर्मचारी लोग रिश्वत के सौदे चुका रहे हैं, कहीं वक़ील साहब अपने मेहनताने का सौदा पटाने में मग्न हैं, कहीं मुख़्तार देहातियों के एक दल को साथ लिए इजलासों में दौड़ते फिरते हैं। और यह सब धूर्त्त-लीला बिना किसी संकोच के होती रहती है।' (वि.प्र. 2/274-75) निष्कर्ष यह कि 'न्याय इतना महँगा है कि बेचारे ग़रीब के लिए दुर्लभ हो गया है। (स्वराज मिलने पर) अदालतों का बहुत सा काम पंचायतों को सौंप दिया जाएगा और जनता को बिना घर बार रेहन

किए न्याय मिल जाया करेगा।' (वि.प्र. 2/279-80) वैसे तो प्रेमचन्द ने प्राय: उन सभी पेशों की तीखी आलोचना की है जिनका उदय उपनिवेशवाद के दौरान हुआ था लेकिन वक़ालत के पेशे की आलोचना सबसे सख़्त है : 'वक़ालत को आज़ाद पेशा कह कर लोग इस पर गर्व करते हैं, यहाँ तक कि शिक्षा का यही सर्वश्रेष्ठ लक्ष्य समझा जाता है...पर वास्तव में इससे नीच और परतंत्र बनाने वाला कोई दूसरा पेशा नहीं है। शिक्षक की, चिकित्सक की, सौदागर की, कारीगर की ज़रूरत हमेशा रहेगी चाहे देश की राजनीतिक स्थिति कुछ भी हो। लेकिन वकीलों की उपयोगिता अदालतों पर निर्भर है। आज अदालतें बन्द हो जाएँ या पंचायतों का सर्वसाधारण में प्रचार हो जाए तो वक़ीलों को कोई कौड़ी को भी न पूछे।...अंग्रेज़ीराज के पहले यहाँ वक़ीलों का नाम भी न था। अंग्रेज़ीराज के साथ यह पेशा भी यहाँ आया और उसी राज्य की भाँति दिनों-दिन उन्नति करने लगा, यहाँ तक कि आज इसने शिक्षित समाज पर एकाधिपत्य सा कर लिया है। वस्तुत: हमारे वक़ील भाई अदालतों के ग़ुलाम हैं, उन्हें कोई स्वाधीन पेशा नहीं आता। (वि.प्र. 2/275, 'स्वराज के फ़ायदे')

प्रेमचन्द अम्बेडकरवादियों और आधुनिकतावादियों के विपरीत लोगों को स्वावलम्बी और आत्मनिर्भर बनाने की ज़रूरत पर बल देते हैं। (आधुनिकतावादी राज्य के सहारे समाजसुधार और आधुनिकीकरण के अभियान चलाने और प्रकारान्तर से राज्य को शक्तिशाली बनाने के हिमायती थे।) लोगों को स्वावलम्बी बनाने, सस्ता न्याय सुलभ कराने में देशज शिक्षा और पंचायतों की महत्वपूर्ण भूमिका हो सकती है। आधुनिकता के विमर्श में राष्ट्र-राज्य की केन्द्रीय भूमिका है, जबकि प्रेमचन्द के चिन्तन में राज्य की केन्द्रीय और निर्णायक भूमिका नहीं है, वे अपेक्षाकृत स्वायत्त 'स्वास्थ्य रक्षा और आचरण की पवित्रता के पोषक' ग्रामीण जीवन को ज़्यादा अहमियत देते हैं, जहाँ स्पर्द्धा और प्रतिद्वन्द्विता के बजाय सहकारिता और प्रेम का बोलबाला होगा। स्वराज को वे इसी अर्थ में परिभाषित करते हैं : 'स्वराज का मुख्य साधन स्वावलम्बन है अर्थात् अपने देश की सब ज़रूरतों को आप पूरा कर लेना है। जो प्राणी अपने खेत का अनाज़ खाता है, अपने काते हुए सूत का कपड़ा पहनता है, और अपने झगड़े-बखेड़े अपनी पंचायत में निपटा लेता है, उसे हम स्वाधीन कह सकते हैं। (वि.प्र. 2/273) इसका मतलब यह नहीं कि प्रेमचन्द भारत को समूची दुनिया से अलग-थलग रखने के हिमायती थे। उन्होंने लिखा है कि 'हम अन्य देशों से ज्ञान-विज्ञान सीखना चाहते हैं। उनके आचार-विचार से परिचित रहना चाहते हैं, किन्तु इसका आशय यह नहीं कि हम अन्य देशों की व्यावसायिक पराधीनता स्वीकार करें। (वि.प्र. 2/281)

प्रेमचन्द द्वारा औपनिवेशिक शासन के दौरान अस्तित्व में आए नागरिक समाज और संस्थाओं की आलोचना स्त्री-पुरुष-सम्बन्ध की चर्चा के बिना अधूरी रहेगी। इसलिए इस प्रसंग को स्त्री-सम्बन्धी प्रेमचन्द के विचारों के साथ समाप्त करना अनुचित न होगा।

उल्लेखनीय है कि प्रेमचन्द ने हरविलास शारदा बिल का समर्थन किया था। यह बिल 1931 में आया था और इसके अन्तर्गत मृत पति की सम्पत्ति में पत्नी को अधिकार दिए गए थे। उन्होंने लिखा था कि इससे 'हिन्दू समाज द्वारा स्त्रियों पर किए जा रहे अन्याय को दूर करने में मदद मिलेगी।' (वि.प्र.3/249) एक महीने बाद उन्होंने स्वाधीनता आन्दोलन में स्त्रियों के योगदान की चर्चा की और लिखा कि मर्दों को इस भ्रम से स्वयं को मुक्त कर लेना चाहिए कि वे औरतों के मालिक हैं। औरतें अपने अधिकार लेकर ही चैन लेंगी। (वि.प्र.3/249) उन्होंने दिसम्बर 1932 में तो यह भी लिख दिया कि औरतें जैसे घरेलू कामकाज में दक्ष हैं वैसे ही राष्ट्रीय क्षेत्र में भी पुरुषों से बेहतर साबित होंगी।

मौजूदा स्त्री-शिक्षा की आलोचना करते हुए उन्होंने लिखा कि यह शिक्षा योग्य पत्नी और माँ बनाने में असफल साबित हुई है। मुसीबत यह है कि औरतें माँ या पत्नी बनने के बजाय अब आर्थिक स्वाधीनता प्राप्त करना चाहती हैं। शिक्षा प्राप्त करके नौकरी करने वाले मर्द औरत को अपनी नौकरानी समझते हैं। अब औरतें भी वैसी शिक्षा प्राप्त करना चाहती हैं। औरतों को कैसी शिक्षा दी जाए यह फैसला औरतों को लेना होगा। वे स्वार्थी पुरुषों के फ़ैसले क्यों स्वीकार करें। (वि.प्र. 3/266)

मई 1934 में तो उन्होंने यहाँ तक लिख दिया कि औरतें सभी क्षेत्रों में पुरुष के बराबर ही नहीं, बल्कि उनसे बढ़कर हैं। (वि.प्र. 3/270)

वैचारिक लेखन में प्रेमचन्द ने भले ही स्त्रियों के अधिकारों का समर्थन किया हो लेकिन रचनात्मक लेखन में वे प्राय: एक आदर्श भारतीय स्त्री का स्टीरियोटाइप खड़ा करते हैं। आदर्श भारतीय स्त्री पश्चिमी स्त्री से भिन्न है और त्याग, सेवा, सहिष्णुता, क्षमा उसके गुण हैं। आदर्श भारतीय स्त्री का यह स्टीरियोटाइप राष्ट्रीय आन्दोलन के दौरान निर्मित आदर्श भारतीय स्त्री की छवि से ज़्यादा भिन्न नहीं है। उल्लेखनीय है कि पार्थ चटर्जी ने अपने लेखन में घर-बाहर, भौतिक-आध्यात्मिक के विभाजन के आधार पर इस प्रक्रिया का बहुत ही सटीक विश्लेषण किया है। (देखें 'नेशन एंड इट्स फ्रैगमेंट्स' पुस्तक में 'नेशन एंड इट्स विमेन' अध्याय और सुदेश वैद्य द्वारा सम्पादित पुस्तक 'रीकास्टिंग वुमन' में उनका लेख 'नेशनलिस्ट रिज़ोल्यूशन ऑफ विमेन क्वेश्चन'।)

प्रेमचन्द चाहते थे कि भारतीय स्त्रियाँ पश्चिम की देखादेखी पुरुषों की तरह बनने की कोशिश न करें। हंस को कौए की नकल करने की ज़रूरत नहीं। लेकिन गोदान तक आते-आते उन्हें यह लगने लगा कि आत्मनिषेध से काम नहीं चलेगा। उन्हें अपने अधिकारों की रक्षा करनी होगी, बिल्कुल वैसे ही जैसे किसानों को अपना देवतापन छोड़ना होगा।

स्त्री समानता का मतलब पुरुष जैसा बनना भले न हो लेकिन स्त्री की कोई तात्विक छवि बना लेना भी ठीक नहीं। स्त्री की मुक्ति इस छवि को तोड़े बिना

सम्भव नहीं थी। जैसे भारत की मुक्ति भारत की पारम्परिक (तात्विक) छवि से बाहर निकले बिना सम्भव नहीं थी। वैसे ही स्त्री की मुक्ति भी...। इस बात का एहसास प्रेमचन्द को भी गोदान लिखते समय हो रहा था। यह ज़रूर ध्यान रखना चाहिए कि आदर्श भारतीय नारी की ख़ब्त मध्यवर्गीय स्त्रियों के प्रसंग में ही ज़्यादा दिखाई पड़ती है। ग्रामीण और निम्नवर्गीय स्त्रियाँ इस प्रकार के आदर्शीकरण से कमोबेश मुक्त हैं। उल्लेखनीय है कि प्रेमचन्द भारतीय सभ्यता-संस्कृति को पश्चिम की व्यावसायिक सभ्यता से भिन्न और श्रेष्ठ मानते थे। इस दृष्टि से सोचें तो भारतीय सभ्यता की छवि भी उनके यहाँ काफ़ी कुछ तात्विक ही लगती है। हाँ, यह ज़रूर है कि यह तात्विकता पुनरुत्थानवादियों, यथास्थितिवादियों और परम्परावादियों की तात्विकता से भिन्न है। वे परिवर्तन के विरोधी नहीं हैं लेकिन ऐसा परिवर्तन नहीं चाहते जिससे भारत की पहचान ही मिट जाए। वे नेहरूवादियों, मार्क्सवादियों की तरह आधुनिकता के निकष पर भारत को पश्चिम की प्रतिलिपि बनाने के भी हिमायती नहीं थे। इसीलिए उनके यहाँ आधुनिकता द्वारा अनुमोदित विचारों और संस्थाओं की आलोचना के लिए गुंजाइश बची रहती है। अब तो आधुनिकता की ख़ामियाँ और विसंगतियाँ पश्चिमी विद्वानों द्वारा ही उजागर की जा चुकी हैं और आधुनिकता की आलोचना करना बहुत आसान हो गया है। प्रेमचन्द का महत्व इस बात में है कि उन्होंने आधुनिकता की आलोचना तब की जब आधुनिकता की तूती बोलती थी और जब आधुनिकता की आलोचना करने वाले को बड़ी आसानी से यथास्थितिवादी और प्रगतिविरोधी घोषित किया जा सकता था। अब यह हम पर है कि हम देखें कि इस उत्तर औपनिवेशिक समय में प्रेमचन्द के यहाँ ऐसा क्या है, जो हमारे काम का है और जिस पर पुनर्विचार की ज़रूरत है।

सन्दर्भ

1. प्रेमचन्द : विविध प्रसंग, खंड 1,2,3, इलाहाबाद, सरस्वती प्रेस
2. महात्मा गांधी : रोम्या रोला, अनुवाद : रामास्वामी अय्यर, इलाहाबाद, लोकभारती प्रकाशन
3. नामवर सिंह : आलोचना (1983), अंक : अक्टूबर-दिसम्बर, दिल्ली, राजकमल प्रकाशन
4. अप्पादुरइ, अर्जुन (1996), मॉडर्निटी एट लार्ज मीनियापोलिस, यूनिवर्सिटी ऑफ मीनेसोटा प्रेस
5. बेनर, इरिका (1995), रियली इक्जिस्टिंग नेशेनलइज्म : ए पोस्ट-कम्युनिस्ट व्यू फार्म मार्क्स एंड एंगेल्स क्लारेन्डन, आक्सफोर्ड यूनिवर्सिटी
6. बर्मन, मार्सल (1988), ऑल दैट इज़ सॉलिड मेल्ट्स इनटू एयर, यू.एस.ए., पेंग्युइन
7. चक्रवर्ती, दीपेश (2000), प्रॉविन्शियलाइजिंग यूरोप, प्रिंस्टन, प्रिंस्टन यूनिवर्सिटी प्रेस
8. चटर्जी, पार्थो (1984), गांधी एंड क्रिटिक ऑफ सिविल सोसाइटी, सबाल्टर्न स्टडीज़, वॉल्यूम III, नई दिल्ली, ओ.यू.पी.

9. पार्थ चटर्जी (1986), नेशनलिस्ट थॉट एंड कॉलोनियल वर्ल्ड यूनाइटेड नेशन्स यूनिवर्सिटी, जेड बुक्स
10. डेविडसन, बासिल (1978), लेट फ्रीडम कम , बोस्टन, लिटिल ब्राउन एंड कम्पनी
11. फैनन, फ्रेन्च (2005), रेचेड ऑफ द अर्थ, यू.एस.ए., ग्रोव प्रेस
12. फेरिस, डेविड एस. (2004), वाल्टर बेन्यामिन : ए कम्पेनियन, कैम्ब्रिज यूनिवर्सिटी प्रेस
13. गांधी, एम.के . (1959), माइ सोशलिज्म सम्पादक आर. के. प्रभु, अहमदाबाद, नवजीवन प्रेस
14. जेम्सन फ्रेडरिक ए डायलॉग विद फ्रेडरिक जेम्सन (1982) के अयप्पा पणिक्कर द्वारा लिया गया साक्षात्कार, लिटक्रिट 8(2), 5.26
15. लाजुरस, नील (1996), नेशनलिस्ट कान्शसनेस एंड स्पेफिसिटी ऑफ पोस्ट कॉलोनियल इन्टलेक्चुअलइज्म. कॉलोनियल डिस्कोर्स/पोस्ट-कॉलोनियल थियरी, बार्कर फ्रेन्सिस आदि द्वारा सम्पादित पुस्तक, यू.के., मैन्चेस्टर यूनिवर्सिटी प्रेस
16. लुम्बा, अनिया (2005) कॉलोनियलिज्म/पोस्ट-कॉलोनियलिज्म, लंदन, रूटलेज
17. नंदी, आशीष (1988), इन्टीमेट एनिमी, दिल्ली, ओ.यू.पी
18. प्रकाश, ज्ञान (1999), एनदर रिजन : साइंस एंड इमेजिनिंग ऑफ मॉडर्न इंडिया प्रिंस्टन, प्रिंस्टन यूनिवर्सिटी प्रेस
19. राधेकृष्ण, आर. (2008), थियरी इन एन अनइवेन वर्ल्ड, ससेक्स, जॉन वीली एंड सन्स
20. रघुराम राजु, आर. (2006), डिबेट्स इन इंडियन फिलॉसफी, नई दिल्ली, ओ.यू.पी.
21. रॉय चौधरी, तपन (2005), परसेप्शन, इमोशन्स एंड सेन्सबिलिटीज़, नई दिल्ली, ओ.यू.पी.
22. सांगरी, कुमकुम एंड सुदेस वैद (2009), सम्पादक, रिकास्टिंग विमेन, दिल्ली, काली फॉर विमेन
23. साफर एलिनॉर एस. (1998), द थर्ड कल्चर : लिटरेचर एंड सोसाइटी, बर्लिन, डेविड डी ग्रुयटर
24. स्पीवॉक गायत्री, चक्रवर्ती (1990), द पोस्ट-कॉलोनियल क्रिटिक, न्यू यार्क, रूटलेज
25. फीर, पीटर वेन्डर (2001), इम्पेरियल इन्कॉउन्टर : रिलिजन एंड मॉडर्निटी इन इंडिया, प्रिंस्टन, प्रिंस्टन यूनिवर्सिटी प्रेस
26. युंग, राबर्ट (1990), वाइट मायथॉलजी, लंदन, रूटलेज

गोदान और औपनिवेशिक आधुनिकता

आधुनिकता के साथ सोचो
आधुनिकता के विरुद्ध सोचो
—एडोर्नो

"ग्रामीण क्षेत्र आधुनिक औद्योगिकीकरण के लिए अतिरिक्त श्रम और अतिरिक्त पूँजी का सबसे विश्वसनीय स्रोत न सिर्फ पश्चिमी पूँजीवाद के लिए रहा है, बल्कि रूसी समाजवाद ने भी बड़ी निर्ममता से कृषि के समूहीकरण की प्रक्रिया द्वारा ग्रामीण क्षेत्र को उसी प्रकार अतिरिक्त श्रम और अतिरिक्त पूँजी के स्रोत के रूप में इस्तेमाल किया था, चाहे इसके परिणाम कृषक समुदाय के लिए कितने ही विनाशकारी और यातनादायी रहे हों।

उदारवाद और मार्क्सवाद दोनों में आधुनिकीकरण की प्रक्रिया के लिए किसान को ही बलि का बकरा बनाया गया है।

समाजवाद पूँजीवाद का विकल्प बन कर इतिहास के मंच पर उतरा था, लेकिन चाहे रूस का आर्थिक विकास का मॉडल हो या पूर्वी योरोपीय देशों का मॉडल, ये सभी निर्मम रूप से किसान का शोषण-विस्थापन बड़े पैमाने पर करने वाले साबित हुए। यहाँ तक कि चीन और वियतनाम का समाजवाद, जो किसान क्रान्ति और किसानों को भूमि का मालिक बनाने की क्रान्ति से उपजा था, वह भी कालान्तर में प्रतिक्रान्ति द्वारा नए बाजार-हितैषी समाजवाद के आर्थिक मॉडल के दबाव में किसानों के व्यापक विस्थापन और उत्पीड़न का कारण बना है।"

—पी.सी. जोशी

'गोदान' को इक्कीसवीं सदी में पढ़ते हुए यह बात हमेशा ध्यान में रखनी चाहिए कि प्रेमचन्द ग्रामीण समाज की सामुदायिकता को आधुनिकता के पक्ष में कुर्बान करने को कभी तैयार नहीं हुए। अपने अन्तिम गोदानकालीन दौर में भी नहीं। प्रेमचन्द के समाजवाद के प्रति बढ़ते रुझान का यह मतलब नहीं है कि वे सामाजिक-आर्थिक विकास के समाजवादी मॉडल के कायल हो गए थे। प्रेमचन्द एक ऐसे गाँव की कल्पना (गांधी की तरह) करते थे जिसमें किसी भी प्रकार का शोषण और भेदभाव न हो। वे जानते थे कि 'वास्तविक गाँव' ऐसे नहीं हैं। उनमें अनेक

प्रकार की बुराइयाँ हैं। इन बुराइयों को दूर किया जा सकता है। बुराइयों को दूर करने के उपाय भी हैं।

लेकिन उस दौर के ज्यादातर लोगों को इस तरह की सोच रोमैंटिक खामखयाली लगती थी, जिसका वे मजाक उड़ाते थे। मजाक उड़ाने वालों में नेहरू और वामपंथी भी थे। उनका खयाल था कि आधुनिक युग में ग्रामीण सामुदायिक जीवन को बचाने की तमन्ना एक रोमैंटिक नॉस्टालजिया है, जिसका वास्तविकता से कुछ लेना-देना नहीं है। 'मध्ययुग' के इन सामन्ती अवशेषों को मिटाकर या आत्मसात करके ही आधुनिकता का भव्य प्रासाद बनाया जा सकता है।

विगत वर्षों में समाज-वैज्ञानिकों ने इस तथ्य की ओर ध्यान आकृष्ट किया है कि पूँजीवादी विकास ने गाँव और किसानों को तबाह कर डाला था। मार्क्स के लेखन में भी पूँजीवादी विकास के दौरान स्वयं इंग्लैंड में किसानों की बड़े पैमाने पर हुई तबाही और बर्बादी के चित्र भरे पड़े हैं। कुछ मार्क्सवादी चिन्तकों ने इसी आधार पर रेखांकित किया है कि यदि किसानों की दृष्टि से देखें तो पूँजीवाद की जन्म-स्थली इंग्लैंड में भी पूँजीवादी विकास को प्रगतिशील कहना उचित नहीं है। उल्लेखनीय है कि पूँजीवाद और औद्योगिकीकरण के संक्रमणकालीन प्रारम्भिक दौर में संसार के किसी भी देश में लोकतंत्र और नागरिक स्वाधीनता नहीं थी। अत: इन औद्योगिक देशों की सरकारों को जनमत के विरुद्ध हो जाने की चिन्ता भी नहीं थी। उन्होंने औद्योगिक उत्पादन के लिए खेती को तबाह कर डाला और किसानों को मजदूरों में तब्दील कर दिया। इसी आधार पर इन मार्क्सवादी चिन्तकों ने यह निष्कर्ष निकाला कि स्वयं मार्क्स पूँजीवाद की प्रगतिशील भूमिका को लेकर पशोपेश में थे।

पश्चिम में पूँजीवाद का विकास और उपनिवेशवाद परस्पर इस कदर सम्पृक्त हैं कि एक को छोड़कर दूसरे की कल्पना कर पाना भी मुश्किल है। कुछ विचारकों ने यहाँ तक कहा है कि पूर्व और पश्चिम में फर्क अमेरिका की खोज (1492 ई.) के बाद आया। पन्द्रहवीं सदी का भारत पश्चिम से कमतर नहीं, बल्कि बढ़कर था। भारत ही नहीं, अरब भी यूरोप से आगे था। इब्नबतूता नामक यात्री ने इसी सदी में यूरोप की यात्रा की थी और उसे यूरोप अरब से पिछड़ा लगा था। उसके अनुसार यूरोप के पिछड़ेपन का कारण वहाँ की ठंडी जलवायु थी। खास बात यह है कि अमेरिकी संसाधनों के दोहन के बिना यूरोप का पूँजीवाद की दिशा में विकास लगभग असम्भव था।

यह बात सही है कि प्रारम्भ में मार्क्स पूँजीवादी विकास की क्रान्तिकारी सम्भावनाओं को लेकर बहुत उत्साहित थे। उन्हें लगता था कि पूँजीवाद औपनिवेशिक समाजों को तबाह तो कर रहा है, लेकिन इसी क्रम में वह उन समाजों में नई शक्तियों को भी जन्म दे रहा है। ये नई शक्तियाँ एक आधुनिक समाज को जन्म देंगी और इन समाजों की सदियों पुरानी जड़ता को तोड़ेंगी। इस प्रकार सबकुछ के बावजूद

मार्क्स को उपनिवेशवाद की एक प्रगतिशील भूमिका भी दिखाई देती थी। उल्लेखनीय है कि अठारह सौ सत्तावन के विद्रोह में भारत के ग्रामीण समाज के विभिन्न वर्गों की प्रमुख भूमिका थी और इसे 'पारम्परिक बुद्धिजीवियों' का सहयोग प्राप्त था। किन्तु उपनिवेशवाद के साथ जन्मा आधुनिक बुद्धिजीवी और व्यापारी वर्ग इस विद्रोह से तटस्थ ही रहा। पराजय के बाद उपनिवेशवाद विरोधी आन्दोलन में अहम भूमिका उन्हीं वर्गों–व्यापारी और मध्यवर्ग–की रही जो सत्तावन के विद्रोह के समय तटस्थ थे। इन वर्गों को उपनिवेशवाद की प्रगतिशील भूमिका का तर्क रास आता था और यदि इतिहासकारों की माने तो उन्नीसवीं सदी के आठवें दशक तक ये वर्ग उपनिवेशवाद के 'सभ्य बनाने के अभियान' में यकीन रखते थे। आगे चलकर यह यकीन तो टूटा, लेकिन पश्चिम में जन्मी आधुनिकता की ज्ञानमीमांसा और विकास के मॉडल में विश्वास अक्षुण्ण रहा। थोड़े बहुत हेर-फेर के साथ पश्चिम को ही निकष मानते हुए आधुनिक भारतीय राष्ट्र और उसके सामाजिक-आर्थिक जीवन की परिकल्पना कर डाली गई। इस प्रसंग में इतिहासकार सुधीर चन्द्र की पुस्तक 'हिन्दी, हिन्दू हिन्दुस्तान' में उद्धृत गांधी–नेहरू पत्राचार का स्मरण अनुचित न होगा। उल्लेखनीय है कि नेहरू को गांधी द्वारा कल्पित ग्राम स्वराज की अवधारणा अव्यावहारिक लगी थी और उसे उन्होंने सिरे से खारिज कर दिया था। अब यह अलग बात है कि आज आधुनिकता द्वारा अनुमोदित-स्वीकृत प्रगति की अवधारणा ही सवालों से घिर गई है और समूची दुनिया को पश्चिम की तर्ज पर ढालने और विकसित करने की सम्भावना को ही 'बुद्धिजीवियों ने अव्यावहारिक और असम्भव घोषित कर दिया है। पासा पलट गया है। जो पहले व्यावहारिक लगता था, वह अब असम्भव लगने लगा है। तो क्यों न पहले जिसे अव्यावहारिक और हास्यास्पद मान लिया गया था, उसकी वैकल्पिक सम्भावना पर नए सिरे से विचार करें। क्या पता आधुनिकता के पश्चिम-केन्द्रित महाआख्यान से बाहर निकलकर अपनी देशज राह तलाशने में इससे हमें कुछ मदद मिल जाए। प्रेमचन्द की कल्पना के भारत के संकेत गोदान में मिलते हैं, लेकिन उसकी चर्चा से पहले आइए यह देख लें कि उपनिवेशवाद के बारे में मार्क्स के विचारों में क्या-क्या बदलाव आए।

इतिहासकार आदित्य मुखर्जी के अनुसार मार्क्स ने अगस्त 1853 के बाद उपनिवेशवाद के 'रीजेनेरेटिव एफेक्ट' की बात कभी नहीं की। आयरलैण्ड की ठोस वास्तविक स्थिति का एंगेल्स के साथ मिलकर अध्ययन करने के बाद उनके विचारों में बदलाव आया और अपने परवर्ती लेखन में, जिसमें 1871 में प्रकाशित कैपिटल भी शामिल है, वे उपनिवेशवाद की विनाशकारी भूमिका पर बल देने लगे। उन्होंने उपनिवेशवाद की मूलभूत संरचनात्मक विलक्षणताओं को चिन्हित किया, जो उपनिवेशित देश में पूँजीवाद के विकास में सहायक नहीं, बल्कि बाधक थीं। वस्तुतः उपनिवेशित देश में पूँजीवाद का विकास उपनिवेशवाद से अलग हो जाने पर ही

सम्भव था। औपनिवेशिक पराधीनता के कारण उपनिवेशित देश का धन विदेश चला जाता था और उसकी तबाही बढ़ती जाती थी। दूसरी तरफ उपनिवेशवादी देश के औद्योगिकीकरण और पूँजीवादी विकास में औपनिवेशिक लूट से आए धन ने बहुत ही निर्णायक भूमिका निभाई। कुछ अर्थशास्त्रियों के अनुसार तो सन् 1801 ई. में भारत और वेस्टइंडीज से गया धन ब्रिटेन की पूँजी निर्माण का 84 प्रतिशत था।

मार्क्स ने यह भी लक्ष्य किया कि ब्रिटेन की कृषिनीति से न तो कृषि-भूमि में व्यक्तिगत सम्पत्ति का जन्म हो रहा था और न ही कृषि का पूँजीवादीकरण हो रहा था। ब्रिटेन का हित इस बात से सधता था कि भारत का औद्योगिकीकरण न हो। औद्योगिकीकरण के बिना खेती का पूँजीवादीकरण असम्भव था। औद्योगिकीकरण के लिए पूँजी की जरूरत होती है लेकिन उपनिवेशवाद में तो धन-विदेश चला जाता है।

इसके बावजूद यह सच है कि मार्क्स का चिन्तन मूलतः पश्चिमी समाज के अध्ययन पर आधारित था। गैर-पश्चिमी समाज के बारे में उन्नीसवीं सदी में ज्यादा जानकारी भी नहीं थी। मार्क्स ने 'एशियाटिक मोड ऑफ प्रोडक्शन' की बात जरूर की लेकिन 'मार्क्सवादियों' को यही लगता रहा कि समाजवाद की मंजिल पूँजीवाद से होकर जाती है और गैर पश्चिमी समाजों को भी विकास के इसी सोपान से गुजरना होगा। उपनिवेशवाद के प्रभाव से गैर यूरोपीय समाजों में पूँजीवाद का विकास होगा और फिर समाजवाद आएगा। यह तो पहले लेनिन और फिर माओ ने दिखाया कि इन पिछड़े हुए समाजों का विकास पश्चिम के रास्ते नहीं हो सकता। ये 'पिछड़े' हुए समाज पश्चिम की तरह 'भाग्यशाली' नही थे। जैसाकि पहले कहा गया, पश्चिम में हुए पूँजीवादी विकास और औद्योगिकीकरण की औपनिवेशिक लूट से मिले धन के बिना कल्पना भी नहीं की जा सकती। फ्रेन्ज फेनन ने गलत नहीं कहा था कि यूरोप को हमने बनाया है, यूरोप की समृद्धि हमारे शोषण पर टिकी है। नहीं भूलना चाहिए कि यूरोप के कब्जे में अमेरिका और आस्ट्रेलिया जैसे विशाल महाद्वीप आ गए थे। आज जितने लोग यूरोप में रहते हैं, उसके दुगुने यूरोप के मूल निवासी यूरोप के बाहर रहते हैं।

प्रेमचन्द भलीभाँति समझते थे कि औपनिवेशिक आधुनिकता से किसानों का भला नहीं होने वाला। उन्होंने यह भी जान लिया था कि पश्चिमी तर्ज के औद्योगिकीकरण से किसानों के दिन नहीं फिरने वाले। इसीलिए उन्होंने एक ऐसे भारत की कल्पना की जिसके केन्द्र में किसान और ग्रामीण जीवन था। पश्चिमी राष्ट्र-राज्य से, प्रेमचन्द की कल्पना के भारत का स्वरूप इसीलिए भिन्न था।

प्रेमचन्द ने पूँजीवाद के साथ विकसित होने वाली पश्चिमी सभ्यता के प्रायः सभी अंगों की कठोर आलोचना की है। आधुनिक राष्ट्र-राज्य को उन्होंने लूटेरों का संगठित गिरोह ही कहा है। इसी प्रकार उन्होंने अर्थ-प्रधान व्यक्तिवादी-पूँजीवादी

संस्कृति, नागरिक समाज और उसके विभिन्न अवयवों की भी तीखी आलोचना की है। यहाँ तक कि अपने अन्तिम दौर के लेख 'महाजनी सभ्यता' में उन्होंने पूँजीवाद को मूल्यों की दृष्टि से सामन्तवाद से हेय घोषित किया था।

उस दौर में ऐसे लोग बहुत थे जो पूँजीवाद-साम्राज्यवाद की तो आलोचना करते थे, लेकिन भारतीय सभ्यता में उन्हें अच्छाई ही अच्छाई दिखाई पड़ती थी। दूसरा वर्ग था जिसे भारत में बुराई ही बुराई और पश्चिम में अच्छाई ही अच्छाई दिखाई देती थी। यह वर्ग उपनिवेशवाद की प्रगतिशील और मुक्तिकामी भूमिका का मुरीद था, और उन्हीं के रास्ते भारत को आधुनिक बनाने का सपना देखता था। दिलचस्प तथ्य यह है कि चाहे साम्प्रदायिक हिन्दुत्ववादी हों, अंग्रेजीराज की प्रगतिशील भूमिका के कायल दलित बुद्धिजीवी हों या नेहरूवादी-मार्क्सवादी हों, सभी एक शक्तिशाली राष्ट्र-राज्य को अपने वैचारिक मन्तव्यों की पूर्ति के साधन के रूप में अपरिहार्य मानते थे। इस राष्ट्र-राज्य का स्वरूप और कार्य पश्चिमी राष्ट्र-राज्य के मॉडल से ज्यादा भिन्न नहीं था और यह विज्ञान टेक्नॉलजी के सहारे भारत का औद्योगिकीकरण कर उसे एक आधुनिक राष्ट्र बनाना चाहता था। इस आधुनिक राष्ट्र में वर्ग-वर्ण सम्बन्धों की भूमिका को लेकर तो विचारधारात्मक मतभेद थे, लेकिन राष्ट्र-राज्य के स्वरूप और भूमिका को लेकर लगभग आम सहमति थी। अकेले गांधी थे, जिन्होंने न तो इस राष्ट्र-राज्य को और न ही औद्योगिकीकरण, नागरिक समाज और उसके मूल्यों को आँख मूँद कर स्वीकार किया। अकारण नहीं है कि स्वाधीनता मिली तो पश्चिम की तरह ही एक औद्योगिक और आधुनिक राष्ट्र बनाने की कोशिश की गई और आज भी यह सपना दिखाया जा रहा है कि जल्दी ही हम पश्चिम की बराबरी कर लेंगे। लब्बोलुआब यह कि स्वाधीनता के बाद ऐसी आर्थिक नीतियाँ अपनाई गईं जिससे राष्ट्र की पश्चिमी देशों पर निर्भरता बढ़ती गई। इस विडम्बना का कारण यह था कि उपनिवेशवाद से मुक्ति की कामना के बावजूद पश्चिम में विकसित विकास की अवधारणा को कभी प्रश्नांकित नहीं किया गया। विकास की वैकल्पिक अवधारणा कल्पित करने के बजाय पश्चिमी मानक पर विकास की गति तेज करके पश्चिम को छू लेने की कोशिश की गई। औद्योगिकीकरण के लिए पूँजी की जरूरत होती है। पश्चिम का औद्योगिकीकरण और उपनिवेशवाद परस्पर सम्पृक्त हैं। औपनिवेशिक लूट के बिना औद्योगिकीकरण के लिए जरूरी पूँजी का आदिम संचय (Primitive accumulation) असम्भव था। लेकिन उपनिवेशवाद से मुक्त हुए नवस्वाधीन राष्ट्रों और समाजवादी देशों को तो औद्योगिकीकरण के लिए अपने संसाधनों पर ही निर्भर रहना था। अत: कृषि और मानव संसाधनों का अधिकतम दोहन करके औद्योगिकीकरण के लिए अपेक्षित पूँजी जुटाने की कोशिश की गई। पूँजी निर्माण की यह प्रक्रिया कष्टदायी ही नहीं, दमनकारी भी थी; अपने देश के एक बहुसंख्यक हिस्से को निचोड़कर ही

औद्योगिकीकरण के लिए अपेक्षित पूँजी सम्भव की जा सकती थी। समाजवादी देशों ने प्रारम्भ में यही रास्ता अपनाया। सोवियत संघ और चीन की ग्रामीण आबादी को इस विकास की कीमत चुकानी पड़ी। लोकतांत्रिक व्यवस्था न होने के कारण पार्टी ने असन्तोष को समाजवादी निर्माण के नाम पर दबा दिया। लेकिन इसका दुष्परिणाम यह हुआ कि कृषि की विकास-दर में प्रगति न हो सकी और चीन में तो बड़ी संख्या में लोगों की भुखमरी से मौत हो गई। समाजवादी देशों के विपरीत नवस्वाधीन राष्ट्रों ने बहुत बड़े पैमाने पर औद्योगिकीकरण की महत्वाकांक्षा ही नहीं पाली। लोकतांत्रिक देश होने के कारण कृषि और कृषि पर आधारित आबादी की परवाह भी इन्हें कुछ सीमा तक करनी पड़ी। विदेशी पूँजी के सहारे सीमित पैमाने पर औद्योगिकीकरण ही इन्हें सबसे निरापद विकल्प लगा। अन्ततः जिस आन्दोलन की शुरुआत उपनिवेशवाद-साम्राज्यवाद से मुक्ति के संकल्प के साथ हुई थी, उसका अन्त उसी के साथ गठजोड़ में हुआ। चीन और भारत इस समूची प्रक्रिया को समझने की दृष्टि से सबसे उपयुक्त उदाहरण हैं। वस्तुतः इस परिणति की सम्भावना तो विकास के मॉडल की उस संरचना में ही निहित थी, जिसे इन देशों ने स्वाधीनता या क्रान्ति के बाद अपनाया था। इस तथ्य को यदि ठीक से समझ लें तो पार्टी एवं विचारधारा में सत्ता-प्राप्ति के बाद आई विकृतियों और परवर्ती घटना-क्रम को समझना आसान हो जाता है।

गांधी का महत्व यह है कि उन्होंने विकास के उस मॉडल का विकल्प पेश करने की कोशिश की, जिसे अपनाने पर स्वाधीनता/क्रान्ति के बाद साम्राज्यवाद की शरण में जाना इन देशों की नियति बन गई। गांधी इस खतरे को समझते थे। इसीलिए उन्होंने ग्राम-स्वराज का विकल्प रखा। जहाँ अपने पारम्परिक कौशल के सहारे गाँव का सामान्य आदमी अपने जीवन-यापन की सम्भावना तलाशता। वस्तुतः गांधी विकास के एक ऐसे वैकल्पिक मॉडल की बात कर रहे थे जिसके केन्द्र में गाँव का सामान्य किसान था। इस मॉडल के महत्व को सिर्फ उपयोगितावादी आधार पर नहीं समझा जा सकता। इस मॉडल में भौतिक उपलब्धियों से मिलने वाले 'सुख' से ज्यादा महत्वपूर्ण है—भावनात्मक और आध्यात्मिक सुख-शान्ति और सन्तोष। गांधी एक ऐसी वैकल्पिक संस्कृति की बात कर रहे थे जिसके मूल्य प्रतिस्पर्द्धा और शोषण पर आधारित पश्चिमी सभ्यता से भिन्न थे। 'हिन्द स्वराज' में उन्होंने अपनी इस कामना को साफ-साफ लिख दिया था और आजादी के कुछ बरस पहले नेहरू से हुए पत्राचार में फिर दोहराया था।

प्रेमचन्द पर गांधी का कितना प्रभाव था, और यह अन्त तक कायम रहा कि नहीं, इन मुद्दों पर विवाद हो सकता है। लेकिन इतना तो तय है कि उनकी चिन्ता के केन्द्र में गाँव का सामान्य किसान था। वे वर्णगत-वर्गगत शोषण से मुक्त सामुदायिक ग्रामीण संस्कृति को नागर/पश्चिमी संस्कृति से श्रेष्ठ मानते थे। प्राथमिकता

की दृष्टि से सोचें तो उनकी नजर में, अपनी सारी बुराइयों और कमियों के बावजूद, पश्चिम से भारत श्रेष्ठ है और भारत में भी नागरिक समाज की तुलना में ग्रामीण-समाज ज्यादा मानवीय है। ग्रामीण-समाज में भी दलित और शोषित सबसे अच्छे हैं। वे दलितों और शोषितों की मुक्ति के हिमायती थे। लेकिन वामपंथियों, नेहरूवादियों और अम्बेडकरवादियों के विपरीत वे ग्रामीण सामुदायिक संस्कृति और उसके मानवीय मूल्यों को बचाए रखना चाहते थे; टब के गन्दे पानी के साथ बच्चे को भी फेंक देने को अक्लमंदी का काम नहीं मानते थे। वस्तुत: हर प्रकार के शोषण और बुराइयों से मुक्ति की चाहत और साथ ही ग्रामीण सामुदायिक संस्कृति को नागर संस्कृति से श्रेष्ठ सिद्ध करने की तमन्ना को एक साथ साधने का उपक्रम 'गोदान' में किया गया है। सम्भवत: यही गोदान का केन्द्रीय सूत्र है, जिसके सहारे गोदान के समूचे रचना-विधान को समझा जा सकता है।

अंग्रेजी की प्रसिद्ध आलोचक मीनाक्षी मुखर्जी ने गोदान में चार कथा-धाराओं का उल्लेख किया है :

क—होरी और उसके परिवार की कथा

ख—गोबर की कहानी

ग—राय साहब की कहानी

घ—मेहता और मालती की कथा।

मीनाक्षी मुखर्जी के अनुसार प्रथम दो कथा-धाराएँ इस बात का सबूत हैं कि प्रेमचन्द को ग्रामीण जीवन की गहरी समझ थी और आदर्श-गाँव के नॉस्टालजिया से उनका मोहभंग हो चुका था। लेकिन अन्तिम दो कथा-धाराओं में तो वे यथार्थवादी चित्रण से जानबूझकर बचते हैं और गाँव को 'पैस्टोरल सेटिंग' के ऐसे रूपक में बदल देते हैं, जिसके आधार पर असली और बनावटी की पहचान की जा सकती है। उन्होंने यह भी लिखा है कि प्रथम दो कथा धाराओं का चित्रण तो गोदान में यथार्थवादी पद्वति पर हुआ है, लेकिन अन्तिम दो कथा-धाराओं में चित्रण की पद्वति 'पैराबोलिक' है। यहाँ अनुकरण परकता महत्वपूर्ण नहीं है, इस कथा (फेबल) में किसी नैतिक मंतव्य की पूर्ति के लिए जरूरत के हिसाब से कुछ भी हाजिर किया जा सकता है।

अन्तिम दो कथा-धाराओं के ज्यादातर पात्र शहरी हैं और इन्हें कथाकार कुछ इस अन्दाज में पेश करता है, जैसे उनके बारे में उसे अन्तिम रूप से सब कुछ ज्ञात है। जैसे वे लोक-कथाओं के पात्र हों, जहाँ प्रत्येक घटना किसी नैतिक मन्तव्य को सिद्ध करने के लिए संयोजित की जाती है। कथा-आलोचना की भाषा में कहें तो ये फ्लैट चरित्र हैं। मीनाक्षी मुखर्जी ने गोदान के शिकार प्रकरण की विस्तार से चर्चा करते हुए दिखाया है कि शहरी पात्रों की तुलना में ग्रामीण पात्र ज्यादा मानवीय, कर्मठ, स्वस्थ, स्फूर्त, दूसरों की मदद और सेवा-सत्कार करने वाले और सच्चे हैं।

प्रेमचन्द के अनुसार ग्रामीण परिवेश और संस्कृति में ही इन मानवीय गुणों का अस्तित्व सम्भव है। विकास की कोई भी अवधारणा जो इन्हें इस परिवेश और संस्कृति से विच्छिन्न करती है, न तो इनके लिए हितकर साबित होगी और न ही उन मानवीय गुणों को बचा पाने मे कामयाब होगी जिनका नगरीय-जीवन में नितान्त अभाव है। गोबर की कहानी के जरिए प्रेमचन्द यही दिखाते हैं कि गाँव के एक मामूली किसान के बेटे के लिए शहरी जीवन गाँव से बेहतर नहीं है। वस्तुतः गोदान में प्रेमचन्द दो काम एक साथ करते हैं। पहला, ग्रामीण जीवन के यथार्थ को बिना किसी लाग लपेट के सामने लाते हैं। मलयज ने निराला की सरोज-स्मृति को दुख की स्वनिर्भर दुनिया से बाहर आने की चीख कहा था। गोदान को आदर्श की स्वनिर्भर दुनिया से बाहर आने की चीख कहा जा सकता है। दूसरा काम प्रेमचन्द गोदान में यह करते हैं कि गाँव के सामुदायिक जीवन की सारी बुराइयों और कमियों को दिखाने के बावजूद उसे नागरिक समाज से बेहतर और मानवीय सिद्ध करने की कोशिश करते हैं। यही कारण है कि शिकार-प्रकरण में प्रेमचन्द खन्ना के मुकाबले राय साहब को ज्यादा बेहतर इन्सान के रूप में पेश करते हैं। इस तरह गोदान में एक ही ग्रामीण जीवन के दो रूप हैं। गाँव का एक रूप वह है जिसमें अनेक प्रकार की बुराइयाँ, अन्धविश्वास और शोषण है। गाँव का दूसरा रूप तब प्रकट होता है जब उसके सामने शहर या शहर का बासिन्दा होता है। जैसे प्रेमचन्द ने यूरोप की पूँजीवादी संस्कृति की तुलना में भारत और भारतीय संस्कृति को श्रेष्ठ माना था, वैसे ही उन्हें व्यक्तिवादी नगरीय संस्कृति के मुकाबले गाँव की सामुदायिक संस्कृति ज्यादा मानवीय लगती थी। अतः जब शहर सामने होता है तो वे गाँव का एक ऐसा चित्र पेश करते हैं जिसमें अच्छाइयाँ अधिक हैं और बुराइयाँ नहीं के बराबर हैं। शहर के सामने वे गाँव को नीचा नहीं दिखा सकते हैं। इसे उपनिवेशवाद विरोधी संघर्ष के दौरान अर्जित की गई रणनीतिक समझ के रूप में भी व्याख्यायित किया जा सकता है। औपनिवेशिक वर्चस्व और वैधता को चुनौती देने के लिए यह जरूरी था कि आप अपने को 'औपनिवेशिक अन्य' से श्रेष्ठ साबित करें। 'औपनिवेशिक अन्य' अपनी वैधता सिद्ध करने के लिए 'सिविलाइजिंग मिशन' की बात करता था और आपकी खामियों को बढ़ा-चढ़ाकर पेश करता था। ऐसे में यह राजनीतिक समझ जरूरी थी कि कहाँ पर और किसके सामने किसकी कितनी आलोचना की जाए। इस समझ का अभाव उपनिवेशवाद विरोधी प्रति-वर्चस्व की राजनीति को कमजोर बना सकता था। गांधी इस तथ्य को अच्छी तरह समझते थे। गांधी ही नहीं, स्वामी विवेकानन्द भी इसके महत्व को पहचानते थे। जब वे अमेरिका गए और वहाँ लोगों ने भारत में स्त्रियों की दशा के बारे में सवाल पूछे तो उन्होंने भारतीय संस्कृति में नारियों के महत्व का बढ़-चढ़कर बखान किया। लौटने पर सिस्टर निवेदिता ने उनसे पूछा कि ऐसा क्यों किया, जबकि उन्हें भारत में स्त्रियों की वास्तविक स्थिति

मालूम थी, तो उन्होंने जवाब दिया : 'मैं इतना बड़ा मूर्ख नहीं हूँ कि अपने गन्दे कपड़े सबके सामने धोऊँ।' प्रेमचन्द भी इतने मूर्ख नहीं थे कि गाँव की सामुदायिक संस्कृति की खामियों का कच्चा-चिट्ठा नगरवासियों के सामने खोलते। नगरवासियों के सामने होने पर वे गाँव की एक दूसरी छवि पेश करते हैं। जब कोई दूसरा नहीं होता तब वह गाँव होता है, जिसमें अच्छाई से ज्यादा बुराई है।

लेकिन इस मुद्दे को सिर्फ राजनीतिक सूझबूझ के रूप में निःशेष नहीं किया जा सकता। सम्भवतः बात इससे ज्यादा गहरी है और उसका सम्बन्ध ज्ञानमीमांसा की दो भिन्न परम्पराओं से है। वस्तुतः आधुनिकता का इतिहास हिंसा और विनाश का भी इतिहास है। जैसे सभ्यता का हर दस्तावेज बर्बरता का भी दस्तावेज है। आधुनिकता के तर्क में किसान और गाँव की बर्बादी अन्तर्निहित है। उपनिवेशों में तो यह हुआ ही, यूरोप में भी यही हुआ। आयरलैंड में भी यही हुआ। दुनिया को अपना उपनिवेश बनाने से पहले पूँजीवादी आधुनिकता ने अपने देश को भी उपनिवेश बना डाला था। इसे ही विचारकों ने 'आन्तरिक उपनिवेशीकरण' की संज्ञा दी है। अपने पथ में आने वाली बाधाओं को आधुनिकता प्रगति-विकास-विरोधी घोषित कर नष्ट करती रही है। यह सिलसिला आज भी जारी है। आधुनिकीकरण के नाम पर गाँव के गाँव उजाड़ देना आम बात है। इस प्रक्रिया का विरोध करने वाले को प्रगति और विकास का विरोधी बताकर बड़ी आसानी से गोली से भूना जा सकता है, राष्ट्रद्रोही घोषित किया जा सकता है। औद्योगिकीकरण और विकास के नाम पर किसानों-आदिवासियों को उजाड़ देने-बेदखल कर देने की प्रवृत्ति को यदि आज प्रगतिशील कार्यवाही नहीं कहा जा सकता तो फिर औपनिवेशिक दौर में इसे कैसे न्यायोचित माना जा सकता है? वस्तुतः प्रेमचन्द के सपनों का भारत एक ऐसा भारत था जिसके मूल में किसानों और गाँवों की खुशहाली थी। यह जरूर है कि यह खुशहाली भौतिक समृद्धि का पर्याय नहीं थी। इस खुशहाली की बुनियाद सामुदायिक जीवन था, जिसमें पूँजीवादी गलाकाट प्रतिस्पर्धा के लिए जगह नहीं थी। यह खुशहाली सामुदायिक जीवन की अपेक्षाकृत शान्त मन्थर गति और मानवीय सम्बन्धों की गहरी आत्मीयता पर आधारित थी। यही कारण है कि प्रेमचन्द ने बड़े पैमाने पर औद्योगिकीकरण का समर्थन नहीं किया। वह सीमित स्तर पर ऐसे औद्योगिकीकरण के हिमायती थे जो किसानों को उजाड़े नहीं, बल्कि उनकी मदद करे।

पहले कहा जा चुका है कि प्रेमचन्द ने पूँजीवादी संस्कृति को भारत की पारम्परिक संस्कृति से श्रेष्ठ नहीं माना। पारम्परिक संस्कृति के दुर्गुणों की सख्त आलोचना करने के बावजूद उन्होंने पूँजीवादी संस्कृति की हर बात का आँख मूँद कर समर्थन नहीं किया। 'महाजनी सभ्यता' (1936 में प्रकाशित) लेख में तो उन्होंने साफ-साफ लिखा है कि सामन्तवाद में तो फिर भी कुछ मानवीय गुण होते थे, जबकि पूँजीवाद में किसी भी प्रकार की मानवीय संवेदना का अभाव है। अपने

लेखन का उद्देश्य धन से दुश्मनी मानने वाले व्यक्ति का तालमेल व्यक्तिगत लोभ-लाभ पर आधारित पूँजीवादी संस्कृति से कैसे बैठ सकता था। अनेक लेखों, कहानियों और उपन्यासों में उन्होंने प्राचीन और नवीन के संघर्ष में अपना पक्ष रखा है। उस विस्तार में जाना तो फिलहाल सम्भव नहीं, किन्तु इतना तो निश्चित रूप से कहा जा सकता है कि औपनिवेशिक पूँजीवाद और उसके साथ जन्म लेने वाले नागरिक समाज को प्रेमचन्द ने कभी भी ग्रामीण सामुदायिक संस्कृति के ऊपर तरजीह नहीं दी। गोदान में भी नहीं। यही कारण है कि गोदान में ग्रामीण समाज की दो छवियाँ हैं। शहरी पात्रों के सामने आते ही प्रेमचन्द ग्रामीण समाज की एक ऐसी सकारात्मक छवि प्रस्तुत करते हैं, जिसकी तुलना में नागरिक समाज कृत्रिम, स्वार्थी और अमानवीय लगता है। मीनाक्षी मुखर्जी के मुताबिक गाँव की सामुदायिक जीवन की नॉस्टाल्जिक छवि, जिसे प्रेमचन्द ने मान लिया था कि वे पीछे छोड़ चुके हैं, यथार्थवादी आख्यान को पंचर करते हुए लौट आती है। उनके अनुसार शहरी जीवन की आलोचना और ग्रामीण सामुदायिक जीवन की नॉस्टाल्जिक छवि के मुकाबले गोदान का वह पक्ष ज्यादा विश्वसनीय है, जहाँ वे गाँव की असफलताओं का बखान यथार्थवादी पद्धति पर करते हैं। वैचारिक पूर्वाग्रह गोदान में भी उनका दामन नहीं छोड़ते हैं। वैचारिक पूर्वाग्रह तो बालजॉक और तॉलस्तॉय में भी थे, जिस पर लूकाच और गोल्डमान ने लिखा है। यह ठीक है कि इस 'पूर्वाग्रह' का गोदान में बहुत सर्जनात्मक प्रयोग नहीं हो पाया है। किन्तु अब, जबकि विकास की अवधारणा ही प्रश्नांकित हो चुकी है, नवीनतम आँकड़ों के अनुसार भारत में विकास और आधुनिकीकरण के कारण छह करोड़ लोग विस्थापित हो चुके हैं और डेढ़ लाख किसान आत्महत्या कर चुके हैं—क्या हम इसे सिर्फ वैचारिक पूर्वाग्रह कह कर इतनी आसानी से खारिज कर सकते हैं? याद रहे कि नागरिक समाज की आलोचना गांधी और प्रेमचन्द ने ही नहीं की थी। मार्क्स भी नागरिक समाज के कटु आलोचक थे। मार्क्स तो नागरिक समाज की प्रकृति को ही असामाजिक मानते थे। उन्होंने लिखा है कि व्यक्तिगत सम्पत्ति, व्यापार और उद्योग का स्वरूप असामाजिक है। यही वजह है कि नागरिक समूह परस्पर एक दूसरे को बर्बाद करने में लगे रहते हैं। नागरिक समाज की यह दासता ही वह स्वाभाविक बुनियाद है जिस पर आधुनिक राष्ट्र-राज्य टिका है। नागरिक समाज ही मनुष्य के अलगाव—स्वयं से, अन्य से और समुदाय से—का मुख्य कारण है। नागरिक समाज ऐसे आक्रामक और विलग व्यक्तियों का समूह है, जिनके बीच पैसे के अलावा और कोई सम्बन्ध नहीं है।

यदि पश्चिम के नागरिक समाज का चरित्र असामाजिक है, तो फिर औपनिवेशिक आधुनिकता के साथ जन्म लेने वाले नागरिक समाज का चरित्र तो और भी असामाजिक होगा। वस्तुतः गांधी और प्रेमचन्द नागरिक समाज की उस बुनियाद को चुनौती दे रहे थे, जो लोभ और लाभ पर टिकी है। वे विकास के एक ऐसे वैकल्पिक मॉडल

की बात कर रहे थे, जिसके केन्द्र में किसानों की बर्बादी नहीं खुशहाली थी। विकास का यह मॉडल व्यक्ति की सिर्फ भौतिक प्रगति के बजाय उसके सामुदायिक सम्बन्धों और उससे जुड़ी रागात्मकता और तुष्टि के महत्व को तरजीह देता था। क्या आज भी हम इसे रोमैंटिक नॉस्टालजिया, पुराने संस्कार या पूर्वाग्रह कह कर इतनी आसानी से खारिज कर सकते हैं?

सन्दर्भ

1. मीनाक्षी मुखर्जी, रियलिज्म एंड रियलिटी, ओ.यू.पी. दिल्ली, 85
2. जोसेफ फेमिया, 'सिविल सोसाइटी एंड मार्किसस्ट ट्रेडीशन', लेख। सुदीप्त कविराज और सुनील खिलनानी द्वारा सम्पादित पुस्तक 'सिविल सोसाइटी' में संकलित, कैम्ब्रिज यूनिवर्सिटी प्रेस, दिल्ली, 2005
3. समीर अमीन, यूरोसेन्ट्रिसिज्म, आकार बुक्स, दिल्ली, 2008
4. सोशल साइंटिस्ट, अंक : 418.419 में आदित्य मुखर्जी का लेख 'रिटर्न ऑफ कोलोनियल इन इंडियन इकनॉमिक हिस्ट्री।
5. कैम्ब्रिज कम्पेनियन टू पोस्ट-कोलोनियल लिटरेरी स्टडीज, कैम्ब्रिज यूनिवर्सिटी प्रेस, 2006।
6. राबर्ट युंग—
   1. व्हाइट मायथॉलजी, रूटलेज, लन्दन, 2001
   2. इंट्रोडक्शन टू पोस्ट-कोलोनियलइज्म, ब्लैकवेल, पब्लिशर्स लि., ऑक्सफोर्ड, 2001।
7. द्रेज और अमर्त्यसेन, पॉलिटिकल इकॉनमी ऑफ हंगर, ओ.यू.पी., 1989
8. मोशेलेविन, 'मेकिंग ऑफ सोवियत सिस्टम', रूटलेज, 1985
9. तपन राय चौधरी, परसेप्शन्स, इमोशन्स, सेन्सबिल्टीज, ओ.यू.पी., नई दिल्ली, 1993
10. पार्थ चटर्जी—
    1. गांधी एंड क्रिटिक ऑफ सिविल सोसाइटी; सबाल्टर्न स्टडीज, खंड III ओ.यू.पी., नई दिल्ली, 1984
    2. नेशनलिस्ट थॉट एंड कोलोनियल वर्ल्ड ओ.यू.पी., नई दिल्ली।
    3. नेशन एंड इट्स फ्रेग्मेंट्स, ओ.यू.पी. नई दिल्ली।
11. टी. बर्न्सटीन, 'स्टालिनिज़्म, फेमीन एंड चाइनीज पीजेन्ट्स', थियरी एंड सोसायटी, वॉल्यूम, 13, 1984

पंचपरमेश्वर और पंचायत के क़िस्से

पिछले कुछ वर्षों से खाप-पंचायतों की कारस्तानियाँ ख़ूब चर्चा में रही हैं। विशेष रूप से मध्यवर्ग और मीडिया में।

सच कहूँ तो इस चर्चा ने ही भारत में पंचायत की भूमिका और इतिहास के बारे में मेरे अन्दर उत्सुकता का संचार किया। यह कहने की सम्भवत: ज़रूरत नहीं कि खाप-पंचायतें वे पंचायतें नहीं हैं जिनका गठन भारतीय संविधान के मुताबिक़ होता है। ये पंचायतें तो परम्परा से चली आ रही पंचायतों का अवशेष हैं, और ये कमोबेश किसी न किसी रूप में आज भी सक्रिय हैं। आधुनिक राष्ट्र-राज्य और क़ानून का शासन क़ायम हो जाने के बावजूद ये बची हुई हैं। ज़्यादातर लोगों का ख़याल है कि ये भारत की सड़ी-गली परम्परा का ऐसा उच्छिष्ट हैं जिन्हें जितनी जल्दी हो सके, ख़त्म कर देना चाहिए। अब सवाल ये खड़ा होता है कि पंचायतें हमेशा से ऐसी ही थीं, या इनके स्वरूप और भूमिका में समय के साथ कुछ बदलाव भी आया है। शिवपूजन सहाय की माने तो 'हमारे देश के गाँवों में यह प्रथा बहुत पुराने समय से प्रचलित थी। मगर उस समय कोई पंचायती क़ायदा-क़ानून नहीं था। फिर भी गाँव का जेठ-रैयत या मुखिया सूत का बँधा हाथी चलाता था।...वह दूध-पानी के बिलगाने में अपने-पराये का भेदभाव भूल जाता था। इसे कोई सतयुगी बात न समझें। यह सौ-पचास से वेशी पहले की बात नहीं है। उससे भी पहले की पंचायतों का हाल बड़े-बूढ़ों से सुना जाता है।...उनसे पुरानी पंचायतों की कहानी सुनी जा सकती है। उनसे पुराने अनुभव पूछकर लिखे और छापे जा सकते हैं। हम यह नहीं कहते कि पुराना सब कुछ अच्छा ही था। मगर पुरानी पंचायतें आज की पंचायतों से बहुत अच्छी थीं। पुरानी पंचायतों की कहानियाँ संग्रह करने योग्य हैं।'

अगर ये बातें ठीक हैं तो पहले हमें यह जानने का प्रयास करना चाहिए कि पुरानी पंचायतें कैसी थीं? और फिर यह देखना चाहिए कि इन पुरानी पंचायतों के क़िस्से कैसे हैं? आज तो आलम यह है कि खाप-पंचायत और पुरानी पंचायत में कोई फ़र्क है, यही हमें नहीं मालूम।

यदि धर्मपालजी की बातों पर विश्वास करें तो पुरानी पंचायतों का स्वरूप और उनकी भूमिका बहुत ही व्यापक थी। अंग्रेज़ी-शासन के दौरान 'क़ानून का राज'

क़ायम होने पर इनकी भूमिका घट गई। उन्हीं के शब्दों में 'तेरहवीं और अठारहवीं सदी के दौरान घटित होने वाले राजनीतिक और आर्थिक परिवर्तन के बावजूद पंचायतें अपने-अपने क्षेत्र के और आबादी के आन्तरिक प्रबन्धन के मामले में सन् 1800 तक सरकार की तरह कार्य करती थीं। उनका आचरण पारम्परिक व्यवहार पर आधारित था। उनकी सम्प्रभुता आन्तरिक रूप से धर्म और बाह्य रूप से राजनीतिक सत्ता से बँधी थी।...परम्परा और धर्म का जो अर्थ और व्यवहार अठारहवीं सदी में था, वह उन्नीसवीं सदी के उत्तरार्द्ध और बीसवीं सदी के अर्थ और व्यवहार से काफ़ी भिन्न था। उदाहरण के लिए जोतदार के उत्पादन और ज़मीन पर अधिकार परवर्ती दौर के मुक़ाबले ज़्यादा बेहतर थे।'

धर्मपालजी का ख़याल है कि पंचायत की जिस भूमिका से हम परिचित हैं, सम्भवतः वह अंग्रेज़ी शासन क़ायम होने के बाद अस्तित्व में आई। स्थानीय स्वायत्त-संस्था के प्रशासनिक और आर्थिक अधिकार ख़त्म हो जाने के बाद पंचायत का वह रूप बचा, जिससे हम वाकिफ़ हैं।

अंग्रेज़ी शासन क़ायम होने के बाद भी पंचायत का लघु-सीमित संस्करण बचा रहा। शादी-विवाह के झगड़े निपटाने के लिए जाति की पंचायत बैठती थी। दूसरे मुद्दों पर सभी जातियों की पंचायत बुलाई जाती थी। आज़ादी के बाद भी खोजने पर ऐसे गाँव मिल जाते थे जो इस बात पर गर्व करते थे कि वे अपने आपसी झगड़े थाना-अदालत के बिना ही निपटा लेते हैं। ऐसे गाँवों में एकाध ऐसा मानिन्द व्यक्ति होता था जिसके फ़ैसले सभी लोग बिना किसी उज्र के मानते थे। शिवपूजन सहाय के शब्दों में कहें तो ऐसा व्यक्ति 'सूत का बँधा हाथी चलाता था।' सच कहें तो यह समूची व्यवस्था ही परम्पराओं, मान्यताओं और आस्थाओं के सूत से चलती थी। इसकी शक्ति का असली स्रोत बाहरी क़ायदा-क़ानून और सत्ता का भय नहीं, यही सूत था। समाज-वैज्ञानिकों के अथक प्रयास से इस सूत की मज़बूती का भेद अब खुलने लगा है। असल में, पूर्व-औपनिवेशिक भारतीय राज्य और समाज के गठन के वैशिष्ट्य से बँधे हैं इस सूत की मज़बूती के तार। इसका गठन मधुमक्खी के छत्ते की तरह, घेरे के भीतर घेरे की पद्धति पर हुआ था। गृहपति से लेकर नृपति तक घेरों की वृहत् शृंखला थी, जिसमें प्रत्येक घेरे की निजी स्वायत्तता थी। राज्य इन घेरों के समुच्चय का नाम था। अन्तिम रूप से नृपति सर्वोच्च था। किन्तु उसे इन घेरों की आन्तरिक स्वायत्तता में दख़ल देने का अधिकार नहीं था। आधुनिक राष्ट्र-राज्य की तरह राज्य समाज से बाहर स्थित नहीं था, बल्कि सामाजिक घेरों के कुल योग का परिणाम था। इसीलिए सामाजिक रीति-नीति और मान-मर्यादाओं को बदलने का उसे अधिकार नहीं था, बल्कि प्रायः वह इन्हीं के अनुरूप और इन्हीं के अनुमोदन से शासन करता था। उस दौर में जब राज्य का अस्तित्व बनना-बिगड़ना आम बात थी; समाज में स्थायित्व, निरन्तरता और शान्ति इसी स्वायत्तता के कारण बनी रहती

थी। यही वजह है कि इन संस्थाओं का अस्तित्व राज्य के कारण नहीं, बल्कि राज्य के बिना भी क़ायम रहता था।

पूर्व-औपनिवेशिक भारतीय सभ्यता में 'लोकवृत्त' (Public sphere) की चर्चा पुरुषोत्तम अग्रवाल की पुस्तक 'अकथ कहानी प्रेम की' में ज़रूर देखने को मिली, किन्तु इस चर्चा को जाति-व्यवस्था और भारतीय राज्य के अन्तर्सम्बन्ध के परिप्रेक्ष्य में आगे बढ़ाने की जरूरत है। क्योंकि सच्चाई यह है कि भारतीय लोकवृत्त का वैशिष्ट्य इस अन्तर्सम्बन्ध को समझे बिना उद्‌घाटित ही नहीं किया जा सकता। लोकवृत्त की विशद जटिलता में जाने की फ़िलहाल ज़रूरत नहीं है, किन्तु लोकवृत्त से सम्बन्धित दो मूलभूत तथ्यों का उल्लेख कर देना आवश्यक है। पहला यह कि लोकवृत्त का दायरा राज्य और व्यक्तिगत जीवन के बीच में पड़ता है, और दूसरा यह कि लोकवृत्त राज्य के नियन्त्रण से प्रायः मुक्त, अनौपचारिक और स्वैच्छिक संस्था है। अब यह अलग से बताने की ज़रूरत नहीं होनी चाहिए कि पूर्व औपनिवेशिक भारतीय राज्य का विशिष्ट स्वरूप लोकवृत्त के फलने-फूलने के लिए काफ़ी जगह छोड़ता था। उसका ज़ोर समरूपीकरण और केन्द्रीकरण की ओर नहीं था। यही कारण है कि भारत जैसी सांस्कृतिक और वैचारिक विविधता दुनिया के कम देशों में मिलती है। ज़्यादा सही तो यह बात होगी कि जाति की बुनियाद (घेरे के भीतर घेरे की पद्धति) पर गठित भारतीय समाज-व्यवस्था राज्य को एक सीमा से आगे बढ़ने की छूट ही नहीं देती। यह समाज-व्यवस्था अपने ज़्यादातर मसलों को ख़ुद ही सुलझा लेने की पद्धति विकसित करती है और हर छोटे-मोटे मुद्दे को सुलझाने के लिए राज्य की ओर नहीं ताकती। राज्य की मदद के बिना अपने झगड़ों को सुलझाने के लिए सजातीय और अन्तर्जातीय पंचायतों का विकास हुआ होगा। पंचायत की संस्था अपने अस्तित्व के लिए राज्य पर निर्भर नहीं थी। इसीलिए आधुनिक राष्ट्र-राज्य द्वारा इन संस्थाओं के दायरे में दख़ल देने और इनकी भूमिका को नकार देने के बावजूद इनका अस्तित्व किसी न किसी रूप में बचा रहा 'राज का क़ानून कल का है, मगर बिरादरी का क़ानून सदा का है।' केन्द्रीकृत, शक्तिशाली और सर्वव्यापी आधुनिक राज्य की नकारात्मक भूमिका को नियंत्रित करने और सामाजिक हितों के प्रति उसे संवेदनशील बनाने के लिए लोकवृत्त की अवधारणा का विकास पश्चिम में अठारहवीं-उन्नीसवीं सदी में होता है। भारत में राज्य के बजाय समाज की केन्द्रीयता के कारण, लोकवृत्त की एक देशज परम्परा पहले से मौजूद रही है। भारतीय समाज में लोकवृत्त और आधुनिक राष्ट्र-राज्य (औपनिवेशिक और उत्तर-औपनिवेशिक) के बीच इसीलिए खटपट हमेशा बनी रही है, जिसकी तार्किक परिणति उस विभाजन में हुई जिसे पार्थ चटर्जी ने अन्तर्बाह्य या घर-बाहर का विभाजन कहा है। औपनिवेशिक शासन द्वारा इन संस्थाओं की स्वायत्तता छिन्न-भिन्न कर दिए जाने के बावजूद इन्होंने दम नहीं तोड़ा, बचे-खुचे सीमित दायरे में अपना वजूद बनाए रखा। प्रेमचन्द की

कहानी 'पंच-परमेश्वर' को इसी परिप्रेक्ष्य में पढ़ा जाना चाहिए। यह कहानी पहले उर्दू और फिर हिन्दी में सन् 1916 में छपी थी। उर्दू में इसका शीर्षक 'पंचायत' था। इस कहानी को उपनिवेशवाद-विरोधी राष्ट्रीय आन्दोलन के सन्दर्भ में भी पढ़ा जाना चाहिए; औपनिवेशिक न्याय-व्यवस्था के मुक़ाबले देशज 'इन्साफ़' की सार्थकता को रेखांकित करने की चुनौती के रूप में पढ़ा जाना चाहिए।

विडम्बना यह है कि औपनिवेशिक न्याय-प्रणाली के नफ़े-नुकसान पर अभी भी कोई व्यवस्थित काम नहीं हुआ है। किन्तु तत्कालीन पत्र-पत्रिकाओं को देखने से यह बात साफ़ हो जाती है कि इससे सरकारी अमलों को तो फ़ायदा हुआ किन्तु आम आदमी बर्बाद हो गया। सबसे ज़्यादा तबाही गाँव के लोगों की हुई। प्रेमचन्द ही नहीं, उस दौर के दूसरे लेखकों ने भी औपनिवेशिक न्याय-प्रणाली के इन दुष्परिणामों पर कलम चलाई है। ऐसी ही एक कहानी 'मर्यादा' पत्रिका के सन् 1915 के अगस्त अंक में छपी थी। इसमें अजुध्या परशाद का ज़िक्र इस तरह आता है—

'लाला अजुध्या परशाद मुख़्तार बिहार के प्रसिद्ध नगर पटने के एक रईस हैं। आपके पिता साधारण वृत्ति के थे, पर आपने अपनी मुख़्तारी से ख़ूब रुपए पैदा किए।...सच को झूठ और झूठ को सच करा देना आपके बाएँ हाथ का खेल था। सौ में नब्बे मुक़दमे आप जीत लेते थे। अदालत भी आपके गुणों से परिचित थी पर आप जिस ढंग से मुक़दमों को लड़ते थे, वह सब जानबूझकर भी अदालत को आपके ही पक्ष में सम्मति देनी पड़ती थी। बिहार के बड़े-बड़े अन्याय-परायण जमींदार आपसे पूछ कर तब कोई कुचक्र रचा करते थे। जिसके विरुद्ध आप अदालत में खड़े हो जाते, फिर उसका निस्तार कठिन हो जाता था। आपने इन्हीं अद्‌भुत गुणों के कारण मनो रुपए बटोरे हैं।'

इस कहानी के लेखक छबीलेलाल गोस्वामी हैं। ऐसी ही 'शिक्षा-कथा' शोभाराम धेनुक की कविता है जो 'मर्यादा' के दिसम्बर, 1918 अंक में छपती है। कविता की कुछ पंक्तियाँ आगे दी जा रही हैं—

'हर बात में चलते इन्हीं के ऐक्ट, लॉ, क़ानून हैं।
जल-जोंक से निज देश का ही चूसते जो ख़ून हैं॥
दो भाइयों को जो लड़ाकर, पाकिटें अपनी भरें।
मतलब इन्हें निज फ़ीस से, वादी जिये चाहे मरें॥

क़ानूनबाज़ी की यहाँ होती अगर बढ़ती नहीं।
तो पाठ फिर अभियोगबाज़ी का, प्रजा पढ़ती नहीं॥
विद्वेष भाई-बन्धु में फिर यों न बढ़ सकता कहीं।
भारत मुक़दमें की भयंकर आग से जलता नहीं॥

करुण कथा इन कोर्टों की अब चलाना है वृथा।
सर्वांश में जिनसे भली थी ग्राम-पंचायत प्रथा॥
उन हित-प्रथाओं का यहाँ जो जन्म हो जावे कहीं।
तो रंक भारत का प्रचुर धन व्यर्थ होवे नहीं॥

ये तो सिर्फ़ बानगी है। उस दौर की पत्र-पत्रिकाओं में इस तरह की चीज़े भरी पड़ी हैं। ग़ौर करने लायक बात ये है कि चाहे औपनिवेशिक न्याय-व्यवस्था हो या शिक्षा-प्रणाली, उस दौर का भारतीय प्रबुद्ध-वर्ग, इनके दुष्परिणामों को देख सकता था। राजनीतिक स्वाधीनता का समय जैसे-जैसे समीप आता गया, हम पश्चिम के इस क़दर मुरीद होते गए कि वहाँ से आई हर चीज़ अच्छी लगने लगी और अपनी हर चीज़ ख़राब। गाँव और पंचायतें भी इस 'आधुनिक सोच' की चपेट में आने से न बच सकीं। सौभाग्य से प्रेमचन्द जैसे रचनाकार इस 'डिराइवेटिव डिसकोर्स' की गिरफ़्त में नहीं आए। अपने आख़िरी दौर में भी उनके सपनों के भारत की तस्वीर 'डिराइवेटिव डिसकोर्स' के साँचे में न ढल पाई। फ़िलहाल आगे बढ़ने से पहले 'पंच-परमेश्वर' कहानी की ओर लौटें।

कहानी की शुरुआत में ही लेखक यह बता देता है कि जुम्मन शेख और अलगू चौधरी गहरे दोस्त हैं—'उनमें खान-पान का व्यवहार न था, न धर्म का नाता था; केवल विचार मिलते थे। मित्रता का मूलमंत्र यही है।' जुम्मन शेख की एक बूढ़ी खाला थीं। उनके पास थोड़ी मिलकियत थी, जिसको लम्बे-चौड़े वादे करके उन्होंने अपने नाम लिखवा लिया। रजिस्ट्री होने के कुछ ही दिनों बाद खाला की ख़ातिरदारी बन्द हो गई और रोटी के साथ 'कड़वी बातों के तेज़ तीखे सालन' मिलने लगे। आख़िरकार तंग आकर खाला ने जुम्मन से कहा 'तुम्हारे साथ मेरा निर्वाह न होगा। तुम मुझे रुपए दे दिया करो, मैं अपना पका खा लूँगी।' जुम्मन नहीं माने तो खाला ने पंचायत करने की धमकी दी। जुम्मन को विश्वास था कि पंचायत में फ़ैसला उन्हीं के हक़ में होगा। वे हँसे, 'जिस तरह कोई शिकारी हिरन को जाल की तरफ़ जाते देखकर मन ही मन हँसता है।'

खाला अलगू को भी पंचायत के लिए बुलाने गईं। आने के लिए तो वह तैयार हो गए किन्तु यह भी कह दिया कि वह मुँह नहीं खोलेंगे क्योंकि जुम्मन से उसकी पुरानी दोस्ती है; उनसे वह बिगाड़ नहीं कर सकते। लेकिन खाला की ललकार उनके हृदय में गूँजती रही : 'क्या बिगाड़ के डर से ईमान की बात न कहोगे?' पंचायत में जो लोग जुटे, उनमें से ज़्यादातर ऐसे थे जिनसे जुम्मन की दुश्मनी थी। जुम्मन ने खाला से कहा कि 'पंचों का हुक्म अल्लाह का हुक्म है। खाला जान जिसे चाहें, उसे बदें।' खालाजान जुम्मन के आक्षेप को समझ गईं, बोलीं—'बेटा ख़ुदा से डरो, पंच न किसी के दोस्त होते हैं, न किसी के दुश्मन।...अलगू चौधरी को तो मानते हो? लो मैं उन्हीं को सरपंच बदती हूँ।'

अलगू जुम्मन से अपनी दोस्ती का वास्ता देकर इस झमेले से बचना चाहते थे। लेकिन खाला ने गम्भीर स्वर में उन्हें ललकारा—'दोस्ती के लिए कोई अपना ईमान नहीं बेचता। पंच के दिल में ख़ुदा बसता है। पंचों के मुँह से जो बात निकलती है, वह ख़ुदा की तरफ़ से निकलती है।'

अलगू बोले कि दोस्ती अपनी जगह, किन्तु इस समय खाला और जुम्मन दोनों उनकी निगाह में बराबर हैं। जुम्मन को लगा कि यह सब दिखाने की बातें हैं, बाज़ी उनकी है क्योंकि अलगू उनके दोस्त हैं। लेकिन अलगू ने जुम्मन की उम्मीद के विपरीत फ़ैसला सुना दिया : 'हमारा विचार है कि खाला की जायदाद से इतना मुनाफ़ा अवश्य होता है कि माहवार ख़र्च दिया जा सके।...अगर जुम्मन को ख़र्च देना मंजूर न हो तो हिब्बानामा रद्द समझा जाए।'

जुम्मन को अलगू के इस फ़ैसले से झटका लगा किन्तु दूसरे पंचों ने उनके फ़ैसले की जी खोलकर तारीफ़ की—'इसका नाम पंचायत है। दूध का दूध और पानी का पानी कर दिया। दोस्ती, दोस्ती की जगह है, किन्तु धर्म का पालन करना मुख्य है।'

जुम्मन को हिसाब बराबर करने का मौक़ा जल्दी ही मिल गया। अलगू चौधरी ने पँछाई बैलों की गोई ख़रीदी। एक बैल मर गया तो दूसरे को उन्होंने समझू साहू के हाथों बेच दिया। समझू ने एक महीने में दाम चुकाने का वादा कर बैल ले लिया। एक महीने के दौरान उसने बैल से खूब काम लिया और ठीक से उसे चारा-दाना भी न दिया और बैल मर गया। साहू ने पैसा देने से इनकार कर दिया तो झगड़ा निपटाने के लिए पंचायत करने पर सहमति बनी।

पंचायत बैठी तो समझू साहू ने जुम्मन शेख को पंच चुन लिया। न्याय और धर्म के सर्वोच्च आसन पर बैठते ही जुम्मन को लगा कि 'मेरे मुँह से इस समय जो कुछ निकलेगा, वह देववाणी के सदृश है और देववाणी में मेरे मनोविकारों का कदापि समावेश न होना चाहिए। जुम्मन ने वही फैसला सुनाया जो सही था—'समझू को उचित है वे बैल का पूरा दाम दें। जिस वक़्त उन्होंने बैल लिया, उसे कोई बीमारी नहीं थी।'

सभी ने जुम्मन की नीति को सराहा—'यह मनुष्य का काम नहीं, पंच में परमेश्वर वास करते हैं, यह उन्हीं की महिमा है। पंच के सामने खोटे को कौन खरा कह सकता है?' अलगू के फ़ैसले के बाद जुम्मन उसके प्राणघातक शत्रु बन गए थे। पर आज उन्हें ज्ञात हुआ कि 'पंच के पद पर बैठकर न कोई किसी का दोस्त होता है, न दुश्मन। न्याय के सिवा उसे और कुछ नहीं सूझता।'

पूरी कहानी पढ़ने से यह बात समझ में आती है कि यह यथार्थवादी ढब की कहानी है। घटनाक्रमों को इस ढंग से संयोजित किया गया है कि पंच का फ़ैसला निर्दोष लगे। पंच का फैसला निर्दोष ही हो, यह ज़रूरी नहीं था। कहानी में ही ऐसे

संकेत मौजूद हैं जिनसे इस सन्देह की पुष्टि होती है। जैसे खाला ने जब पंचायत बुलाने की धमकी दी तो जुम्मन मुस्कुराए, 'जिस तरह कोई शिकारी हिरन को जाल की तरफ जाते देखकर मन ही मन हँसता है।' किन्तु पंच सही फैसला इसलिए करते हैं क्योंकि 'पंच में परमेश्वर का वास होता है, पंच के पद पर बैठकर न कोई किसी का दोस्त होता है, न दुश्मन। न्याय के सिवा उसे और कुछ नही सूझता।' ये पंक्तियाँ थोड़े बहुत बदलाव के साथ समूची कहानी में गूंजती रहती हैं। पहले पहल ये पंक्तियाँ भले ही खाला के मुख से निकलती हों किन्तु इनकी अनुगूंज पंच के पद पर बैठने पर अलगू चौधरी और जुम्मन शेख के हृदय में भी सुनाई पड़ती है। असल में, पंच के निष्पक्ष फैसले का दारोमदार इस बात पर टिका है कि पंच के पद पर बैठने पर व्यक्ति में कोई परिवर्तन घटित होता है या नहीं। यह आन्तरिक परिवर्तन और दायित्वबोध ही उसे लोभ-लाभ, भय और सम्बन्धों से ऊपर उठकर सही निर्णय लेने की शक्ति देता है। यह सही है कि सही निर्णय क्या है, इसका निर्धारण तत्कालीन सांस्कृतिक मूल्यों से होता है। ख़ास बात यह है कि यदि पंच सही फ़ैसले से विचलित नहीं होता तो आन्तरिक रूपान्तरण और दायित्वबोध के कारण। आधुनिक न्याय-व्यवस्था में न्यायाधीश सिर्फ़ कानून के अनुसार निर्णय करता है, आन्तरिक रूपान्तरण और दायित्वबोध के बजाय केवल अपने पेशे का निर्वाह करता है। कानून के मुताबिक़ फ़ैसला करने की बाध्यता के बावजूद वह अन्दर से ख़ाली या खोखला है। भ्रष्टाचार उसके लिए वैसा नैतिक संकट नहीं है, जैसा पंच में परमेश्वर का वास मानने वाले व्यक्ति के लिए। पंच के सामने कोई बाहरी दबाव नहीं है और न ही फैसला करना उसका पेशा है; इसके बावजूद वह सही फैसला करता है, क्योंकि वह दिल से मानता है कि 'पंच में परमेश्वर का वास होता है। पंच के पद पर बैठकर न कोई किसी का दोस्त होता है, न दुश्मन।' अलगू चौधरी और जुम्मन इसी तरह के पात्र हैं। कहानी में प्रेमचन्द ने घटनाक्रमों का जिस प्रकार संयोजन किया है, उसे देखते हुए इनके फ़ैसले अविश्वसनीय नहीं लगते।

असल में, समस्या यह है कि आधुनिकता की ज्ञानमीमांसा के सहारे हम उस प्रक्रिया को नहीं समझ सकते जिसे 'ट्रांसेंडेंस' कहा जाता है। ट्रांसेंडेंस की अवधारणा के अस्तित्व के लिए पवित्र स्पेस की ज़रूरत होती है। इस पवित्र स्पेस का स्वरूप भौतिक भी हो सकता है और मानसिक भी। इस पवित्र स्पेस में पहुँचकर व्यक्ति अपने ऐन्द्रिक और भौतिक सुखों को उच्चतर धरातल पर ट्रांसेंड कर जाता है। अपने रोज़मर्रेपन (Mundane) से ऊपर उठकर (Transcondence) आचरण करने की यह प्रक्रिया आधुनिकता की समझ में नहीं आती। अधिक से अधिक वह इसे एक आदर्शवादी भोलापन कहकर ख़ारिज कर देता है। ट्रांसेंडेंस का सम्बन्ध कुछ पहुँचे हुए ऋषियों मुनियों से नहीं, आम आदमी से भी हो सकता है, यह जान पाना तो उसके लिए असम्भव ही है। 'पंच में परमेश्वर का वास होता है। पंच के पद

पर बैठकर न कोई किसी का दोस्त होता है, न दुश्मन'—यह उसके लिए शुद्ध बकवास है।

ट्रांसेंडेंस की अवधारणा जो पवित्र स्पेस रचती है उसका सम्बन्ध एक ऐसी विश्वदृष्टि से है जिसकी नियामक प्रेरणा धर्म से आती है। आधुनिकता की ज्ञानमीमांसा के केन्द्र में लौकिकीकरण की अवधारणा है, जिसमें पवित्रता और धार्मिकता के लिए कोई जगह नहीं है। उसकी समस्या यह है कि वह अभी तक एक सेकुलर, रेशनल ट्रांसेंडेंस की अवधारणा विकसित करने में सफल नहीं हो पाई है। ग़ैर सेकुलर दुनिया ने स्वयं को अनुशासित-संयमित-नियंत्रित करने के जो ट्रांसेंडेंटल तरीक़े विकसित किए थे, उनका स्वरूप संस्थागत, औपचारिक और बहिर्मुखी की तुलना में अनौपचारिक, गैर सांस्थानिक और अन्तर्मुखी था। वहाँ आस्थाओं के सूत से हाथी बाँधा जा सकता था। आधुनिकता के दबाव में आस्थाओं का यह सूत हाथी तोड़ डालता है। और फिर क़ानून-क़ायदों के सेकुलर-रेशनल अभयारण्य में उसे दोबारा बाँधने की कोशिश शुरू होती है!

ट्रांसेंडेंस का एक रूप है जो पंच के परमेश्वर बनने पर घटित होता है। किन्तु इसके और भी रूप हैं। इन सभी रूपों को एक साथ रखकर देखने पर उस प्रक्रिया का बोध होता है जिसे मैं 'लोक-न्याय' की अवधारणा कहना चाहूँगा। 'लोक-न्याय' की अवधारणा इकहरी नहीं, बहुस्तरीय है। 'लोक-न्याय' की अवधारणा में ईश्वर और धर्म की परिकल्पना भी बहुस्तरीय है। लोक के विभिन्न स्तरों, वर्गों एवं जातियों में ईश्वर की परिकल्पना एक जैसी नहीं है। इसलिए 'लोक-न्याय' की अवधारणा को समझने के लिए विभिन्न वर्गों और जातियों द्वारा निर्मित ईश्वर और धर्म की विविध छवियों और उनके निहितार्थों को समझना आवश्यक है। यह लेख 'लोक-न्याय' विषयक वृहद् परियोजना का हिस्सा है।

'पंच-परमेश्वर' के पात्र प्रतिनिधि चरित्र हैं। राबर्ट शुल्ज के अनुसार 'प्रतिनिधि चरित्र वास्तविक व्यक्ति नहीं है, बल्कि एक ऐसे व्यक्ति को प्रस्तुत करने का प्रयास है जिसकी सबसे महत्वपूर्ण ख़ूबी यह है कि, वह वास्तविक जैसा लगे।...वह वास्तविक के बजाय टिपिकल चरित्र है।' अलगू और जुम्मन वैसे ही टिपिकल चरित्र हैं जैसे 'सवा सेर गेहूँ' कहानी का शंकर टिपिकल चरित्र है। ये उस दुनिया के पात्र हैं जो आन्तरिक आस्थाओं के सहारे चलती थी। ये आदर्शवादी पात्र नहीं हैं। आन्तरिक आस्था आदर्श नहीं, यथार्थ है; जिसकी अवहेलना कर पाना उनके लिए आसान नहीं। असल में, अर्थ-प्रधान युग के वज़न पर देखने से ये पात्र आदर्शवादी लगते हैं, जबकि ये आदर्शवादी हैं नहीं। यदि ये आदर्शवादी पात्र हैं तो 'सवा सेर गेहूँ' के शंकर को भी आदर्शवादी कहना चाहिए! (अन्ध) आस्था से बँधा वह भी अपने शोषण का कभी विरोध नहीं करता। प्रेमचन्द आस्था के दुरुपयोग की आलोचना करने के बावजूद आस्था की सार्थकता को स्वीकार करते हैं। यह बात

'सवा सेर गेहूँ' और 'पंच परमेश्वर' के साक्ष्य पर कह रहा हूँ। वैसे तो प्रेमचन्द भी यह जानते हैं कि 'पंच-परमेश्वर' वाली भावना अब कमज़ोर पड़ती जा रही है; इसीलिए खाला की जुबान से वे बार-बार पंचों को याद दिलाते रहते हैं कि पंच में परमेश्वर का वास होता है। वास्तव में इस कहानी के केन्द्र में जुम्मन शेख या अलगू चौधरी नहीं बल्कि खाला हैं। पंच में परमेश्वर का वास यदि कायम है तो खाला के कारण। और यह भी सच है कि पंच में परमेश्वर के वास के बिना खाला को इन्साफ़ नहीं मिल सकता। पंच में परमेश्वर के वास की सबसे ज़्यादा ज़रूरत उसे है जो ग़रीब और कमज़ोर है। मार्क्स भी सम्भवतः प्रेमचन्द के इस निष्कर्ष से असहमत नहीं होते। उन्होंने लिखा है कि 'धर्म उत्पीड़ित प्राणी की कराह है, हृदयहीन स्थिति में हृदय है, नाउम्मीद करने वाले हालात में उम्मीद की किरन है।' कहने की ज़रूरत नहीं कि नाउम्मीद करने वाले हालात में खाला के लिए इन्साफ़ पाने की आख़िरी उम्मीद पंच-परमेश्वर पर ही टिकी हुई है। खाला को भले ही इन्साफ़ मिल गया हो, पर ज़्यादातर आलोचकों की प्रेमचन्द से यही शिकायत है कि उन्होंने खाला को इन्साफ़ की आख़िरी उम्मीद से मरहूम न कर इसे भोले आदर्शवाद पर टिकी एक सरल कहानी बना डाला है।

लिख चुका हूँ कि यह आदर्शवाद की कहानी नहीं है। खाला और जुम्मन शेख़ वर्ग-शत्रु नहीं हैं, जहाँ एक का अन्त दूसरे की मुक्ति के लिए आवश्यक हो। इनके झगड़े का निपटारा यदि पंचायत से हो जाता है तो इससे वर्ग-संघर्ष की धार कुंद नहीं होती। यह सही है कि प्रेमचन्द की प्रत्येक कहानी वास्तविकता का नया 'दिक्' उद्घाटित करती है किन्तु विडम्बना यह है कि आधुनिकता की ज्ञानमीमांसा में रची-पगी आँखें वास्तविकता के नए 'दिक्' को चीन्ह नहीं पातीं। विश्वास न हो तो वर्ग-संघर्ष की ख़ूनी ख़्वाहिश से लबरेज विजयमोहन सिंह का यह विश्लेषण देखिए 'कहानी में एक ओर 'प्रतिशोध' है, तो दूसरी ओर 'पंचायत'। एक आदिम प्रवृत्ति की सूचक तो दूसरी शक्ति-निर्मित व्यवस्था। लेकिन कहानी का सरलीकरण इस बात में है कि प्रेमचन्द दोनों में सहज समझौता करा देते हैं। कहानी के अन्त में पंच को परमेश्वर मानने वाले दोनों प्रतिशोधी सम्पत्ति खोकर सही अर्थों में—'सर्वहारा' बनकर 'समता' की भूमि पर एक हो जाते हैं। अतः कहानी में अगर सर्वहारा के नियति की सहज पहचान है तो पंच परमेश्वर की गरिमा भी, जो कहानी के निष्कर्षों को उलझा देती है। प्रेमचन्द इन उलझे हुए निष्कर्षों तथा सहज समझौतों से धीरे-धीरे बाहर निकलते हैं।' (आज की कहानी, पृ. 19)

जिस किसी ने यह कहानी पढ़ रखी है, उसे यह समझने में देर नहीं लगेगी कि इस 'सुलझी हुई आलोचना' का कहानी से कोई ख़ास वास्ता नहीं है। वास्तविकता के नए 'दिक्' को उद्घाटित करने के बदले अपनी दृष्टि को कहानी पर चस्पा करने की कोशिश का अन्दाज़ा आलोचना की इस शब्दावली से ही लग जाता है। आदिम,

प्रतिशोध, समता, समझौता, सर्वहारा, सम्पत्ति आदि शब्दों के द्वारा आलोचक वास्तविकता का कौन सा नया 'दिक्' उद्घाटित कर रहा है? और इस 'दिक्' का इस कहानी से क्या सम्बन्ध है? 'मृतक-भोज' कहानी के साक्ष्य पर लेखक ने अपनी दृष्टि का उद्घाटन करते हुए लिखा है कि 'पंचायत-संस्था' के खोखलेपन का असली उद्घाटन इस कहानी में देखने को मिलता है, जो स्पष्ट रूप से 'पंच-परमेश्वर' से प्रेमचन्द की धारणाओं में परिवर्तन को भी रेखांकित करता है।' (वही, पृ. 22)

अब सवाल यह है कि क्या 'मृतक-भोज' को 'पंचायत-संस्था' के खोखलेपन का 'असली उद्घाटन' करने वाली कहानी कहा जा सकता है? स्पष्ट है कि आलोचक के अनुसार इस संस्था के खोखलेपन का उद्घाटन तो 'पंच-परमेश्वर' में भी था किन्तु सहज समझौते द्वारा उसे उलझा दिया गया था। 'मृतक-भोज' में उसके खोखलेपन का 'असली उद्घाटन' हो सका क्योंकि यहाँ कोई 'सहज समझौता' नहीं है।

पहले ही लिख चुका हूँ कि प्रेमचन्द आस्था के दुरुपयोग की आलोचना करने के बावजूद आस्था की सार्थकता को स्वीकार करते हैं। इसीलिए वे टब के गन्दे पानी के साथ बच्चे को भी फेंक देने में समझदारी नहीं देखते। 'मृतक-भोज' वस्तुतः मृतक की आत्मा की शान्ति के लिए किए जाने वाले कर्मकाण्ड की आलोचना है। इस कर्मकाण्ड को 'ठीक' से पूरा करने के लिए बिरादरी के ही धनी-मानी लोग सेठ रामनाथ का मकान हड़प लेते हैं और पत्नी तथा बच्चों को बेघर कर देते हैं। यहाँ ईश्वर और आस्था का दूसरा शोषणपरक रूप सामने आता है जो घर की आबरू और मृतक की आत्मा की शान्ति के नाम पर लूटता है, 'काम ऐसा करना चाहिए कि घर की आबरू भी बनी रहे और भाईजी की आत्मा भी सन्तुष्ट हो।' 'सवा सेर गेहूँ' के शंकर के विपरीत सेठ रामनाथ की पत्नी सुशीला को ठगने वाले बिरादरी के ही धनी-मानी लोग हैं। मकान हड़पकर ही ये सन्तुष्ट नहीं होते। सेठ रामदास की बेटी जब चौदह साल की हो जाती है तो वे उस पर सेठ झाबरमल से शादी करने का दबाव बनाते हैं। यही नहीं, यह धमकी भी देते हैं कि यदि वह नहीं मानेगी तो वे अदालती कार्रवाई करेंगे।

प्रेमचन्द यह बताने से नहीं चूकते कि अदालती कार्रवाई की धमकी एक निराश्रित निर्धन नाबालिग़ के लिए सिर्फ धमकी नहीं है, क्योंकि 'क़ानून बिरादरी के अधिकार की उपेक्षा नहीं कर सकता।' और 'धनिकों के हाथ में क़ानून भी है।' निचोड़ यह रहा कि बिरादरी के धनी-मानी लोग अपने ऐशोआराम के लिए पारम्परिक मान्यताओं और क़ानून का सहारा लेते हैं। बिरादरी भी उनके लिए अपना उल्लू सीधा करने का एक साधन है। सेठ रामनाथ के परिवार को लूटने वाले उसी बिरादरी के हैं। इसीलिए रामनाथ की बेटी रेवती का मामा कहता है : 'न जाने इस बिरादरी का भगवान कब अन्त करेंगे।'

उल्लेखनीय है कि इस कहानी में पंचायत कभी बैठती नहीं। सिर्फ़ पंचायत का डर दिखाया जाता है। दूसरी बात यह है कि सेठ रामनाथ स्वयं धनी-मानी व्यक्ति थे। बीमार पड़ने पर पहले डॉक्टर और मौत के बाद उन्हीं की बिरादरी के सेठ-साहूकार उनकी धन-सम्पत्ति हजम कर जाते हैं। ग़रीबी में उनके परिवार की मदद बिरादरी के लोग नहीं, खटिक जैसी 'निचली' जाति के आम लोग करते हैं, 'सच्ची सज्जनता भी दरिद्रों और नीचों ही के पास होती है।' कहने की ज़रूरत नहीं होनी चाहिए कि वस्तुतः यह जाति-प्रथा, अन्धविश्वासों और धन को सर्वस्व मानने की प्रवृत्ति की आलोचना करने वाली कहानी है। इस कहानी के केन्द्र में पंचायत नहीं है जबकि 'पंच परमेश्वर' के केन्द्र में पंचायती व्यवस्था है। तुलनात्मक दृष्टि से देखें तो 'पंच-परमेश्वर' में कोई ऐसा व्यक्ति नहीं जिसे सही मायने में धनी-मानी कहा जा सके। वहाँ आपस के छोटे-मोटे झगड़े या छोटी-मोटी बेईमानियाँ हैं। वहाँ जो पंचायत बैठती है वह एक बिरादरी की पंचायत नहीं है और यह पंचायत गाँव में बैठती है। इसके विपरीत 'मृतक भोज' में पंचायत का डर दिखाया जाता है। वह एक ही बिरादरी की पंचायत है। पंचायत से भी आगे अदालत का डर है और इस समूचे घटनाक्रम का केन्द्र शहर है।

इस लेख के प्रारम्भ में ही दो प्रकार की पंचायतों का ज़िक्र किया गया था—सभी जातियों की पंचायतें और सजातीय पंचायतें। 'मृतक-भोज' के साक्ष्य पर अधिक से अधिक यही कहा जा सकता है कि पारम्परिक मान्यताओं की दुहाई देकर सजातीय शहरी पंचायतों का इस्तेमाल उसी जाति का धनी-मानी वर्ग अपने हित में कर सकता है। वैसे भी पंचायत-संस्था की भूमिका ग्रामीण परिवेश में ही ज़्यादा रही है, जहाँ आम आदमी अपने आपसी झगड़ों को सुलझाने के लिए पंचायत का सहारा लेता था। सजातीय पंचायत शादी-विवाह और कर्मकाण्ड सम्बन्धी मुद्दों पर बुलाई जाती थी और दीवानी तथा फ़ौज़दारी के मामलों में सभी जातियों की पंचायत। सम्भवतः यह अकारण नहीं है कि 'पंच-परमेश्वर' के केन्द्र में प्रेमचन्द ने ऐसा मुद्दा रखा है जिसके लिए सभी जातियों की पंचायत बुलाई जाती है और वादी-प्रतिवादी में से कोई ऐसा नहीं है जिसे वर्ग-शत्रु की कोटि में रखा जा सके। यह कहना सही नहीं कि 'मृतक-भोज' लिखने के काल तक आते-आते प्रेमचन्द का पंचायत संस्था से मोह-भंग हो गया था। सच तो यह है कि औपनिवेशिक न्याय-व्यवस्था को वे कभी भी सराह नहीं पाए। उन्होंने लिखा है कि 'अदालतें, सरकारी नौकरियाँ, सरकारी शिक्षा आदि हमारी आत्मा को कुचलने वाली, हमारे मन के पवित्र भावों का दमन करने वाली, हमें कौड़ी का गुलाम बनाने वाली, हमारी वासनाओं को भड़काने वाली संस्थाएँ हैं' (वि.प्र.-2, पृष्ठ 274)।...अदालतों में मुक़दमेबाज़ी करने वाली जनता और उसका धन लूटने वाले वक़ील-मुख्तार दोनों ही अपनी आत्मा को आहत करते हैं। अगर कोई आदमी झूठ, छल, कपट, धूर्त्तता,

बेईमानी का भीषण नाटक देखना चाहे तो उसे एक बार अदालत में जाना चाहिए' (वि.प्र.—2, पृष्ठ 274)। निष्कर्ष यह कि 'न्याय इतना महँगा है कि बेचारे ग़रीब के लिए दुर्लभ हो गया है। (स्वराज मिलने पर) अदालतों का बहुत सा काम पंचायतों को सौंप दिया जाएगा और जनता को बिना घर-बार रेहन किए न्याय मिल जाया करेगा' (वि.प्र.—2, पृष्ठ 279-80)। स्वराज को परिभाषित करते हुए प्रेमचन्द लिखते हैं 'स्वराज का मुख्य साधन स्वावलम्बन है, अर्थात् अपने देश की सब ज़रूरतों को आप पूरा कर लेना है। जो प्राणी अपने खेत का अनाज खाता है, अपने काते सूत का कपड़ा पहनता है, और अपने झगड़े-बखेड़े अपनी पंचायत में निपटा लेता है, उसे हम स्वाधीन कह सकते हैं' (वि.प्र.—2, पृष्ठ 273)।

आप प्रेमचन्द से असहमत हो सकते हैं, किन्तु यह नहीं कह सकते कि अपने परवर्ती दौर में वे पंचायती व्यवस्था को पूर्णतया व्यर्थ मानने लगे थे। प्रेमचन्द के लेखन से इस तथ्य की पुष्टि नहीं होती।

2

राजों-महाराजों-बादशाहों के इन्साफ़ के क़िस्से तो कई स्रोतों से मिल जाते हैं। ऐसा ही एक प्रयास मुंशी देवी प्रसाद ने सन् 1911 में किया था। उन्होंने 'ज्ञान अदालत' नाम से एक संग्रह पहले उर्दू और फिर हिन्दी में छपवाया था। 'इंडियन प्रेस' इलाहाबाद से 'इन्साफ-संग्रह' नाम से प्रकाशित हिन्दी संकलन देखने का अवसर मुझे मिला। इसमें भी पंचायतों के इन्साफ़ को लेकर कोई क़िस्सा नहीं है। ऐतिहासिक ग्रन्थों में भी पंचायतों की भूमिका के बारे में कोई उल्लेखनीय जानकारी नहीं मिलती। प्रेमचन्द के बाद हिन्दी में कुछ कहानियाँ ज़रूर ऐसी लिखी गई हैं जिनके सहारे पंचायत-संस्था की भूमिका के बारे में बात की जा सकती है।

रांगेय राघव ने 'पंच-परमेश्वर' नाम से एक कहानी लिखी थी। यह दो भाइयों (पिता एक किन्तु माँ दो) की कहानी है। चन्दा छोटा है और कन्हाई बड़ा। ताऊ के मरने पर कन्हाई के पिता ने उसकी माँ को छोड़कर भाभी से धरेजा कर लिया था। चन्दा उसी की सन्तान है। रम्पी (चन्दा की माँ) की मौत के बाद कन्हाई बिरादरी के पंच के कहने पर उसका क्रियाकर्म करता है और फिर चन्दा की शादी भी बड़े धूम-धाम से करता है। चन्दा की गृहस्थी किसी तरह चलती है जबकि कन्हाई की हालत बेहतर है, उसके पास दुकान है और बिरादरी (धोबी) में इज़्ज़त भी। फूलो चन्दा को छोड़कर उसके घर आ बैठती है। चन्दा पंचायत बुलाता है।

पंचायत से पहले चौधरी (पंच) कन्हाई के यहाँ दारू पीने आ जाते हैं और पंचायत के फ़ैसले को लेकर आश्वस्त भी कर जाते हैं। पाठक को यह एहसास हो जाता है कि पंचायत का फ़ैसला कन्हाई के पक्ष में होगा। और होता भी यही है।

इसके बावजूद यह निष्कर्ष निकालना सही नहीं होगा कि पंचों का फ़ैसला ग़लत था।

पंचायत बैठती है। चन्दा अपनी बात रखता है 'बड़े भैया ने छोटे की बहू घर डाल ली है। वह उसकी बेटी के बराबर है।' चौधरी उसकी बात को काटते हुए कहते हैं 'सो हममे भेद नहीं है चन्दा। बड़ी जातों में बड़े की बहू माँ समान है, हमारे यहाँ तो यह क़ायदा नहीं।' इस पर चन्दा यह तर्क देता है कि 'मेरे जीते-जी दूसरे के ठौर जा बैठी है, मुझे हरज़ाना मिल जाना चाहिए।' फिर यह बात उठती है कि चन्दा ने फूलो (पत्नी) को भूखों मार डाला इसलिए वह उसे छोड़ गई। यहीं पर वह क्षण आता है जहाँ यह कहानी प्रेमचन्द के 'पंच-परमेश्वर' से जुड़ जाती है। चन्दा कहता है 'पंच परमेश्वर की दुहाई। चौधरी भगवान के औतार हैं। मैं ग़रीब हूँ, जैसी रूखी सूखी मैंने खाई तैसी उसे खिलाई। घर-गिरस्ती में मरद के पीछू लुगाई चलती है। बताएँ मैंने क्या दोस किया?'

उसके बाद चौधरी (अर्थात् पंच-परमेश्वर) जो कहते हैं, वह बहुत ही महत्वपूर्ण है : 'चन्दा रुपए माँगता है कि उसके जीते जी बहू ने दूसरी ठौर कर ली। अगर उसने दूसरा ब्याह करके फूलो को छोड़ा होता तो जब तक दूसरी ठौर नहीं कर लेती तब तक उसका महीना उसे बाँधना पड़ता। सदा की रीति है कि चन्दा को रूपया मिलना चाहिए।...भूखी मारी या न मारी, वह खुद ग़रीब है। बेटी बाप ने देखते बखत क्यों नहीं सोचा। जैसा ख़ुद खाया वैसा खिलाया। लेकिन ब्याहता है उसकी फूलो। फूलो रज़ामन्द नहीं कि ब्याह कर जन्म-भर भूखी मरे। वह ठौर छोड़ गई। जो खाने को दे, जो पालन करे, वही भरतार। पंच कहें रुपया लेने का चन्दा को हक़ है या नहीं?

लगा कि चौधरी अब चन्दा के पक्ष में फ़ैसला सुनाने वाले हैं। बाज़ी कमजोर पड़ती देख फूलो उठी और भरी पंचायत में आगे बढ़कर कहा 'चौधरी भगवान हैं। पंच परमेसुर हैं। लुगाई मरद की है, मगर जो मरद ही न हो, उसकी कोई लुगाई नहीं है।' सभी जानते थे कि चन्दा 'लुगपिटा' है। फ़ैसला फूलो के पक्ष में हो गया।

मित्रों, यह पंचायत का क़िस्सा है, दलित जाति की पंचायत का क़िस्सा। और इस क़िस्से का फ़ैसला ग़लत भी नहीं लगता। इस बात पर भी ध्यान जाता है कि दलित बिरादरी के 'नेम' सवर्ण बिरादरी की 'मर्यादाओं से भिन्न, और स्त्री-पुरुष सम्बन्ध के मामले में ज़्यादा मानवीय और खुले हैं। स्त्री को पंचायत के फ़ैसले पर भरोसा है।

रांगेय राघव की ही चर्चित कहानी है 'गदल'। मरद के मरने पर गदल दूसरा मरद कर लेती है, जबकि वह बाल-बच्चेदार है। जब यह कहा जाता है कि उसने दूसरी शादी करते वक्त बेटा-बेटी की उमर न देखी तो वह जो जवाब देती है, वह देखने लायक है : 'उमर देखती कि इज़्ज़त, यह कहो। मेरी देवर से रार थी, ख़त्म

हो गई। ये बेटा हैं, मैंने कोई बिरादरी के नेम के बाहर की बात की हो तो रोककर मुझपर दावा करो। पंचायत में जवाब दूँगी।'

राज के क़ानून और बिरादरी के 'नेम' के अन्तर्सम्बन्ध को समझने की दृष्टि से भी 'गदल' एक महत्वपूर्ण कहानी है। सिर्फ़ एक टुकड़ा देखिए—

...'दरोगा ने उतरकर कहा—'यहाँ दावत हो रही है?'

—'हाँ हो रही है'...

'पच्चीस आदमी से ऊपर हैं?'

'गिनकर हम नहीं खिलाते दरोगाजी।'

'मगर तुम क़ानून को नहीं तोड़ सकते।'

'राज का क़ानून कल का है, मगर बिरादरी का क़ानून सदा का है, हमें राज नहीं लेना है, बिरादरी से काम है।'

दीवान जी ने कहा—'सब गिरफ़्तार कर लिए जाएँगे। समझी! राज से टक्कर लेने की कोशिश न करो।'

'अरे तो क्या राज बिरादरी से ऊपर है?' गदल ने तमककर कहा—'राज के पीसे तो आज तक पिसे हैं, पर राज के लिए धर्म नहीं छोड़ देंगे, तुम सुन लो! तुम धरम छीन लो तो हमें जीना हराम है।'

पाठकों, हमने अभी तक कुछ ऐसी कहानियों की चर्चा की, जिनमें पंचायत का किसी न किसी रूप में उल्लेख मिलता है। इन सभी कहानियों के केन्द्र में स्त्री पात्र हैं। प्रेमचन्द के 'पंच-परमेश्वर' की खाला, रांगेय राघव की इसी नाम की कहानी की फूलो और 'गदल' की गदल के बिना इनकी कल्पना भी नहीं की जा सकती। पंचायत के इन क़िस्सों में ग़ैर-सवर्ण जातियों की स्त्रियों की मुखर और केन्द्रीय उपस्थिति हमें यह सोचने के लिए विवश करती है कि स्त्री और दलित विमर्श वाली कहानियों में यही पंचायत स्त्री और दलित के ख़िलाफ खड़ी क्यों दिखाई देती है? किन्तु इस मुद्दे पर विचार करने के लिए एक स्वतंत्र लेख लिखना पड़ेगा। फ़िलहाल तो विचारणीय विषय यह है कि राज का क़ानून बिरादरी के 'नेम' के सामने झुक क्यों जाता है? बिरादरी का कानून सदा का है या इसलिए कि राज ने वोट की प्रतिस्पर्द्धात्मक राजनीति में बिरादरी का इस्तेमाल तो किया किन्तु भला नहीं किया—'राज के पीसे तो आज तक पिसे हैं, पर राज के लिए धर्म नहीं छोड़ देंगे।' और यह बिरादरी भी अब पुरानी बिरादरी नहीं है, 'राजनीतिक बिरादरी' है, जो ट्रेड यूनियन की तरह काम करती है और राज के क़ानून को बिरादरी के 'नेम' और फ़ायदे के हिसाब से बदल डालने का हौसला रखती है।

यह राजनीतिक बिरादरी वही है जिसे पार्थ चटर्जी ने अपने एक लेख में 'राजनीतिक समाज' कहा है। इसमें पुरानी अच्छाइयाँ तो ख़त्म हो चली हैं, बुराइयाँ बची रह गई हैं; आधुनिकता की अच्छाइयाँ तो कम ही आई हैं, बुराइयाँ जरूर भर गई हैं।

इस 'राजनीतिक समाज' में वे सभी लोग आते हैं जो 'नागरिक समाज' के दायरे से बाहर पड़ते हैं। 'नागरिक समाज' स्वयं को प्रगतिशील, आधुनिकता का समर्थक, 'कानून के राज' का रखवाला और भारत के भाग्य का विधाता मानता रहा है। 'राजनीतिक समाज' को इस स्थिति में ढकेल देने के लिए क्या 'नागरिक समाज' जिम्मेदार नहीं? 'राजनीतिक समाज' की आलोचना करना आसान है, किन्तु उसकी दुर्दशा के लिए स्वयं को भी ज़िम्मेदार मानने की नैतिक ईमानदारी दिखाना कठिन। खाप-पंचायतों की आलोचना करने वाले 'नागरिक समाज' में क्या ऐसी नैतिक ईमानदारी दिखाई पड़ती है? उनका आचरण उपनिवेशवादियों के 'सिविलाइज़िंग मिशन' या 'व्हाइट मेन्स बर्डेन' से किस रूप में भिन्न है?

सिविलाइज़िंग मिशन के नए पैरोकार

आधुनिक होना कोई बच्चों का खेल नहीं साधो! उसके लिए सीस कटाना पड़ता है, ग़ुलाम बनना पड़ता है। आधुनिक बनने की क़ीमत चुकानी पड़ती है। यह भी जान लो कि तुम स्वयं आधुनिक नहीं बन सकते। तुम्हारा सौभाग्य है कि आधुनिक बनाने वाले का जन्म सात समुन्दर पार हो चुका है। वह तुम्हें सभ्य बनाने आएगा। देर से आएगा और जल्दी चला जाएगा। इसलिए वह जब भी आए उसका पलक-पाँवड़े बिछाकर स्वागत करना। तुम्हारा जीवन पतित, गर्हित और अन्धविश्वासों से परिपूर्ण है। तुम्हारे बेहतर भविष्य का सपना उसकी आँखों में झिलमिला रहा है। तुम्हारी भलाई इसी में है कि वह जो भी कहे, सीस झुकाकर, आँख मूँद कर स्वीकार करना; ना नुकुर मत करना। क्योंकि...यदा-यदा ही धर्मस्य ग्लानिर्भवति भारत...।

और सचमुच उन्नीसवीं सदी के बंगाली बुद्धिजीवियों ने अंग्रेज़ीराज को रामराज्य बताया और अंग्रेज़ों को राम का अवतार। इन बुद्धिजीवियों में राजा राममोहन राय शामिल थे; और शामिल थी काशी की पाण्डित्य-परम्परा। यहाँ तक कि भारतेन्दु हरिश्चन्द्र के यहाँ भी अंग्रेज़ी-राज की आलोचना और प्रशंसा का द्वन्द्व बना रहता है। लेकिन राष्ट्रवाद के उत्थान के साथ सभ्य बनाने के अभियान की कलई खुलने लगती है। और फिर आते हैं गांधी, जो औपनिवेशिक आधुनिकता के सभ्य बनाने के अभियान के सामने चट्टान की तरह खड़े हो जाते हैं। गांधी भी जानते हैं कि भारतीय समाज में बहुत सी कमियाँ हैं। वह यह भी जानते हैं कि पश्चिम में भी बहुत सारी ख़ामियाँ हैं। इसलिए वह यह नहीं चाहते कि उनके सपनों का भारत पश्चिम की हूबहू नकल हो। गांधी के साथ थे प्रेमचन्द। प्रेमचन्द ने भारतीय समाज की बुराइयों की गांधी से भी अधिक तीखी आलोचना की। भारतीय समाज की ख़ामियों की आलोचना करने के बावजूद उन्होंने पश्चिम की श्रेष्ठता कभी स्वीकार नहीं की। लोभ-लाभ से चलने वाली ख़ुदगर्ज पश्चिमी सभ्यता की उन्होंने अपने लेखों और रचनाओं में ख़ूब आलोचना की। उन्होंने लिखा है कि राष्ट्रवाद का जन्म पश्चिम में हुआ। राष्ट्रवाद संगठित गिरोह की तरह दूसरे देशों पर कब्ज़ा कर उन्हें लूटता है। सारी लड़ाइयों के मूल में राष्ट्रवाद है। जो क्षेत्र राष्ट्र के रूप में संगठित नहीं थे उन्हें इसने अपना उपनिवेश बना लिया। इन उपनिवेशों के सामने अब इसके सिवा और

कोई विकल्प नहीं बचा कि वे भी राष्ट्र के रूप में संगठित होकर अपनी मुक्ति का संघर्ष चलाएँ।

लेकिन शायद प्रेमचन्द और गांधी अब गुज़रे जमाने के लोग हैं। अस्मितावादी राजनीति के दौर में उनका नाम लेना 'पॉलिटकली करेक्ट' नहीं। अस्मितावादी राजनीति–विशेष रूप से दलित राजनीति गांधी, प्रेमचन्द से लेकर कम्युनिस्टों तक की नुक्ताचीनी करती है। बख़्शती है तो सिर्फ़ अंग्रेज़ीराज और उसके 'सिविलाइज़िंग मिशन' को : देर से आए और जल्दी चले गए। अब अगर आपको लोकप्रिय बने रहने की अक़्ल है और संयोग से आप दलित नहीं हैं तो सिर्फ़ एक काम करने की ज़रूरत है। नुस्ख़ा बिल्कुल आसान है : आप 'सिविलाइज़िंग मिशन' की तारीफ़ में क़सीदे काढ़ें और यह दिखाएँ कि सत्तावन का विद्रोह, उन्नीसवीं सदी का नवजागरण और बीसवीं सदी का राष्ट्रीय–आन्दोलन–सभी दलित–विरोधी और वर्णवादी थे। आजमा के देखिये, आपकी शोहरत में रातोंरात चार चांद लग जाएँगे।

विभूति नारायण राय का 'तद्भव' 13 में प्रकाशित लेख '1857 का दलित पक्ष' दलित की बैसाखी लगाकर 'सिविलाइज़िंग मिशन' को सही साबित करने की बेशर्म कोशिश करता है। भूमण्डलीकरण के इस दौर में उपनिवेशवादविरोधी राष्ट्रीय आन्दोलन की विरासत को कमज़ोर, विकृत और व्यर्थ करने के प्रयास चारों ओर से हो रहे हैं। यही वह समय है जब अमेरिका दुनिया का चौधरी बन बैठा है और इराक़ सहित दुनिया के तमाम मुल्क़ों में लोकतंत्र की नेमत बाँट रहा है। इसे ही प्रसिद्ध राजनीतिविज्ञानी पार्थ चटर्जी ने 'Empire after globalization' कहा है। इस दृष्टि से देखें तो यह लेख बहुत ही प्रासंगिक है और भूमंडलीकरण के बाद आने वाले नए साम्राज्य की ज़रूरतों को ध्यान में रखकर लिखा गया है।

विभूति नारायण की पहली मौलिक स्थापना यह है कि 1857 का आन्दोलन राष्ट्रीय आन्दोलन नहीं था। राष्ट्रवाद के विकास का हवाला देते हुए आप लिखते हैं, 'आधुनिक अर्थों में राष्ट्र–राज्य की अवधारणा और उससे उत्पन्न राष्ट्रीयता की भावना 17–18वीं शताब्दी में योरोप में हुई औद्योगिक क्रान्ति और उसके फलस्वरूप पैदा हुए उत्पादों को दुनिया में खपाने के लिए नए–नए उपनिवेश तलाशने के लिए चली जद्दोजहद के चलते फलीभूत हुई और परवान चढ़ी।' (पृ. 186)

इसका मतलब यह हुआ कि पश्चिम में जिस राष्ट्रवाद का विकास हुआ उसका औपनिवेशिक लूट से अभिन्न सम्बन्ध है। प्रेमचन्द ने इसीलिए पश्चिम के राष्ट्रवाद को लुटेरों का संगठन कहा था। लेकिन विभूति नारायण राय का ख़याल है कि ये लुटेरे दलितों की मुक्ति का पैग़ाम लेकर आए थे। अंग्रेजों को मुक्तिदाता के रूप में पेश करने के जोश में वे भूल जाते हैं कि पश्चिमी राष्ट्रवाद के बारे में उन्होंने ही लिखा है...'उत्पादों को दुनिया में खपाने के लिए... ।' यदि अंग्रेज़ इतने दलित–प्रेमी थे तो उन्हें सवर्णों के खिलाफ़ 'दलित–अंग्रेज़' संयुक्त मोर्चा बनाकर सवर्णों को

ध्वस्त कर देना चाहिए था। यह बात ज़रूर समझ में नहीं आती कि दलित-प्रेमी अंग्रेज़ों की करुणा आदिवासियों के प्रति क्यों नहीं उमड़ती?

यह सही है कि 1857 में भारत पश्चिमी अर्थों में एक राष्ट्र नहीं था। न तो यहाँ औद्योगिक क्रान्ति हुई थी, न ही भारत के पास उपनिवेश थे। फिर भी यहाँ सांस्कृतिक एवं भावनात्मक लगाव के तत्व मौजूद थे (देखें रजत रे की किताब 'फेल्ट कम्युनिटी', ओ.यू.पी., दिल्ली और सी.ए. बेली की पुस्तक 'ओरिजिन ऑफ नेशनैलिटी इन साउथ एशिया', ओ.यू.पी, दिल्ली)। लेकिन लाख टके का सवाल यह है कि जिन क्षेत्रों में पश्चिमी ढब का राष्ट्रवाद विकसित नहीं हुआ वहाँ के लोगों का उपनिवेश-विरोध क्या नाजायज है? विरोध की विचारधारा का एजेन्डा भी क्या पश्चिम द्वारा तय किया जाएगा?

विभूति राय कुछ दलित विचारकों का हवाला देकर यह सिद्ध करना चाहते हैं कि दलित-चिन्तक 1857 के विद्रोह के ख़िलाफ़ थे। अंग्रेज़ों को वे मुक्तिदाता के रूप में देखते थे। दलित-चिन्तक ही नहीं, तमाम सवर्ण हिन्दू विचारक भी एक समय तक अंग्रेजीराज के प्रशंसक थे और वे सत्तावन के विद्रोह का समर्थन नहीं करते थे। क्या इससे अंग्रेज़ीराज न्यायोचित सिद्ध हो जाता है? अंग्रेज उपनिवेश कायम करने आए थे या दलितों-स्त्रियों को सामन्ती-व्यवस्था से मुक्ति दिलाने? वस्तुतः उपनिवेशवाद के परिप्रेक्ष्य को ओझल कर दलित-समस्या पर विचार करना बौद्धिक बेईमानी है। सस्ती लोकप्रियता हासिल करने के लिए ऐसी बौद्धिक बेईमानी करने वाले क्या वास्तव में दलितों के हितैषी हैं?

1857 के सन्दर्भ में कुछ ऐसी ही चिन्ता प्रियंवद ने भी व्यक्त की है : 'राष्ट्रवाद', 'स्वाधीनता', 'जन', 'वर्ग', 'संविधान' ऐसे शब्दों का देश में कोई अस्तित्व नहीं था।' (अकार, 15, पृ. 87) लब्बोलुआब यह कि 1857 का संघर्ष प्रतिगामी था। यदि इन शब्दों से परिचय (अर्थात् पश्चिमी विचारधारा का ज्ञान) के आधार पर किसी आन्दोलन/विद्रोह की प्रगतिशीलता नापी जाएगी तो फिर आदिवासी विद्रोह को भी प्रतिगामी मानना पड़ेगा, क्योंकि आदिवासी भी इन शब्दों से परिचित नहीं थे। वस्तुतः किसी आन्दोलन को देखने की दो दृष्टियाँ हो सकती हैं : दरोगा की दृष्टि और क्रान्तिकारी की दृष्टि (देखें रंजीत गुहा का लेख प्रोज़ ऑफ काउन्टर इन्सर्जेन्सी और पुस्तक सम एलीमेन्ट्री एस्पेक्ट्स ऑफ पीजेन्ट इन्सर्जेन्सी इन कॉलोनियल इंडिया तथा ज्ञानेन्द्र पांडे का लेख प्रोज़ ऑफ अदरनेस)। कहने की आवश्यकता नहीं कि ये 1857 के विद्रोह को दरोगा की दृष्टि से देखने वाले विद्वान हैं। सिर्फ सेकुलर विचारधारा के आधार पर किसी आन्दोलन की प्रगतिशीलता नापने की कोशिश अभिजनवादी ही नहीं, औपनिवेशिक भी है। प्रियंवद के इस वक्तव्य से भी हमारे कथन की पुष्टि होती है : '1857 के कारण जो भी हों इसका सबसे दुखद परिणाम एक ही हुआ। भारत के मुसलमानों के लिए यह दुखद आघात

था। हिन्दू उससे उतना प्रभावित नहीं हुआ।' (अकार–15, पृ. 91–92) निष्कर्ष ये रहा कि 1857 का विद्रोह दलित–विरोधी था और इस विद्रोह का सम्बन्ध मुख्यतया हताश और पराजित मुसलमानों से था। इस तरह के विश्लेषण की एक विडम्बना यह भी है कि इससे हिन्दू, मुस्लिम और दलित अस्मिताओं की निर्माण–प्रक्रिया का कोई पता नहीं चलता। इन अस्मिताओं का औपनिवेशिक शासन से पहले कुछ और रूप था। औपनिवेशिक शासन ने इनको अपनी ज़रूरत के मुताबिक़ बदला। राष्ट्रीय आन्दोलन के दबाव में भी इन अस्मिताओं के रूप और इन के आपसी सम्बन्धों में बदलाव आया। इस विश्लेषण की ख़ूबी यह है कि शुरू से हिन्दुओं और मुसलमानों को बिल्कुल अलग मान कर चलती है, अंग्रेज़ीराज पर यह तोहमत नहीं लगाती कि उसने अपने फ़ायदे के लिए इनके बीच अलगाव बढ़ाया।

अंग्रेज़ों के साथ ईसाई मिशनरी भी बड़े पैमाने पर आए। उपनिवेशवाद–विरोध के लिए सेकुलर–सोच की शर्त लगाने वालों को बताना चाहिए कि क्या वे सेकुलरइज़्म का प्रचार करने आए थे!

2

मार्क्स ने लिखा है कि पूँजीवाद में मजदूर अपनी श्रमशक्ति बेचने के लिए स्वतंत्र होता है। मार्क्स को लगता था कि अंग्रेज़ों के आने से भारत में पूँजीवाद का सूत्रपात होगा और मजदूर अपनी श्रमशक्ति बेचने के लिए स्वतंत्र होगा। लेकिन ऐसा नहीं हुआ। क्योंकि उपनिवेशवाद की बुनियाद ही नस्ली श्रेष्ठता की अवधारणा पर टिकी हुई थी। ज्ञानोदय के दौरान ही यह मान लिया गया था कि विवेक के रास्ते चलकर पश्चिमी सभ्यता विकासक्रम की प्रौढ़ावस्था में पहुँच गई है। बाक़ी दुनिया अभी भी बाल्यावस्था में पड़ी है। कारण खोजे गए तो पता चला कि श्वेत प्रजाति दूसरी प्रजातियों से श्रेष्ठ है, इसलिए वह आगे बढ़ गई! भारतीयों के लिए कहा गया कि वे निरंकुशता–प्रेमी, आलसी और मक्कार हैं। प्राचीन काल में यहाँ कुछ विकास हुआ था, लेकिन फिर इनका पतन हो गया। कला–साहित्य जैसी भावनात्मक चीज़ों में इनकी कुछ उल्लेखनीय उपलब्धियाँ हैं, लेकिन बौद्धिक–वैचारिक चिन्तन का इनमें अभाव है। इसी तरह अरब, अफ्रीका, चीन, अमेरिका तथा आस्ट्रेलिया के मूल निवासियों के बारे में धारणाएँ बनाई गईं।

नस्लवाद की विचारधारा ने औपनिवेशिक अभियान को आधार प्रदान किया। अश्वेत नस्ल के लोगों से जबरन गन्ने और चाय की खेती कराई गई। खदानों में बेहद अमानवीय परिस्थितियों में काम करने के लिए इन्हें मजबूर किया गया। दासों का व्यापार बन्द होने के बाद भारत से आदिवासियों और मज़दूरों को जहाज़ों में जानवरों की तरह भरकर ले जाया गया। इनमें से आधे तो रास्ते में ही मर जाते थे।

(देखें सवाल्टर्न स्टडीज़ X में कौशिक घोष का लेख : ए मार्केट फॉर एबोरिजिनैलिटी : प्रिमटिवनेस एंड रेस क्लासीफिकेशन इन इन्डेन्चर्ड लेबर मार्केट ऑफ कॉलोनियल इंडिया, पृ.सं. 8-48, ओ.यू.पी., नई दिल्ली, 1999)

दक्षिण अफ्रीका में औपनिवेशिक पूँजीवाद की भूमिका का अध्ययन करने के बाद रेक्स ने लिखा है कि वहाँ पूँजीवाद ने बान्टू के लोगों को बन्धुआ मजदूर के रूप में इस्तेमाल किया। इस तरह श्रमशक्ति की उपलब्धता में नस्ली सम्बन्धों ने निर्णायक भूमिका निभाई...'दक्षिण अफ्रीका में उपनिवेशित अन्य देशों की तरह ही, नाना प्रकार के दमनात्मक तरीकों से उपनिवेशित लोगों के श्रम का दोहन किया गया। दमन के पुराने तरीके सिर्फ अतीत के अवशेष के रूप में नहीं बल्कि पूँजीवादी वर्तमान के अभिन्न हिस्से के रूप में जारी रहे।' (थियरी ऑफ रेस रिलेशन्स इन सोशियोलॉजिकल थियरीज़, पेरिस युनेस्को, पृ. 125)

सौदागरी पूँजी के दौर में दासों का व्यवसाय और उनसे चाय बागानों तथा गन्ने के फार्मों में खेती कराने वाले उपनिवेशवादी ही थे। इस तरह दासप्रथा को पूँजीवाद ने बढ़ावा दिया और दासप्रथा ने पूँजीवाद के विकास में मदद पहुँचायी। उपनिवेशवाद ने पहले से चली आ रही पारंपरिक असमानता को ख़त्म करने के बजाय और मजबूत किया, क्योंकि इससे उसे सस्ता श्रम प्राप्त करने में आसानी हुई।

रेक्स ने आर्थिक अवसरों की समानता एवं नस्ली श्रेष्ठता के सिद्धान्त में निहित विरोधाभास की चर्चा करते हुए लिखा है :

'आर्थिक अवसरों की समानता का सिद्धान्त और नस्ली श्रेष्ठता और हीनता के सिद्धान्त एक दूसरे के पूरक हैं। नस्लवाद सिद्धान्त और व्यवहार के बीच के भेद को भरने का काम करता है।...जब आर्थिक उदारवाद असमानता, शोषण और दमन को चुनौती देता है तब उसका विरोध ऐसे सिद्धान्तों द्वारा किया जाता है जो नियम के अपवाद के रूप में उन्हें सही ठहराते हैं। यह स्वीकार करने के बावजूद कि सब लोग बराबर हैं, कुछ लोगों को दूसरों से ज्यादा श्रेष्ठ माना जाता है'

अभी तक जितने भी अध्ययन हुए हैं वे यही दिखाते हैं कि अंग्रेज़ों ने अपने फ़ायदे के लिए जाति-प्रथा को नया रूप दिया और वर्ण-व्यवस्था को तोड़ने के बजाय अपने हित में इस्तेमाल किया। आदिवासी जातिप्रथा से कमोबेश मुक्त थे। लेकिन आदिवासियों का जितना भयंकर शोषण औपनिवेशिक दौर में हुआ उससे पहले कभी नहीं हुआ था। यही कारण है कि आदिवासियों ने अंग्रेज़ी शासन के ख़िलाफ़ विद्रोह किए। हाँ, यह सही है कि ये विद्रोह किसी प्रगतिशील सेकुलर विचारधारा के आधार पर नहीं किए गए। हमारे विद्वान लेखकों की नज़र में सम्भवत: आदिवासी विद्रोह भी प्रतिगामी ठहरेंगे। महाश्वेता देवी यदि इन आदिवासी विद्रोहों को ठीक मानती हैं तो उन्हें भी सवर्ण मानसिकता से ग्रस्त रचनाकार घोषित कर दो! लेकिन सवाल यह है कि जिन्होंने अमेरिका और आस्ट्रेलिया के मूल निवासियों को

लगभग ख़त्म कर दिया और अफ्रीका में भयंकर नरसंहार किया; जिनकी नज़र में समूचे भारतवासी अर्द्धबर्बर थे, जिन्होंने दलितों, आदिवासियों का भयंकर शोषण किया, जिन्होंने औरतों की बाक़ायदा ख़रीद-फ़रोख्त की, उनके शासन को किस आधार पर प्रगतिशील कहा जा सकता है? नस्लवाद का परचम लहराने वाले और उसे वैज्ञानिक आधार पर सही सिद्ध करने का दावा करने वाले उपनिवेशवादियों को प्रगतिशील मानने वाले विद्वानों की जितनी भी तारीफ़ की जाए, कम है! मान लिया कि अवध के किसान और सिपाही जातिवादी और अन्धविश्वासी थे। लेकिन अंग्रेज क्या थे? सेकुलर और प्रगतिशील? सबाल्टर्न इतिहासकार इस सेकुलर रेशनेलिटी को अभिजनवादी, उपनिवेशवादी कहते हैं तो ग़लत क्या कहते हैं! (देखें ज्ञानेन्द्र पांडेय का लेख—द प्रोज़ ऑफ अदरनेस, सबाल्टर्न स्टडीज़ VIII पृ. 188-221, ओ.यू.पी., नई दिल्ली, 1999)

ठीक है कि अंग्रेज़ों ने आधुनिक सेकुलर शिक्षा की शुरुआत की और दलितों के लिए शिक्षा के दरवाज़े खोल दिए। लेकिन क्या यह सही नहीं है कि अंग्रेज़ीराज में दस्तकार, जुलाहे, कारीगर और किसान बड़े पैमाने पर तबाह हुए? क्या ये सभी सवर्ण थे? आदिवासियों ने क्या गुनाह किया था? वे तो वर्णवादी, जातिवादी नहीं थे! अमेरिका, आस्ट्रेलिया और अफ्रीका में तो 'गलीज वर्ण व्यवस्था' नहीं थी, वहाँ वे किसका अन्त तेज करने पहुँचे थे। ऐसे कोई प्रमाण अभी तक नहीं मिले हैं जिससे यह साबित हो कि अंग्रेज़ सिर्फ़ सवर्ण औरतों को रखैल के रूप में खरीदते थे। (देखें इन्द्रानी चटर्जी का लेख-'कालरिंग सबाल्टर्निटी : स्लेव्स,कन्क्यूबाइन्स एंड सोशल आर्फन्स इन अर्ली कॉलोनियल इंडिया, सबाल्टर्न स्डीज़ X, 49-97 ओ.यू.पी., नई दिल्ली, 2000) अंग्रेज़ पतितों के उद्धारक थे। औरतों की ख़रीद-फ़रोख़्त में भी कोई गहरा प्रगतिशील मर्म छिपा होगा, जिसे हमारी सवर्ण आँखें नहीं देख पा रही हैं! अंग्रेज़ों की प्रगतिशील भूमिका में अन्ध-श्रद्धा रखने वालों को यह बताना चाहिए कि अंग्रेज़ी-शिक्षा का कितने दलितों को लाभ मिला और कितने दलित, आदिवासी और स्त्रियों का जीवन अंग्रेज़ीराज के दौरान बरबाद हुआ? अंग्रेजीराज में बार-बार पड़ने वाले अकालों में इतने सारे लोग क्यों मर जाते थे? और मरने वालों में ज़्यादा संख्या दलितों की क्यों होती थी? वैसे अंग्रेज़ी शिक्षा के महात्म्य की आरती उतारने वाले विद्वानों को गौरी विश्वनाथन की 'मास्क ऑफ कंक्वेस्ट' और धर्मपाल की 'ब्यूटिफुल ट्री' किताब ज़रूर पढ़ लेनी चाहिए।

3

फ्रेडरिक जेम्सन ने लिखा है कि मार्क्सवाद अपने शुरुआती दौर में उपनिवेशवाद के शोषणपरक रूप को ठीक से नहीं समझ पाया। उपनिवेशों की ऐतिहासिक, सांस्कृतिक

और राजनीतिक भिन्नता को भी यह सहानुभूतिपूर्वक समझने में नाकामयाब रहा। 1857 सम्बन्धी मार्क्स के लेखन से भी इसकी पुष्टि होती है। मार्क्स ने लिखा है 'इंग्लैंड ने भारत पर चाहे जितने जुल्म ढाए हों, इतिहास का वह (इंग्लैंड) अवचेतन साधन था, जिसने भारत को अर्द्धबर्बरता की स्थिति से आधुनिकता की बेहतर स्थिति में पहुँचा दिया' मार्क्स के लेखन में एक द्वन्द्व है अंग्रेजीराज की भूमिका को लेकर। मार्क्स के परवर्ती लेखन में उपनिवेशवाद की भूमिका ज्यादा स्पष्ट है। मार्क्सवाद को लेकर उत्तर-आधुनिक चिन्तकों-देरिदा, ल्योतार और फूको ने कुछ मूलभूत सवाल उठाये हैं। उत्तर-औपनिवेशिक सिद्धान्त-चर्चा में ये सवाल बेहद महत्वपूर्ण हैं।

उल्लेखनीय है कि मार्क्सवाद ज्ञानोदय की परम्परा का वारिस है। इसीलिए ज्ञानोदयी ज्ञान की कुछ कमियाँ उसमें भी दिखाई पड़ती हैं। ज्ञानोदय के दौरान ज्ञान के सार्वभौम रूप को खोज निकालने का दावा किया गया था। यह ज्ञान सभी देशों एवं संस्कृतियों पर समान रूप से लागू होता था। देरिदा ने इस ज्ञान-परम्परा को उपनिवेशवादी, नस्लवादी और सर्वसत्तावादी घोषित करते हुए इसका विखंडन किया। उसने यह लिखा है कि ज्ञान के सार्वभौम रूप का दावा वर्चस्ववादी है और यह उपनिवेशवाद तथा फ़ासिज्म को विचारधारात्मक वैधता प्रदान करता है। यह भिन्नता को बर्दाश्त नहीं करता। भिन्न को अपने जैसा बनाने की कोशिश में यह हिंसा का सहारा लेने से भी नहीं हिचकता। दुनिया को यह पश्चिम के निकष पर कसता है। इस निकष पर जो खरा नहीं, उसे यह अयोग्य घोषित कर देता है। यूरो-केन्द्रित ज्ञान मीमांसा का दीपेश चक्रवर्ती ने बहुत सटीक विश्लेषण किया है-

"यूरोप आज भी सभी इतिहासों, जिनमें भारतीय, चीनी, कीनियाई इत्यादि शामिल हैं, का सम्प्रभु-सैद्धान्तिक कर्त्ता बना हुआ है। एक अजीब ढंग से ये सभी इतिहास उस मास्टरनैरेटिव के किंचित् परिवर्तित रूप बन जाते हैं, जिसे यूरोप का इतिहास कहा जा सकता है।" (प्रॉविन्शियलाइजिंग यूरोप, पृ. 027, ओ.यू.पी., नई दिल्ली, 2001)

सत्तावन के विद्रोह के सन्दर्भ में वर्ग-संघर्ष, सेकुलर सोच, सर्वहारा, संविधान वगैरह की खोज यूरोप-केन्द्रित इतिहास दृष्टि को आँख मूँद कर स्वीकार कर लेने का ही परिणाम है। यूरोप हमारा आदर्श-भविष्य है। हम यूरोप जैसे नहीं बन पाए, क्योंकि हममें कुछ 'कमियाँ' थीं/हैं। सौभाग्य से यूरोप वाले फिर आ गए हैं। उनकी कृपा से ये कमियाँ दूर हो जाएँगी। जो लोग इनका विरोध कर रहे हैं वे नहीं चाहते कि हम यूरोप जैसे बन जाएँ!

यूरोपीय ज्ञानमीमांसा को सार्वभौम मान लेने पर ज्ञानमीमांसा की समूची भारतीय परम्परा का अपने आप निषेध हो जाता है। बर्नाड एस. कोह्न ने ठीक लिखा है कि अंग्रेजों ने सिर्फ भारतीय उपमहाद्वीप पर कब्ज़ा नहीं किया, उन्होंने ज्ञानमीमांसा की देशज परम्परा को भी अपदस्थ कर दिया। ज्ञान और सत्ता का अभिन्न सम्बन्ध है।

फूको के विश्लेषण के बाद भी यदि कोई ज्ञान को तटस्थ और सत्ता-निरपेक्ष मानने का स्वांग करता है तो वह धन्य है! औपनिवेशिक सत्ता के बिना पश्चिमी ज्ञान सार्वभौम नहीं बन सकता था। जिस ज्ञान का सम्बन्ध यूरोप की ज़मीन से था वह उपनिवेशवाद के बाद सार्वभौम बन गया। इसलिए दीपेश चक्रवर्ती के शब्दों में उसे दोबारा 'प्रॉविन्शियलाइज़' करने की ज़रूरत है। यूरोपीय ज्ञान की सार्वभौमिकता को अस्वीकार करके ही स्थानीय, क्षेत्रीय और वैकल्पिक ज्ञान के दरवाज़े खोले जा सकते हैं। ल्योतार की बात बिल्कुल ठीक है कि ज्ञानोदयी विवेक की आक्रामकता से बाल्यावस्था की हिचकिचाहट अधिक मानवीय है, क्योंकि वह दूसरे का पूर्णतः निषेध नहीं करती है। अकारण नहीं है कि समाजविज्ञानी अब 'आधुनिकता' के बजाय 'आधुनिकताओं' की बात करते हैं। संजय सुब्रह्मण्यम के शब्दों में 'आधुनिकता कोई वायरस नहीं जो पश्चिम में पैदा हुआ और बाक़ी दुनिया में फैल गया।' प्रत्येक सभ्यता अपने-अपने ढंग से आधुनिकता के अलग रूप विकसित करती है। इधर के इतिहासकारों ने दिखाया है कि भारत में आधुनिकता का एक रूप विकसित हो रहा था। उपनिवेशवादी प्रभुत्व ने इसे धर दबोचा और उसके विकास की सम्भावना नष्ट कर दी।

दूसरे पर कब्ज़ा करने के लिए विचारधारात्मक वैधता हासिल करनी होती है। इसीलिए अंग्रेज़ों को भारतीयों में बुराई ही बुराई दिखी। और फिर इस बुराई को दूर करने के लिए हमला और कब्ज़ा न्यायोचित मान लिया गया।

अंग्रेज़ों के देर से आने को लेकर जो विद्वान दुखी हैं, उन्हें ई.पी.डब्ल्यू. सितम्बर 11-17, 2004 में प्रकाशित पार्थ चटर्जी का लेख 'एम्पायर आफ्टर ग्लोबलाइजेशन' ज़रूर पढ़ना चाहिए। इस लेख की कुछ बातों का उल्लेख करते हुए मैनेजर पांडेय ने सखाराम देउस्कर की किताब 'देश की बात' की भूमिका लिखी है। यह किताब इस भूमिका के साथ एन.बी.टी. से छप गई है। लेकिन अंग्रेज़ीराज के प्रशंसकों को इस तरह की चीज़ें सम्भवतः सवर्ण मानसिकता का परिणाम लगेंगी!

(विभूति नारायण राय का 'तद्भव'-13 में प्रकाशित लेख—'1857 का दलित पक्ष' एवं 'अकार'—अंक—15 दिसम्बर, 05 में प्रकाशित प्रियवंद का लेख—'विभाजन की अन्तर्कथा—1857 एक धूमिल कोलाज' पर केन्द्रित विमर्श)

अंग्रेज़ी की जगह

(सलमान रुश्दी, एजाज़ अहमद, जी.एन. देवी, स्वाती जोशी, महात्मा गांधी, रामविलास शर्मा, जवाहर लाल नेहरू, बद्री रैना और पार्थ चटर्जी के सन्दर्भ)

अंग्रेज़ी का अध्ययन इसके वाणिज्यिक और तथाकथित राजनीतिक महत्व की वजह से किया जाता है। हमारे लड़के सोचते हैं—मौजूदा हालात के हिसाब से सही ही सोचते हैं कि बिना अंग्रेज़ी के सरकारी नौकरी नहीं मिल सकती। लड़कियों को अंग्रेज़ी इसीलिए पढ़ाई जाती है कि उनकी शादी में इससे आसानी होगी। मैं बहुत सारी औरतों को जानता हूँ जो अंग्रेज़ी इसलिए सीखना चाहती हैं ताकि वे अंग्रेज़ों से अंग्रेज़ी में बात कर सकें। मैं ऐसे पतियों को जानता हूँ जिन्हें अफ़सोस है कि उनकी पत्नियाँ उनसे और उनके मित्रों से अंग्रेज़ी में नहीं बात कर सकतीं। मैं ऐसे परिवारों को जानता हूँ जहाँ अंग्रेज़ी को मातृभाषा बनाया जा रहा है। सैकड़ों युवकों को विश्वास है कि अंग्रेज़ी ज्ञान के बिना भारत के लिए स्वाधीनता व्यवहार में असम्भव है। यह कैंसर समाज में इस क़दर फैल गया है कि कई मामलों में तो शिक्षा का मतलब केवल अंग्रेज़ी का ज्ञान प्राप्त करना हो गया है।

—महात्मा गांधी

'विंटेज बुक ऑफ इंडियन राइटिंग 1947-1997' की भूमिका में जब सलमान रुश्दी ने यह लिख मारा कि आजादी के पचास वर्षों के दौरान लिखा गया भारतीय अंग्रेज़ी का साहित्य—विशेष रूप से उपन्यास साहित्य—सारी भारतीय भाषाओं में लिखे गए साहित्य से श्रेष्ठ है तो मीडिया में बड़ा हल्ला मचा और विद्वानों ने भारतीय भाषाओं में लिखे गए श्रेष्ठ साहित्य की जवाबी सूची ज़ारी कर यह सिद्ध कर दिया कि हम किसी से कम नहीं। लेकिन लगता है कि अंग्रेज़ी के बढ़ते वर्चस्व को चुनौती देने के बजाय हमने यथास्थिति को स्वीकार लिया है। अब अंग्रेज़ी वालों से बस एक ही अरज है...हमारे आत्मसम्मान को चुनौती न दें। हम श्रेष्ठ हैं और... ।...ठीक है...समाज-विज्ञान, विज्ञान वगैरह में हम उनकी श्रेष्ठता मान लेते हैं, लेकिन साहित्य...यहाँ तो कम से कम उन्हें 'कन्सीड' करना चाहिए कि हमीं... । देखिए ये नाइंसाफ़ी है। अपने ही घर से बेदख़ल करना चाहते हैं... । थोड़ा तो...

रुश्दी की गाज अचानक नहीं गिरी। मेघखंड पहले से एकत्र हो रहे थे। अंग्रेज़ी

पत्र-पत्रिकाओं में लंबे समय से प्रचार किया जा रहा था कि भारतीय साहित्य माने अंग्रेज़ी साहित्य। रुश्दी ने ठीक लिखा है कि अंग्रेज़ी के भारतीयकरण की शुरुआत 15 अगस्त, 1947 को आधी रात के वक़्त दी गई नेहरू की प्रसिद्ध स्पीच 'ट्रायल विद डेस्टिनी' के साथ होती है। तब से अंग्रेज़ी अपनी होती चली गई। अपनी कब नहीं थी! निराला ने 'मंहगू मंहगा रहा' में लिखा है कि 'स्वराज' में जमींदार, पूँजीपति सब अपने होंगे, वैसे ही आज़ादी के बाद अंग्रेज़ी अपनी होती चली गई। पहले एंग्लो-इंडिश—इंडो-इंग्लिश हुई फिर इंडियन राइटिंग इन इंगलिश और अन्ततः 'इंडियन इंग्लिश'। अब तो भारत के लगभग सभी विश्वविद्यालयों में इंडियन इंग्लिश का पर्चा लगा हुआ है, जिसे पढ़ाने के लिए अलग से 'विशेषज्ञ' भी नियुक्त किए जाते हैं।

स्वाधीन भारत में चहुँओर अंग्रेज़ी ही अंग्रेज़ी...। अंग्रेज़ी-ज्ञान के बिना कोई भी 'राष्ट्रीय स्तर' का सफल अफ़सर, वैज्ञानिक, बुद्धिजीवी, लेखक, नेता नहीं बन सकता...। सफलता के द्वार अंग्रेज़ी की कुंजी से ही खुलते हैं—यह रहस्य जैसे-जैसे खुलता गया, अंग्रेज़ी सीखने की 'लोकतांत्रिक' दौड़ में शामिल होने की चाहत रखने वालों की तादाद भी बढ़ती गई। अब आलम यह है कि क़स्बे-क़स्बे, गली-गली, गाँव-गाँव में 'इंग्लिश मीडियम' के पब्लिक स्कूल खुल गए हैं। 60-90 घंटों में फ़र्राटेदार अंग्रेज़ी बोलने का हुनर सिखाने वालों के पौ बारह हैं। जो भी 'एफोर्ड' कर सकता है, जिसे अपने बच्चों से सच्चा प्यार और उनके भविष्य की चिन्ता है, अपने बच्चों को इंग्लिश मीडियम के पब्लिक या कान्वेंट स्कूल में ही पढ़ाता है। उसने इतिहास से सबक सीखा है : जो दुःख, मुसीबत, अपमान, असफलता हमें झेलनी पड़ी, हमारे बच्चे उससे बचे रहें। हिन्दी या अन्य भारतीय भाषाओं के प्रोफेसर या मास्टर हों, समाजवादी (लोहिया के अनुयायी) हों, कम्युनिस्ट-क्रान्तिकारी हों या चौथे खम्भे के हिन्दी के पत्रकार हों—सभी के बच्चे मज़े से अंग्रेज़ी स्कूलों में पढ़ते हैं। कह सकते हैं कि अंग्रेज़ी का लोकतांत्रीकरण हो रहा है। अंग्रेज़ी अभिजन की नहीं जन-जन की भाषा बनती जा रही है। यू.आर. अनंतमूर्ति साहब, आपकी बात ठीक है, अगली सदी में हिन्दी-सिंदी में लिखने का काम हम दलितों-पिछड़ों के लिए छोड़ देंगे।

यह है समकालीन परिदृश्य। आइए देखें आख़िर यह सब हुआ कैसे ? स्वाधीनता के समय तय यह हुआ था कि भारत की राजभाषा हिन्दी होगी किन्तु संक्रमणकाल में 15 साल तक हिन्दी के साथ अंग्रेज़ी भी सहराजभाषा के पद पर बनी रहेगी। इस दौरान हिन्दी राजभाषा बनने की क्षमता अर्जित कर लेगी (क्योंकि अभी हिन्दी इस लायक़ नहीं कि राजभाषा के गुरुतर दायित्व का निर्वाह कर सके।) और ग़ैर हिन्दी भाषी लोगों को हिन्दी सीखने का समय भी मिल जाएगा। किन्तु 15 साल बीत जाने के बाद भी अंग्रेज़ी को राजभाषा के पद से हटाया नहीं गया—कहा गया कि हिन्दी किसी की मर्ज़ी के विरुद्ध थोपी नहीं जाएगी। फिर साठ के दशक के उत्तरार्द्ध में

हिन्दी प्रदेश में 'अंग्रेज़ी हटाओ' आन्दोलन हुआ। यह पुरानी कहानी है किन्तु इसे दोहराने का मक़सद सिर्फ़ यह याद दिलाना है कि तब से सरकारी सेवाओं और कामकाज में अंग्रेज़ी की अनिवार्यता समाप्तप्राय है। केंद्रीय परीक्षाओं में भी अंग्रेज़ी का केवल प्रारम्भिक स्तर का (हाई स्कूल) ज्ञान आवश्यक है। बैंकिंग और बीमा कम्पनियों में यद्यपि अंग्रेज़ी की केंद्रीयता अभी भी काफ़ी कुछ बनी हुई है। मेडिकल और तकनीकी शिक्षा का अध्ययन-अध्यापन अभी भी अंग्रेज़ी में होता है। सर्वोच्च और उच्च न्यायालय के फ़ैसले अभी भी अंग्रेज़ी में लिखे जाते हैं। लेकिन यह कहना सम्भवत: सही होगा कि पहले के मुक़ाबिले आज अंग्रेज़ी की अनिवार्यता घटी है। लेकिन अंग्रेज़ी का प्रचार प्रसार, महत्व और प्रभुत्व और भी बढ़ गया है। ऐसा कैसे हुआ कि अंग्रेज़ी की अनिवार्यता घटी लेकिन अंग्रेज़ी का प्रभुत्व बढ़ा। एक उत्तर यह हो सकता है कि अंग्रेज़ी की अनिवार्यता भले ही कम हुई हो, अंग्रेज़ी की सार्थकता और भी बढ़ गई है। अगर अंग्रेज़ी आती है तो किसी क्षेत्र में क्यों न हों—आप उन लोगों से बाज़ी मार ले जाएँगे जिन्हें अंग्रेज़ी नहीं आती। गला पकड़कर भले ही आपको अंग्रेज़ी पढ़ने के लिए मजबूर न किया जा रहा हो, किन्तु आप जानते हैं कि अंग्रेज़ी के बिना आपका भविष्य अन्धकारमय है। अंग्रेज़ी पढ़ना आपकी मजबूरी है। और यह मजबूरी घटने के बजाय बढ़ती जा रही है। इन पचास सालों में अंग्रेज़ी पर हमारी निर्भरता घटने के बजाय बढ़ी है। हिन्दी राजभाषा बनने लायक तो अभी भी नहीं हो पाई किन्तु समय बीतने के साथ अंग्रेज़ी का चलन इतना बढ़ गया कि लोगों में उसे भारतीय भाषा कहने का हौसला आ गया। रुश्दी के मुताबिक भारत के इतिहास में यह कोई अनोखी घटना नहीं। अतीत में भी ऐसा होता रहा है। उर्दू भी पहले एक विदेशी भाषा थी बाद में भारतीय भाषा बन गई। ऐसे ही अंग्रेज़ी भी...। जो लोग अभी तक उर्दू को एक भारतीय भाषा—हिन्दी की बोली या शैली-मानते आए हैं वे ज्ञान के इस नए प्रकाश में अपने को 'सही' करें—उर्दू एक विदेशी भाषा थी जो वक़्त गुज़रने के बाद देसी भाषा बन गई!

रुश्दी ही क्यों बहुत सारे लोग इसी तरह की बातें लिखते रहे हैं किन्तु उसे मीडिया ने नहीं उछाला। रुश्दी का पहले से विवादास्पद व्यक्तित्व चूंकि मीडिया के लिए बड़ा उपयोगी था, इसलिए जब उन्होंने यही बातें कही तो मीडिया के पौ बारह हो गए। इस प्रसंग में मैं अंग्रेज़ी के दो प्रसिद्ध आलोचकों जी.एन. देवी और एजाज़ अहमद के विचारों का उल्लेख करना चाहूँगा। जी.एन. देवी अंग्रेज़ी के प्रसिद्ध समीक्षक हैं और कई मुद्दों पर बड़ी 'रैडिकल पोज़ीशन' लेते हैं। भारतीय साहित्य पर पाश्चात्य प्रभाव, भारतीय नवजागरण, अंग्रेज़ी शिक्षा और भारतीय अंग्रेज़ी के बारे में उनके विचार बहुत ही महत्वपूर्ण हैं, जिन पर विस्तार से विचार करने की गुंजाइश हम इस लेख में आगे निकालने की कोशिश करेंगे।

देवी मानते हैं कि भारत में अंग्रेज़ी की स्थिति अभी भी बहुत कुछ एक किताबी

भाषा की है। व्यापार-वाणिज्य, उद्योग, विज्ञान, संचार, वगैरह के लिए तो ठीक है लेकिन मानवीय सम्बन्धों और भावनाओं के निरूपण में किताबी भाषा प्रायः असफल ही सिद्ध होती है। विज्ञान, उद्योग, वाणिज्य और संचार के क्षेत्रों में तो अंग्रेज़ी एक शक्तिशाली माध्यम के रूप में स्थापित हो गई है लेकिन अभी भी उसका सम्बन्ध निर्जीव वस्तुओं से ही है। अंग्रेज़ी का महत्व अमूर्त्त छपी भाषा के रूप में ही ज्यादा है। अंग्रेज़ी द्वारा लाया गया परायापन तो भारतीय भाषाओं ने आत्मसात कर लिया है; किन्तु भारत में अंग्रेज़ी अभी भी अमूर्त्त भाषा बनी हुई है, जिसका शरीर जिन्दा नहीं है। भारतीय अंग्रेज़ी साहित्य की भाषा का जन्म इसी भाषा से ही होता है। भारतीय लेखक के समक्ष आस्ट्रेलिया या कनाडा के लेखकों की तरह केवल अंग्रेज़ी विकल्प नहीं है, बल्कि अंग्रेज़ी के बजाय वह भारतीय भाषाओं में लिखकर ज़्यादा आसानी से अपने दिमाग का वि-औपनिवेशीकरण कर सकता है।...यह सब पढ़कर लगता है कि देवी अंग्रेज़ी में लिखे गए भारतीय साहित्य के औचित्य को ही अस्वीकार कर देंगे। लेकिन नहीं। वे आगे लिखते हैं कि भारत में अंग्रेज़ी की स्थिति बेमिसाल नहीं है। भारत में अतीत में भी पराई/ विदेशी भाषा में लिखने की लम्बी परम्परा और इतिहास रहा है। संस्कृत और फारसी (और अरबी भी) विदेशी भाषाएँ-शासकों की भाषाएँ थीं। ये भाषाएँ भारतीय जनता पर ऊपर से थोप दी गई थीं। समय बीतने के साथ संस्कृत भारतीय भाषा बन गई। फ़ारसी का प्रशासनिक कार्यों में इस्तेमाल होता रहा और इसने एक 'क़लमी भाषा' उर्दू को जन्म दिया जिससे हिन्दी के विकास में भी तेज़ी आई।

निष्कर्ष ये कि भारत में हमेशा विदेशी आक्रांता आते रहे हैं, अपनी भाषाएँ यहाँ के निवासियों पर ऊपर से थोपते रहे हैं, और वे भाषाएँ कालांतर में भारतीय भाषाएँ बनती गई हैं। संस्कृत भी एक विदेशी भाषा थी, जो भारतीय हो गई। भारत के दरवाज़े जैसे अतीत में विदेशी आक्रांताओं, उनकी भाषा और संस्कृतियों के लिए खुले थे, वैसे ही अंग्रेज़ी के लिए भी खुले रहने चाहिए। अंग्रेज़ी ही क्यों, आगे जो भी आक्रांता आएँ उनके लिए और उनकी भाषा और संस्कृति के ऊपर से थोपे जाने के लिए हमें अपने दरवाज़े खुले छोड़ देने चाहिए। जो लोग अंग्रेज़ी को लेकर नाक भौं सिकोड़ते हैं, गलती क़रते हैं। देर-सबेर वह भी भारतीय भाषा बन जाएगी। भारत विदेशी आक्रांताओं, विदेशी भाषाओं, विदेशी संस्कृतियों का अजायबघर है। भारत की न कोई अपनी संस्कृति है, न भाषा। पाठक याद करें, रुश्दी ने लिखा है कि यद्यपि नीरद सी चौधरी यह मानते हैं कि भारत की अपनी कोई संस्कृति नहीं थी, भारतीय संस्कृति वस्तुतः आक्रांताओं की संस्कृति है, फिर भी उनकी कृति 'ऐन ऑटोबायोग्राफी ऑफ अननोन इंडियन' एक बेजोड़ कृति है। 'पाठ के विरुद्ध' पढ़ने पर ऐसा लगता है कि चौधरी की तरह रुश्दी भी भारत को आक्रांताओं की संस्कृति वाला देश ही मानते हैं। यही कारण है कि उन्हें केवल उर्दू (जो उनके अनुसार एक विदेशी भाषा है) में लिखी गई रचनाएँ

ही श्रेष्ठ लगती हैं। देसी भाषाओं में लिखा गया साहित्य श्रेष्ठ हो ही कैसे सकता है!

दुनिया के नामी-गिरामी चिन्तकों—फ्रेडरिक जेम्सन, देरिदा, गायत्री चक्रवर्ती, होमी भाभा—को मुँहतोड़ जवाब देने की प्रतिभा और क्षमता रखने वाले मार्क्सवादी चिन्तक और आलोचक एजाज़ अहमद स्वाधीन भारत में अंग्रेज़ी की जरूरत को रेखांकित करते हुए 'री-थिंकिंग इंग्लिश' पुस्तक में संकलित निबन्ध 'थर्डवर्ल्डइज़्म एंड लिटरेचर' (पृ. 252) में लिखते हैं कि "भारत में यदि वास्तव में कोई साहित्यिक राष्ट्रीय बुद्धिजीवी वर्ग है तो वही जो अंग्रेज़ी में सम्यक् दीक्षित है। अंग्रेज़ी में दीक्षित राष्ट्रीय बुद्धिजीवी का एक विशिष्ट स्वरूप है। यह सारे भारत में फैला हुआ है। यही कारण है कि इसके लेखन और कार्य में साझे ज्ञान, साझी अवधारणाओं और परस्पर विचार-विनिमय के लिए एक साझी भाषा का प्रयोग परिलक्षित होता है।" निष्कर्ष ये रहा कि जो अंग्रेज़ी नहीं जानता, सही मायने में, राष्ट्रीय नहीं हो सकता। सच्ची राष्ट्रीयता और अंग्रेज़ी-ज्ञान अभिन्न हैं। जैसे-जैसे अंग्रेज़ी ज्ञान बढ़ता जाएगा वैसे वैसे सच्ची राष्ट्रीयता और सच्चे राष्ट्रीय बुद्धिजीवी का उदय होता चला जाएगा।

इसी लेख में एजाज़ अहमद लिखते हैं कि "उपन्यास लेखन के लिए अत्यन्त प्रतिभाशाली लेखकों के प्रयास से अंग्रेज़ी एक महत्वपूर्ण भाषा के रूप में विकसने की प्रक्रिया में है। निश्चय ही ज्ञान के उत्पादन और उच्चतर पेशों के पुनरुत्पादन के क्षेत्र में अंग्रेज़ी एक प्रभुत्वशाली भाषा है। कास्मोपोलिटन नगरों के अंग्रेज़ी में लिखने वाले बुद्धिजीवियों की रचनाएँ मेट्रोपोलिटन नगरों के बुद्धिजीवियों और ज्यादातर भारतीय बुर्जुआ के लिए राष्ट्रीय साहित्य की मुख्य धारा का प्रतिनिधित्व करती हैं। बोध की यह परामहाद्वीपीय साझेदारी, जो तात्विक रूप में वर्ग-गठजोड़ है, अब पूरी तरह स्थापित हो चुकी है" (वही पृ. 234)। यदि यह गठजोड़ भारत के हित में नहीं तो इस गठजोड़ से जन्मी भारतीय साहित्य की समझ भी उचित नहीं, और फिर अंग्रेज़ी का वर्चस्व भी ठीक नहीं। उचित हो या न हो, मजबूरी ज़रूर है, इसका कोई विकल्प नहीं, क्योंकि 'औपनिवेशिक और उत्तर औपनिवेशिक भारत में राष्ट्र (नेशन स्टेट) का उदय कुछ इस तरह हुआ कि यह किसी ऐसी भाषा के विकास में सफल नहीं हुआ जिसे सभी या बहुमत समझ सके। इसलिए अभी भी अंग्रेज़ी के सिवा अपने सारे निहितार्थों सहित और कोई भौतिक संस्कृति नहीं है जहाँ इन सब चीज़ों के बारे में ज्ञान इकट्ठा किया जा सके' (वही, पृ. 250)। इसलिए अंग्रेज़ी-ज्ञान अपरिहार्य है। 'मार्क्स ने भी 'कैपिटल' लिखने के लिए अंग्रेज़ी सीखी थी ताकि प्रथम पूँजीवादी व्यवस्था की 'पॉलिटिकल इकॉनमी' समझ सकें' (वही पृ. 259)। अध्ययन तो किया किन्तु न तो मार्क्स ने अंग्रेज़ी में लिखा और न ही अंग्रेज़ी को जर्मनी की राजभाषा बनाने की सलाह दी। मार्क्स तो अन्तर्राष्ट्रीयतावादी थे, उन्हें अंग्रेज़ी में लिखना चाहिए था ताकि दुनिया के सारे लोग समझ सकें, अनुवाद की जरूरत न पड़े। या शायद तब तक अंग्रेज़ी अन्तर्राष्ट्रीय भाषा न बन

पायी थी। आज होते तो अंग्रेज़ी में ही लिखते। मार्क्स ने ग़लती की तो की, भारत के कम्युनिस्टों ने उस ग़लती को दोहराने की ग़लती नहीं की। आज भी भारत की सभी कम्युनिस्ट पार्टियों के नाम अंग्रेज़ी में ही हैं। जो नए धड़े बनते हैं वे भी अपना नाम अंग्रेज़ी में ही रखते हैं। किसान-सभा को छोड़कर बाकी जनसंगठनों—नए-पुराने—का नामकरण अंग्रेज़ी में ही होता है। इंडियन पीपुल्स फ्रन्ट, आल इंडिया स्टूडेंट एसोसिएशन जैसे कुछ नए नाम उसी परम्परा की अगली कड़ी हैं। विडम्बना यह कि बुर्जुआ पार्टियों-संगठनों के नाम प्राय: हिन्दी/भारतीय भाषाओं में ही होते हैं और उन्हें कोई दिक़्क़त पेश नहीं आती।

एजाज़ अहमद उन कारणों का भी उल्लेख करते हैं जिसकी वजह से अंग्रेज़ी भारत में आई और आज़ादी के बाद और भी फैलती गई। लेकिन उनका मानना है कि "आप इस बिना पर अंग्रेज़ी को नहीं निकाल सकते कि उसे साम्राज्यवाद ने भारत पर थोप दिया था। ऐसा करना उतना ही मूर्खतापूर्ण होगा जैसे रेलवे का बहिष्कार करना, क्योंकि रेलवे की शुरुआत भी अंग्रेज़ों ने की थी।" (इनथियरी, पृ. 77)। यानी अंग्रेज़ी और रेलवे का महत्व एजाज़ अहमद की नज़र में एक जैसा है। आगे लिखते हैं कि 'ओरिजिन' का तर्क भारतीय सभ्यता की मूल भावना के विपरीत है और प्रतिगामी भी। वे भाषायी रूप, जिनसे आगे चलकर संस्कृत का उदय हुआ, भी बाहर से ही आए थे—गंगा के मैदानों में बसने वाले अधिकांश वासियों के पूर्वज लहर-दर-लहर इसी तरह बाहर से आए थे। इतिहास को शताब्दियों पूर्व उस काल्पनिक बिन्दु तक वापस नहीं ले जाया जा सकता जब भारत में इस्लाम का प्रवेश हुआ, या उससे भी पहले जब भारत में आर्य आए थे। भारतीय सभ्यता की विशेषता रही है कि उसने मुहावरों, औजारों और यहाँ तक कि व्यक्तियों—अजनबी व्यक्तियों—का भी भारतीयकरण कर लिया है। अब अंग्रेज़ी भारत की अपनी भाषा है और अब मुद्दा यह है कि इसे सामाजिक ढाँचे में कैसे आत्मसात किया जाए—न कि यह कि इसे कैसे निकाल फेंका जाए (वही पृ. 77)।

इस तर्क से अंग्रेज़ी को भारतीय भाषा न मानने वाला प्रतिक्रियावादी-पुनरुत्थानवादी कहलाएगा। भारतेंदु, गांधी, लोहिया, रामविलास शर्मा प्रतिक्रियावादी विचारक माने जाएँगे और मैकाले, राजा राममोहन राय, नेहरू प्रगतिशील। इतिहास से सबक सीखते हुए हमें यह सावधानी अवश्य बरतनी चाहिए कि आगे आने वाले आक्रमणकर्त्ताओं और उनकी भाषाओं को आरंभ से ही भारतीय मानकर चलें। इस तरह भारतीय सभ्यता की 'मूल भावना' की रक्षा होगी, और हम प्रतिक्रियावादी-पुनरुत्थानवादी भी नहीं कहलाएँगे।

कई शताब्दियों तक फारसी राजभाषा रही फिर भी भारतीय भाषा न बन पाई, जबकि इस्लाम को मानने वालों की इतनी बड़ी संख्या भारत में थी। उस समय इस्लामी शासकों को भी यह वहम हुआ था कि फ़ारसी बोलने-लिखने वाले उनके

सारे अमलों की 'मादरे-जुबान' फ़ारसी हो गई है। लेकिन जैसे ही फ़ारसी राजभाषा पद से हटी, फ़ारसी पढ़ने वाले तेल बेचने लगे। ऐसा ही वहम अंग्रेज़ी को भारतीय भाषा सिद्ध करने वालों को हुआ है। आज भी कितने भारतीय होंगे जो यह कह सकें कि उनकी मातृभाषा अंग्रेज़ी है। और जो होंगे वे 'भारतीय' भी होंगे, इसमें मुझे संदेह है। क्या यह सही नहीं है कि अंग्रेज़ी भारतीय भाषाओं को दबाकर, उन्हें नष्टकर ही भारतीय बन सकती है। अंग्रेज़ी अपनाने वाले भी पहले से कोई न कोई भारतीय भाषा बोलने वाले प्राणी हैं। भाषाविहीन जीव नहीं। अंग्रेज़ी को अपनी मातृभाषा बनाकर वे स्वयं को अपने इतिहास, संस्कृति, स्मृतियों-संवेदनाओं से भी काट लेते हैं। क्योंकि भाषा अभिव्यक्ति का माध्यम भर नहीं है। यदि ऐसा होता तो भाषा का मुद्दा इतना महत्वपूर्ण न होता।

जैसे अतीत में एक स्थिति ऐसी आई कि संस्कृत में लिखना विद्वत्ता और समृद्धि का पर्याय बन गया, वैसे ही आज अंग्रेज़ी की हालत है। अंग्रेज़ी से अनेक फ़ायदे जुड़े हुए हैं। अंग्रेज़ी के साथ समूचा ग्लोबल नेटवर्क जुड़ा हुआ है, वह इन्टरनेट की भाषा बन गई है। अंग्रेज़ी में लिखने में शोहरत और पैसा दोनों है। इसलिए लोग उसके पीछे दौड़ रहे हैं। जैसे एक समय फ़ारसी-उर्दू के पीछे दौड़े थे। वैसे दिल के ख़ुश रखने को यह ख़याल अच्छा है कि अंग्रेज़ी का इस्तेमाल करने वाले सभी लोगों की मातृभाषा अंग्रेज़ी हो गई है। धर्मांतरण कर देना आसान है, संस्कृति बदल देना मुश्किल नहीं, किन्तु मातृभाषा छीनकर किसी दूसरी पराई भाषा को मातृभाषा बना देना लगभग असम्भव है। विशेष रूप से ऐसे देश में जहाँ की भाषाएँ काफी विकसित और संपन्न हों, जिनमें लिखित साहित्य की अत्यन्त समृद्ध परम्परा हो।

लगता है कि एजाज़ अहमद भारत में अंग्रेज़ी के औचित्य पर जैसे-जैसे विचार करते हैं, अंग्रेज़ी की सार्थकता उनकी नज़र में और भी बढ़ती जाती है। 'फ्रंटलाइन' के स्वर्णजयंती विशेषांक में उन्होंने अंग्रेज़ी के औचित्य का निरूपण इस प्रकार किया है :

आजाद भारत में अंग्रेज़ी के चार काम हैं : 1. क्षेत्रीय संस्कृतियों के बीच सम्पर्क कायम करना, 2. राष्ट्र और राष्ट्रीय अर्थव्यवस्था की लगातार गहराती पहुँच को संकेतित करना, 3. हिन्दी थोपे जाने के विरुद्ध अवरोध का कार्य करना और 4. शेष विश्व की ज्ञान-धाराओं से भारतीय बुद्धिजीवी का सम्पर्क कराना।

ये तर्क पुराने हैं और गांधी से लेकर राममनोहर लोहिया और रामविलास शर्मा तक—बहुत सारे लोगों ने इन तर्कों के खंडन में इतना कुछ लिखा है कि उसे दोहराने का भी जी नहीं करता। फिलहाल यह देख लें कि अंग्रेज़ी और भारतीय भाषाओं की स्थिति के बारे में अंग्रेज़ी वालों की राय क्या है। इधर रोहित मनचन्दा का उपन्यास 'इन द लाइट ऑफ डार्कनेस' छपा है, जिसका ज़िक्र इस सन्दर्भ में प्रासंगिक होगा। मनचन्दा ने अपने उपन्यास में दिखाया है कि अंग्रेज़ी ने कैसे भारतीय भाषाओं को

हास्यास्पद स्थिति में ढकेल दिया है। भारतीय भाषा बोलने वाला उपेक्षा और तिरस्कार का पात्र बन गया है, उसका मज़ाक उड़ाया जाता है (ये बातें हिन्दी का नहीं, अंग्रेज़ी का लेखक लिख रहा है इसलिए उसकी निष्पक्षता पर विश्वास किया जा सकता है।)। कहते हैं जादू वह जो सिर चढ़कर बोले। अंग्रेज़ी के लेखक की कौन कहे अब तो हिन्दी के लेखक ने भी यह मान लिया है कि यदि आप 'ठीक ठाक' (अमेरिकन ऐक्सेन्ट की) अंग्रेज़ी नहीं बोल पाते तो हास्यास्पद हैं। उदय प्रकाश की एक कहानी है 'राम सजीवन की प्रेम कहानी' जिसमें कहानीकार राम सजीवन का इसलिए मज़ाक उड़ाता है क्योंकि राम सजीवन 'ठीक ठाक' अंग्रेज़ी नहीं बोल पाता! 'अपवर्ड मोबिलिटी' के लिए अंग्रेज़ी सीखना, अंग्रेज़ी में बोलना, अंग्रेज़ी में लिखना आज हमारी लाचारी बन गई है। अंग्रेज़ी की ही स्वाती जोशी लिखती हैं, ' अंग्रेज़ी जानने वाले मध्यवर्ग ने सत्ता पर कब्ज़ा कर लिया है। वास्तव में यही वर्ग राष्ट्र का हिरावल बन गया है। जो लोग अंग्रेज़ी नहीं बोल सकते उन्हें सत्ता की भागीदारी से बाहर कर दिया गया है। इसी कारण प्रभुत्व और अधीनता, केन्द्र और हाशिये, अंग्रेज़ी का इस्तेमाल करने वाले और वह वृहत् जनसंख्या जिससे भारत बनता है, जिसे अंग्रेज़ी नहीं आती, के स्तरीकृत सम्बन्धों में एक अलगाव पैदा हो गया है। (रीथिंकिंग इंग्लिश, पृ. 22)।

यदि यह सच है, केवल भाषायी गल्प नहीं, तो क्या इस रोशनी में अंग्रेज़ी-विरोध (अंग्रेज़ी हटाओ) की राजनीति और समाजशास्त्र को नहीं समझा जा सकता? किन्तु ध्यान रहे अंग्रेज़ी के वर्चस्व का स्वरूप पिछले पच्चीस वर्षों में (अंग्रेज़ी हटाओ आन्दोलन के बाद) काफ़ी कुछ बदल गया है, जटिल और सूक्ष्म भी हो गया है। इसीलिए राजकीय कामकाज, शिक्षा-परीक्षा और नौकरी के लिए अनिवार्यता सीमित हो जाने के बावजूद अंग्रेज़ी फल-फूल रही है। वस्तुतः अंग्रेज़ी 'स्टेटस सिम्बल' बन गई है और अंग्रेज़ी न जानना पिछड़ेपन की निशानी। दूसरी तरफ़ इलेक्ट्रॉनिक माध्यमों से जुड़कर अंग्रेज़ी ने ऐसी शक्ति अर्जित कर ली है कि ग़ैर अंग्रेज़ी-भाषी पश्चिमी राष्ट्र भी उसके प्रभुत्व से चिंतित हो उठे हैं। केनेथ केनिस्टन एक ऐसे दुःस्वप्न की कल्पना करते हैं जब इलेक्ट्रॉनिक संस्कृति के सामने अंग्रेज़ी न जानने वाले पुराने समाज धराशायी हो जाएँगे। हिंसा का सहारा नहीं लिया जाएगा—वे अपने आप इस इलेक्ट्रॉनिक-अंग्रेज़ी संस्कृति को अपने फ़ायदे के लिए स्वीकार कर लेंगे। इस ग्लोबल कॉस्मोपोलिटन संस्कृति के विरुद्ध स्थानीय परम्पराओं, व्यवहारों, मूल्यों और भाषाई अस्मिता की उपेक्षा के परिणामस्वरूप हिंसक विद्रोह होंगे, जिनका नेतृत्व पुनरुत्थानवादी फन्डामेंटलिस्ट शक्तियाँ करेंगी ('पालिटिक्स, कल्चर एन्ड साफ्टवेयर', इकनामिक एंड पॉलिटिकल वीकली नं. 3 जनवरी, 1998, पृ. 105)।

कहना न होगा कि यह दुःस्वप्न सच भी हो सकता है। अंग्रेज़ी के वर्चस्व का विरोध (अंग्रेज़ी का विरोध और अंग्रेज़ी के वर्चस्व का विरोध दो अलग-अलग

चीज़ें हैं।) भारत की बहुसंख्यक पीड़ित-शोषित जनता की प्रभुत्व-विरोधी प्रगतिशील राजनीति का अनिवार्य हिस्सा होना चाहिए। बड़ा विचित्र लगता है जब एजाज़ अहमद जैसा ऊँचे पाए का विद्वान अंग्रेज़ी को भारतीय सिद्ध करने की धुन में इतना ग़ाफ़िल हो जाता है कि उसकी नज़र इस ओर जाती ही नहीं। भारतीय राष्ट्रवाद की ख़ामियों से अच्छी तरह वाकिफ़ होने के बावजूद जब वे अंग्रेज़ी के समर्थन के लिए सच्चे राष्ट्रीय बुद्धिजीवी वर्ग, 'राष्ट्रीय साहित्य', अन्तर्राष्ट्रीय ज्ञान, हिन्दी साम्राज्यवाद, राष्ट्रीय एकता जैसे तर्कों का सहारा लेते हैं; तो गोरख पांडे की कविता की एक पंक्ति को थोड़ा सा बदल कर यही कहने का जी करता है कि ऐसे राष्ट्रवाद को जितनी जल्दी हो सके तोड़ देना चाहिए। (तेरी आँखें हैं तकलीफ़ का उमड़ता समंदर, इस दुनिया को जितनी जल्दी हो सके, बदल देना चाहिए)।

अतः अंग्रेज़ी को एक भारतीय भाषा मानने का मामला उतना मासूम नहीं है, जैसा पहली नज़र में कुछ लोगों को लगता है। (जैसे भारत में इतनी सारी भाषाएँ हैं, वैसे एक और सही)। बद्री रैना लिखते हैं कि अंग्रेज़ी शिक्षा और अंग्रेज़ी का राजकीय और निजी क्षेत्रों में राजभाषा के रूप में प्रयोग भारत की ऐतिहासिक असमानता के हर रूप को परिपुष्ट करता है। इस प्रकार हम अंग्रेज़ी को एक ऐसी भाषा मानने के लिए बाध्य होते हैं जिसके ज़रिए उपनिवेशवाद फैलता है, मज़ा यह कि यह सब भारतीय संविधान और उसके नियम-क़ायदे के अनुरूप भी है। (रीथिंकिंग इंग्लिश : पृ. 291-92, लेख : लैंग्वेज एंड पालिटिक्स ऑफ इंग्लिश इन इंडिया।)

अंग्रेज़ी शिक्षा का सम्बन्ध भारतीय नवजागरण, स्वाधीनता आन्दोलन, राष्ट्रवाद की अवधारणा और उसके आदर्शों से भी जोड़ा जाता रहा है। माना जाता है कि प्राच्य विद्या (ओरियन्टलिज्म) और अंग्रेज़ी-शिक्षा ने मिलकर भारतीय राष्ट्रवाद की अवधारणा को आकार दिया। अक्सर इस बात का उल्लेख किया जाता है कि स्वाधीनता आन्दोलन को दिशा और नेतृत्व प्रदान करने वाला वर्ग अंग्रेज़ी-शिक्षा प्राप्त था और उन्हीं पेशों से आता था जिनका उदय अंग्रेज़ों के आने के बाद हुआ था, जैसे—वक़ील, पत्रकार, शिक्षक, प्रशासक इत्यादि। अंग्रेज़ी-शिक्षा के द्वारा इनलाइटेनमेंट का ज्ञान जब भारत में आया तो उसने परम्परागत मान्यताओं को चुनौती दी। ऐसी चुनौती इस्लाम से नहीं मिली थी। क्योंकि इस्लामी संस्कृति और भारतीय संस्कृति दोनों ही मूलतः धार्मिक संस्कृतियाँ थीं। अंग्रेज़ी-शिक्षा के सम्पर्क में आने पर भारतीय नवजागरण सम्भव हुआ। इसी क्रम में मार्क्स के कुछ लेखों के आधार पर अंग्रेज़ीराज की प्रगतिशील भूमिका की बात भी की जाती रही है। माना गया है कि 1850 तक अंग्रेज़ीराज की प्रगतिशील भूमिका थी। पिछले विवेचन से स्पष्ट है कि एजाज़ अहमद भी भारतीय राष्ट्रवाद के निर्माण में अंग्रेज़ी शिक्षा की भूमिका को बहुत महत्व देते हैं।

डॉ. रामविलास शर्मा भारतीय और फिर हिन्दी नवजागरण के लिए अंग्रेज़ीराज

और अंग्रेज़ी-शिक्षा को विशेष महत्व देने के पक्ष में नहीं लगते। उनके लेखन का मूल प्रेरक तत्व ही यह रहा है कि कैसे अंग्रेज़ीराज और अंग्रेज़ी-शिक्षा की कथित प्रगतिशील भूमिका का खंडन किया जाए। उनका अधिकांश लेखन इसी वृहत् योजना का परिणाम लगता है। वे अंग्रेज़ीराज की प्रगतिशील भूमिका को स्वीकार नहीं करते। 1857 के संग्राम को प्रतिक्रियावादी नहीं मानते। उसे जातीय या राष्ट्रीय संग्राम मानते हैं। हिन्दी भाषा की विकास-परम्परा में 'फ़ोर्ट विलियम कॉलेज' और ईसाई मिशनरियों के किसी निर्णायक योगदान को स्वीकार नहीं करते। भारतीय नवजागरण और राष्ट्रवाद को अंग्रेज़ी-शिक्षा का परिणाम मानने वालों का खंडन करते हुए उन्होंने लिखा है कि 'अंग्रेजों ने हिन्दुस्तानियों को राजभक्ति सिखाई, उनके अन्दर फूट की आग सुलगाई, उन्हें एक दूसरे का खून बहाना सिखाया, यहाँ की संस्कृति और भाषाओं को पैरों तले रौंदा और यहाँ से जितना धन लूटकर ले गए, उतना अपने बाक़ी विश्वव्यापी साम्राज्य से नहीं ले गए। हिन्दुस्तान की राष्ट्रीय चेतना सीधे अंग्रेज़ी डाकुओं के कारनामों का विरोध करके बढ़ी। इसलिए हिन्दुस्तान की तमाम भावनाओं का नया राष्ट्रीय साहित्य अंग्रेज़ीराज का विरोधी साहित्य है' (भारतेन्दु हरिश्चन्द्र और हिन्दी नवजागरण की समस्याएँ, पृ. 65-66)।

भारतेन्दु का महत्व यह है कि उन्होंने जातीय संस्कृति की रक्षा और विकास के लिए भाषा के महत्व को पहचाना। वे इंग्लैंड जाने और वैज्ञानिक शिक्षा पाने के समर्थक थे। अंग्रेज़ी पढ़ने-लिखने के विरोध का सवाल ही न था। लेकिन भारतेंदु चाहते थे कि 'शिल्प और विज्ञान की शिक्षा अपनी भाषा के माध्यम से सामान्य जनता में सुलभ हो' (वही, पृ. 92)। शंका उत्पन्न होती है कि यदि हिन्दुस्तान की संस्कृति में ही सब कुछ मौजूद था तो अंग्रेज़ी शिक्षा की आवश्यकता ही क्या थी, क्योंकि रामविलास शर्मा के अनुसार भारतेंदु इंग्लैंड जाने और अंग्रेज़ी पढ़ने लिखने के विरोधी नहीं थे। और क्या यह सच नहीं है कि तत्कालीन परिदृश्य में समाजसुधार और लोकतांत्रिक चेतना के लिए हिन्दुस्तान की ही संस्कृति में तत्व खोजने की प्रेरणा या चुनौती अंग्रेज़ी शिक्षा से ही आ रही थी। क्या यह सही नहीं है कि स्वदेशी, समाजसुधार, कठिन परिश्रम और सभी धर्मों, सम्प्रदायों और जातियों के लोगों के बीच एकता के आह्वान के साथ भारतेंदु के यहाँ राजभक्ति का भी तत्व लगा हुआ है! 'हम भावसिद्ध राजभक्त हैं। राजभक्ति भारतवर्ष की मिट्टी का सहज गुण और कर्तव्य धर्म है'—ज्ञानेंद्र पांडेय तो कम से कम यही मानते हैं। (कॅन्सट्रक्शन ऑफ कम्युनलइज्म इन द कॉलोनियल नार्थ इंडिया, पृ. 217)। सुधीर चन्द्र की माने तो भारतेन्दु में राजभक्ति और राष्ट्रभक्ति को लेकर दुचित्तापन है (आप्रेसिव प्रज़ेंट)।

अंग्रेज़ी के मुद्दे पर वापस आएँ। रामविलास शर्मा की एक और पुस्तक 'महावीर प्रसाद द्विवेदी और हिन्दी नवजागरण' (पृ. 254) से द्विवेदी जी का एक वक्तव्य देखिए : "मैं तो यहाँ तक समझता हूँ कि स्थिति बदल जाने पर भी—

राजनीतिक कारणों का दबाव दूर होने पर भी अंग्रेज़ी भाषा और उसके साहित्य की शिक्षा की शायद फिर भी आवश्यकता बनी रहे।'' इस पर रामविलास शर्मा की टिप्पणी इस प्रकार है : ''उन्होंने यह बात इस विचार से कही थी कि आधुनिक ज्ञान-विज्ञान से परिचय पाने के लिए अंग्रेज़ी पढ़ना-पढ़ाना ज़रूरी होगा। परन्तु उन्होंने यह कल्पना न की थी कि अंग्रेज़ी यहाँ राजकाज की ही नहीं सांस्कृतिक आदान-प्रदान की भी मुख्य भाषा बनी रहेगी, यही नहीं पहले की अपेक्षा उसका व्यवहार बढ़ेगा और हिन्दी के लेखक अनुवादों में ही नहीं अपनी मौलिक रचनाओं में भी अंग्रेज़ी के मुहावरों और वाक्य-रचना की भद्दी नकल करेंगे।'' (वही पृ. 254) पाठक देखें द्विवेदी जी का 'अंग्रेज़ी भाषा और साहित्य' रामविलास जी के यहाँ पहुँचते-पहुँचते 'ज्ञान-विज्ञान' हो गया है। किन्तु अंग्रेज़ी शिक्षा की सीमित पैमाने पर ही सही, उन्होंने जो सार्थकता (प्रगतिशील भूमिका?) स्वीकार की है, उसका क्या करें? 'भारतेंदु युग और हिन्दी भाषा की विकास परम्परा' में समस्या का समाधान इस प्रकार किया गया है : अंग्रेज़ी साम्राज्यवाद और अंग्रेज़ी साहित्य एक ही वस्तु नहीं हैं। भारतेंदु युग के साहित्य ने न केवल अंग्रेज़ी साहित्य से वरन् बंगला साहित्य से प्रेरणा पाई है (पृ. 6)।

कहने की आवश्यकता नहीं कि रामविलास जी यहाँ पश्चिम से कृतज्ञ होने को मजबूर हो रहे हैं, यद्यपि वे मैकाले की फैक्ट्री में ढलकर नहीं निकले हैं। इसीलिए 'लेकिन' की बैसाखी लगानी पड़ रही है। 'लेकिन' लगाने की मुसीबत से बच निकलने का रास्ता आख़िरकार मिल ही गया। भारत में व्यापारिक पूँजीवाद वगैरह की खोज तो पहले ही हो चुकी थी, यह भी दिखाया जा चुका था कि अंग्रेज़ों के बिना भी भारत में पूँजीवाद का विकास सम्भव था—रही सही कसर तब पूरी हो गई जब 'भारतीय साहित्य की भूमिका' (सन् 1996) में विलियम जोन्स के साक्ष्य पर बतला दिया गया कि अंग्रेज़ी के बिना भी भारत में नवजागरण सम्भव था। इस प्रकार अंग्रेज़ीराज और अंग्रेज़ी-शिक्षा की प्रगतिशील भूमिका की जड़ ही काट दी गई।

ज़ाहिर है रामविलास शर्मा की यह योजना आकर्षक तो है किन्तु अन्तर्विरोधों से मुक्त नहीं। समकालीन आलोचना की शब्दावली में इसे 'कन्स्ट्रक्ट' कहना बिल्कुल उचित होगा। शुद्ध नेशनलिस्ट कॅन्स्ट्रक्ट। रामविलास शर्मा की पुस्तकों से ऊपर दिए गए उदाहरणों से कम से कम एक बात तो स्पष्ट होती ही है कि भारतेंदु और महावीर प्रसाद द्विवेदी ज्ञान-विज्ञान के परिचय की दृष्टि से अंग्रेज़ी-शिक्षा का सीमित पैमाने पर ही सही, महत्व स्वीकार करते हैं। भले ही अंग्रेज़ी को शिक्षा का माध्यम बनाना उन्हें स्वीकार्य न रहा हो। जगजाहिर है राजा राममोहन अंग्रेज़ी में शिक्षा देने के समर्थक थे और उन्होंने अरबी-फारसी या संस्कृत के बजाय अंग्रेज़ी में शिक्षा देने की वक़ालत की थी।

क्या इससे यह निष्कर्ष निकालना ग़लत होगा कि भारतीय नवजागरण वास्तव

में जिस तरह चरितार्थ हुआ उसमें अंग्रेज़ी-शिक्षा की भी भूमिका थी। जो लोग अंग्रेज़ी को शिक्षा का माध्यम बनाने के विरोधी थे और अंग्रेज़ीराज को भारत के लिए ईश्वरीय वरदान नहीं मानते थे, वे भी जाने-अनजाने औपनिवेशिक ज्ञान को ही अपना निकष मानकर चलते थे। उन्नीसवीं सदी के अधिकांश भारतीय बुद्धिजीवियों के सपनों के भारत का आदर्श ज्ञानोदय की संस्कृति से ही निर्मित हुआ था। और तो और विवेकानंद के चिन्तन पर भी ज्ञानोदय की गहरी छाप है जैसाकि निर्मल वर्मा ने 'भारत और यूरोप : प्रतिश्रुति के क्षेत्र' में दिखाया है। यह विरोधाभास लग सकता है किन्तु सम्भवत: यह सच है कि बीसवीं सदी में राष्ट्रीय स्वाधीनता आन्दोलन के तीव्र होने के साथ जहाँ एक ओर अंग्रेज़ीराज का राजनीतिक स्तर पर विरोध प्रबल हुआ वहीं दूसरी ओर सांस्कृतिक स्तर पर ज्ञानोदयी आधुनिकता का प्रभाव और भी गहराता गया। यहाँ तक कि भारतीय वामपंथ भी उत्तर ज्ञानोदयी विवेक की सर्वव्यापी चपेट से पूरी तरह न बच सका। उल्लेखनीय है कि प्रगतिशील लेखक संघ के प्रथम घोषणापत्र में भक्तिकाव्य को जो पलायन का साहित्य कहा गया था, वह भी इसी तर्क-सिद्धान्त का ही परिणाम था। ज्ञानोदय का भारतीय संस्करण प्राच्य विद्या (ओरियन्टलिज़्म) और अंग्रेज़ी-शिक्षा की छाप लिए हुए था, इसलिए उसे इंग्लैंड के 'शुद्ध' ज्ञानोदय के रूप में नहीं देखना चाहिए। इस प्रसंग में पार्थ चटर्जी के विश्लेषण का ज़िक्र समीचीन होगा। अपनी विख्यात पुस्तक 'नेशनलिस्ट थाट एंड कॅलोनियल वर्ल्ड : अ-डिरावेटिव डिसकोर्स' में उन्होंने लिखा है कि यद्यपि भारतीय राष्ट्रवादी चिन्तन औपनिवेशिक ज्ञान से भिन्न था फिर भी उस पर औपनिवेशिक ज्ञान का दबदबा था, क्योंकि वह वहीं से नि:सृत हुआ था।

विगत वर्षों में प्राच्य विद्या (ओरियन्टलिज़्म) और अंग्रेज़ी-शिक्षा (एंग्लीसिज़्म) की भारतीय राष्ट्रवाद के निर्माण में भूमिका को लेकर काफ़ी विवाद उठे हैं। कई उल्लेखनीय पुस्तकें भी प्रकाशित हुई हैं, जिनमें प्राच्य विद्या और अंग्रेज़ी-शिक्षा के प्रभाव को अस्वीकार करने की कोशिश नहीं की गई है बल्कि यह दिखाया गया है कि यह प्रभाव बहुत उपयोगी नहीं था, जैसा अभी तक विद्वान मानते आए थे। इसके विपरीत इस ज्ञान ने अंग्रेज़ों की प्रभुसत्ता को और भी मज़बूती प्रदान की। इससे भी उल्लेखनीय बात यह लक्ष्य की गई कि भारतीय राष्ट्रवाद की अवधारणा की 'सृष्टि' में भी इस 'ज्ञान' से निर्मित मॉडल का योगदान रहा है। कहने की आवश्यकता नहीं कि अंग्रेज़ी को अपरिहार्य मानने का तर्क ज्ञान के इस मॉडल के वर्चस्व को कमोबेश स्वीकार करने से ही सम्भव हुआ। अब यह बात साफ़ हो गई है कि 'प्राच्य विद्या' अंग्रेज़ी-शिक्षा की पूरक थी न कि विरोधी। इसलिए विलियम जोन्स और ओरियन्टलिज़्म का मूल्यांकन ज़्यादा सावधानी से करने की ज़रूरत है। अतीत में स्वर्ण युग खोजने, भारतीय संस्कृति को तात्विक रूप से आध्यात्मिक घोषित कर वर्तमान को पतित-गर्हित बताने तथा योरोप को उद्धारकर्ता के रूप में पेश करने के पीछे जाने-अनजाने

वर्चस्व की मानसिकता ही सक्रिय दिखाई देती है। यह भी सही है कि ओरियन्टलिज़्म को ख़ारिज़ करने के जुनून में अपनी समूची संस्कृति और इतिहास को अस्वीकार करना मैकाले के सुर में सुर मिलाना ही होगा। ज़ाहिर है कि इसकी प्रतिक्रिया में पुनरुत्थानवाद फलता-फूलता है और संस्कृति और इतिहास का समूचा क्षेत्र उसके लिए खुला छूट जाता है। प्रगतिकामी वैज्ञानिक चेतना के समर्थक भारतीयों में कहीं न कहीं, जाने-अनजाने यह भाव रहा है कि हमारा समूचा इतिहास और संस्कृति व्यर्थ है। राजा राममोहन राय से लेकर नेहरू तक कहीं न कहीं ज्ञानोदय और आधुनिकता के यूरो-केन्द्रित महावृत्तांत से प्रभावित लगते हैं। तर्क-पद्धति कुछ इस प्रकार विकसित होती है : भारत को एक औद्योगिक आधुनिक राष्ट्र बनाना है। अंग्रेज़ी की उंगली पकड़कर ही भारत आधुनिक युग में पदार्पण कर सकेगा। अंग्रेज़ी की उंगली छोड़ने का मतलब होगा मध्ययुगीन अन्धकार में वापसी। यह संस्कृति बाहर से आएगी—अंग्रेज़ी की तरह—और फिर ऊपर से नीचे की ओर फैलती चली जाएगी। भारत के अन्दर से नहीं उपजेगी। बल्कि उसे बाहर से लाकर भारत भूमि पर रोपना होगा। उल्लेखनीय है कि मैकाले का भारत को 'आधुनिक बनाने' का सपना इस सोच से ज़्यादा जुदा नहीं था। मैकाले की 'फिल्ट्रेशन थियरी' को इससे मिलाकर देखिए। 'फिल्ट्रेशन थियरी' की सार्थकता अंग्रेज़ी की नजर में क्या थी? गौरी विश्वनाथन लिखती हैं "फिल्ट्रेशन थियरी का वास्तविक महत्व अंग्रेज़ी संस्कृति को सशक्त करने में नहीं बल्कि योरोपीय पुस्तकों के अनुवाद और योरोपीय प्रगति की भावना से परिपूर्ण मौलिक व्यक्तियों के द्वारा देशी भाषा (वर्नाकुलर) के साहित्य को समृद्ध करने में है"...(मास्क ऑफ कन्क्वेस्ट, पृ. 154)। इस थियरी को आगे और भी परिष्कृत किया गया।

यह कम रोचक तथ्य नहीं है कि अंग्रेज़ी-परस्त (एंगलिसिस्ट) भी अंग्रेज़ी को आपदधर्म ही मानते थे। देसी भाषाओं के साहित्य को समृद्ध करना ही अंतिम लक्ष्य होना चाहिए। देसी भाषाओं में साहित्य के अभाव की वजह से अंग्रेज़ी अपरिहार्य हो गई है। (ट्रवेलियन, आन एजूकेशन ऑफ द पीपुल ऑफ इंडिया, पृ. 23)। जिसे आपदधर्म माना गया था, भारतीय शासकों के हाथों वही सनातन धर्म बन गया—अंग्रेज़ी के बिना नहीं चलेगा।

सम्भवत: केवल गांधी थे जो अंग्रेज़ी को अपरिहार्य नहीं मानते थे : "भारत को प्रभावित करने वाले अन्धविश्वासों में सबसे बड़ा अन्धविश्वास यह है कि अंग्रेज़ी के बिना स्वतंत्रता और वैचारिक प्रखरता का विकास सम्भव नहीं।"

औपनिवेशिक तर्क पद्धति स्वीकार कर लेने का सबसे घातक दुष्परिणाम यह हुआ कि भाषा, ज्ञान/शिक्षा और संस्कृति के पार्थक्य को स्वीकार कर लिया गया। भाषा अभिव्यक्ति और सूचना पहुँचाने का साधन मान ली गई। इस तर्क-पद्धति को माने बिना अंग्रेज़ी-शिक्षा का औचित्य सिद्ध नहीं किया जा सकता था। क्योंकि

गांधी तो यह मानते थे कि मातृभाषा में शिक्षा उतनी ही अपरिहार्य है जितना बच्चे के लिए माँ का दूध। बच्चे को माँ के दूध से वंचित करने जैसा अपराध है मातृभाषा में शिक्षा न देना।

इस दौर में अनुवाद की अवधारणा की शुरुआत ही संस्कृति और भाषा के पार्थक्य और ज्ञान के सार्वभौमिक रूप की स्वीकृति की बुनियाद पर खड़ी हुई। यथार्थ और भाषा के अलगाव को मान लेने के बाद यथार्थ को सामने लाने में भाषा की भूमिका सिर्फ़ 'निमित्त मात्र' की रह गई। उत्तर-आधुनिकों के प्रिय कथाकार बोर्खेस की कहानियाँ इस अवधारणा को चुनौती देती हैं कि एक संस्कृति का दूसरी संस्कृति में यथावत् अनुवाद सम्भव है। एक संस्कृति दूसरी संस्कृति को प्राय: अपनी शब्दावली में अनूदित करती है और इस प्रक्रिया में चाहे-अनचाहे उसे अपने अनुरूप अर्थ देती है। दो संस्कृतियों के बीच अनुवाद भरतमिलाप जैसा नहीं होता, बल्कि प्राय: वर्चस्व की राजनीति का हिस्सा बनकर आता है। प्राच्य विद्याविदों का कार्य भी वर्चस्व की राजनीति से मुक्त नहीं था। उनके यहाँ भी कालिदास अन्तत: भारत के शेक्सपीयर ही थे। अनुवाद अन्तत: वाल्टर बेन्यामिन के शब्दों में 'पुनर्लेखन' ही है, क्योंकि अर्थ केवल शब्दों में नहीं होता। शब्दों का अर्थ सांस्कृतिक व्यवहार से निर्मित होता है।

अंग्रेज़ी शिक्षा के साथ वह समूची संस्कृति लिपटी चली आती है जिसका सम्बन्ध पश्चिम से रहा है। अंग्रेज़ीपरस्तों (एंगलसिस्ट) को इसका पता था। मैकाले ने इसीलिए कहा था कि अंग्रेज़ी शिक्षा पाने वाले भारतीय रंग को छोड़कर बाक़ी सभी चीज़ों में हमारे जैसे होंगे। यह कम रोचक तथ्य नहीं है कि अंग्रेज़ी का एक विषय के रूप में स्नातक स्तर पर अध्ययन इंग्लैंड से भी पहले भारत में प्रारम्भ हुआ। अंग्रेज़ी शिक्षा की शुरुआत के साथ भारत में पश्चिमी ढंग की जीवनशैली का भी सूत्रपात हुआ और इंगलैंड में बनी उपभोक्ता वस्तुओं की खपत भारत में अचानक बढ़ गई, जिन्हें पहले कोई पूछता न था। अंग्रेज़ी को शुद्ध ज्ञान की भाषा मानने वालों को यह तथ्य ध्यान में रखना चाहिए। इस स्थिति में आज भी कोई बदलाव नहीं आया है।

अर्थबोध केवल भाषाई कोड से सम्भव नहीं होता, जैसा नई समीक्षा के प्रभाव में मान लिया गया था। सांस्कृतिक कोड के बीच ही भाषाई कोड अपना अर्थ ग्रहण करते हैं, जाहिर है कि सांस्कृतिक कोड से पाठक भी संचालित होता। एक भाषा के कोड जब भिन्न परिवेश में पहुँचते हैं तो उस संस्कृति के कोड उसके अर्थ को बदल देते हैं। वैसे तो यह प्रक्रिया काल में बदलाव के साथ उस संस्कृति में भी घटित होती है जिसके बीच वे अस्तित्व में आए थे। जैसे तुलसी के रामचरितमानस का अर्थ आज हमारे लिए वही नहीं है जो तुलसीदास के ज़माने में रहा होगा। किन्तु जब काल के साथ देश भी बदल जाए तो भाषाई कोड के अर्थ में गुणात्मक परिवर्तन घटित

हो जाता है, जिसका सम्बन्ध दो भिन्न संस्कृतियों के मूल्यबोध से है। गांधी ने लिखा है कि शिवलिंग और ऐसी ही दूसरी चीज़ों को हम बहुत पहले से देखते आए थे लेकिन ईसाई मिशनरियों द्वारा चेताने से पहले हमें उनमें कुछ भी अश्लील नहीं लगता था। निष्कर्ष ये कि भारतवासी अपनी संस्कृति को अंग्रेज़ों की नज़र से देखने के लिए बाध्य हुए। कहना न होगा कि अपनी परम्परा और अपने इतिहास को पुनराविष्कृत करने के लिए नवजागरणकालीन उद्यम पर यह मजबूरी मँडराती दिखती है। हीनता की भावना से ग्रस्त भारतीय पाठक अंग्रेजी भाषा के कोड को अपनी संस्कृति के अनुरूप बदलने के बजाय अपनी संस्कृति को अंग्रेज़ी के आधिकारिक कोड के अनुरूप ढालने को उद्यत हो जाता था। अर्थात् अंग्रेज़ जहाँ भारत या भारत के सांस्कृतिक पाठ को अपने अनुरूप बदलते थे, भारतवासी अपने को अंग्रेज़ी पाठ के अनुरूप ढालता था। यद्यपि यह स्थूल सरलीकरण है किन्तु औपनिवेशिक समाज में दो संस्कृतियों के अन्तरावलंबन को इस मॉडल से काफी दूर तक समझा जा सकता है। अकारण नहीं है कि औपनिवेशिक मानस हर बात के लिए पश्चिम की स्वीकृति का मोहताज हो गया। टैगोर से लेकर सत्यजित राय और रविशंकर तक पश्चिम में स्वीकृत हो जाने पर ही भारत में महान बन पाए। उपनिवेशवाद के दौरान पश्चिम की ओर झुके तो झुकते ही चले गए। आज हालत यह है कि पश्चिम से निकलने वाली हर बात की ओर हम लपकते हैं।

नतीजा यह हुआ है कि दिल्ली और ऐसे ही दूसरे केन्द्रों पर बैठे हुए हमारे बहुतेरे बुद्धिजीवी पश्चिमी ज्ञान के ख़बरनवीस बनकर रह गए हैं, जो पश्चिम की ताज़ातरीन ख़बरों से लैस होकर 'अज्ञानियों' को आतंकित करते हैं और प्राय: उन्हीं बातों को कभी प्रकट रूप में और कभी बिना बताए हिन्दी में उल्था कर मौलिक कृतियों के रूप में निकाल देते हैं।

ज्ञान संस्कृति और इतिहास सापेक्ष होता है। इस बात को भुलाकर उसे पश्चिम से उठाकर सीधे भारत में लागू करने की प्रकृति के पीछे उपनिवेशवादी मानसिकता का हाथ है। इसलिए आज तो कभी-कभी यह लगता है कि अंग्रेज़ी ज्ञान से हमें लाभ से ज़्यादा हानि हो रही है। अंग्रेज़ी के बिना शायद हम अपने परिवेश और संस्कृति के बारे में ज़्यादा बेहतर ढंग से सोच पाते और ऐसा कुछ रच पाते जिसकी हमें वास्तव में आवश्यकता है। आज जो भरत, भर्तृहरि, नागार्जुन, आनन्दवर्धन, गांधी वगैरह में हमारी रुचि अचानक बढ़ गई है, उसका श्रेय भी पश्चिमी विचारकों को ही जाता है। हम इतने मेधावी हैं कि तुरत-फुरत अपनी परम्परा में पश्चिमी मॉडलों का प्रतिरूप खोज निकालते हैं—हमारे यहाँ भी यह है! जी.एन. देवी ने लिखा है कि 'भारतीय नवजागरण की विडम्बना यह है कि इसका आदि और अन्त एक जैसा है। यह उसी बिन्दु पर समाप्त होता है जहाँ से आरम्भ हुआ था। इसका कारण यह है कि उपनिवेशवाद ने भारतीय नवजागरण के दौरान सांस्कृतिक स्वाधीनता छीन ली :

इस प्रकार नवजागरण और उपनिवेशवाद ने परस्पर एक दूसरे का पूरी तौर पर निषेध कर दिया और यह स्थिति सांस्कृतिक दृष्टि से अनुत्पादक साबित हुई' (आफ्टर एमनेसिया, पृ. 37)। बदलाव तो आया लेकिन इसे गुणात्मक और सार्थक मानना पूरी तौर पर ठीक नहीं होगा। गुणात्मक दृष्टि से जो भी सार्थक उपलब्धियाँ हुईं वे अंग्रेज़ी में नहीं, भारतीय भाषाओं में हुईं। क्योंकि भारतीय भाषाओं का प्रकृत-सम्बन्ध दबाव के बावजूद अपनी परम्परा और संस्कृति से बना हुआ था। माइकेल मधुसूदन दत्त ने पहले अंग्रेज़ी में लिखा किन्तु सफल नहीं हुए। सफलता तब मिली जब उन्होंने अंग्रेज़ी छोड़कर बांग्ला में लिखना शुरू किया। विद्वानों का मत है कि बांग्ला में लिखी 'मेघनाद वध' अंग्रेज़ी में लिखी कविताओं के मुक़ाबले अधिक सफल रचना है।

गांधी न तो आधुनिकीकरण के समर्थक हैं न ज्ञानोदय के, बल्कि इन सबकी बड़ी सख़्त आलोचना उनके यहाँ मौजूद है। और सम्भवत: इसी कारण वे पाश्चात्य संस्कृति और अंग्रेज़ी-शिक्षा की तीखी आलोचना कर पाते हैं। उन्नीसवीं सदी के समाजसुधारक जैसे राजा राममोहन राय, रानाडे ज्ञानोदय की संस्कृति से इतने अभिभूत थे कि अंग्रेज़ी-शिक्षा को परमावश्यक मानते थे और अंग्रेज़ो की मदद से समाज-सुधार के अभियान चलाते थे; क्योंकि उनकी नज़र में अंग्रेज़ीराज भारतवासियों के लिए ईश्वरीय वरदान था। तिलक अंग्रेज़ी राज के तो प्रबल विरोधी थे किन्तु समाज-सुधार पर उनका विशेष ध्यान नहीं था। गोखले इसके विपरीत ध्रुव पर—राजा राममोहन राय की परम्परा में—स्थित लगते हैं। गांधी में इस विरोध का समाहार होता है। उन्होंने इस बात को समझा कि अंग्रेज़ों से लगकर समाज-सुधार के अभियान चलाना प्रकारांतर से अंग्रेज़ीराज की वैधता को पुष्ट करने में सहायक होना ही है। इसलिए उन्होंने अंग्रेज़ीराज का विरोध करते हुए समाज-सुधार के अभियान चलाए और उसे मध्यवर्ग की सीमा से बाहर गाँवों-हरिजनों तक ले गए। सत्य तथा अहिंसा को आगे कर प्रभुत्व की राजनीति में अंग्रेज़ों से अपने को श्रेष्ठतर साबित कर व्यापक सहानुभूति और समर्थन प्राप्त किया।

इस प्रसंग में गांधी की एक टिप्पणी समीचीन होगी : 'हमें अंग्रेज़ीराज तो चाहिए, पर अंग्रेज (शासक) नहीं चाहिए। आप बाघ का स्वभाव तो चाहते हैं लेकिन बाघ नहीं चाहते। मतलब यह हुआ आप हिन्दुस्तान को अंग्रेज़ बनाना चाहते हैं। और हिन्दुस्तान जब अंग्रेज़ बन जाएगा तब वह हिन्दुस्तान नहीं कहा जाएगा, सच्चा इंग्लिस्तान कहा जाएगा। यह मेरी कल्पना का स्वराज नहीं है (हिन्द स्वराज, पृ. 30)।

राष्ट्रवादी आन्दोलन के दौरान अन्तत: यह मान लिया गया था कि भौतिक समृद्धि में तो पश्चिम हमसे आगे है, इसलिए भौतिक विकास के लिए पश्चिम से सीखने में कोई बुराई नहीं है किन्तु आन्तरिक जगत (आत्मा) के लिए तो अपनी ही संस्कृति (आध्यात्मिक) श्रेष्ठ है। चौथे दशक तक आते-आते सम्भवत: यह

स्थिति बदल गई। अपनी आत्मकथा में नेहरू जिस प्रकार गांधी को मध्यकालीन विचारक घोषित करते हुए वैज्ञानिक चिन्तन की वक़ालत करते हैं उससे यही साबित होता है कि आन्तरिक जगत के लिए भी पश्चिम की श्रेष्ठता स्वीकार कर ली गई थी। 'मध्यकालीन अन्धविश्वासों' से मुक्ति की चाह में अंग्रेज़ों द्वारा शुरू किए शिक्षा के मॉडल और अंग्रेज़ी शिक्षा की आवश्यकता के तर्क को भी स्वीकार कर लिया गया। कि अंग्रेज़ी के बिना हमारा आधुनिकीकरण न होगा। इस प्रकार एक ऐसी संस्कृति का निर्माण चालू हुआ जिसकी मूल प्रेरणा बाहर से आती थी और जिसकी भाषा भी औपनिवेशिक इतिहास की विरासत के रूप में अंग्रेज़ी थी। अंग्रेज़ी के ज़रिये जो ज्ञान आया उसने भारत को उसके अतीत से अलग कर दिया, उसकी जड़ें काट दी, उसे सतही, बनावटी और नकलची बना दिया। सुसी थारू ने सही लिखा है कि विदेशी भाषा में प्राप्त ज्ञान कभी आत्मसात नहीं होता, हृदय तक नहीं पहुँचता, आत्मा को नहीं छू पाता। इसीलिए मातृभाषा के ज़रिये प्राप्त ज्ञान की तरह अर्थवान और उपयोगी भी नहीं हो पाता (रीथिंकिंग इंग्लिश, पृ. 137)।

सांस्कृतिक विकास की ग़लत समझ का ही परिणाम था कि आज़ादी के बाद भी अंग्रेज़ी और दोहरी शिक्षा-प्रणाली को बनाए रखा गया। कहा गया कि अभी हिन्दी राजभाषा के पद पर आसीन होने लायक़ नहीं हो पाई है, उसे और भी समृद्ध/विकसित करने की आवश्यकता है। इसलिए अंग्रेज़ी अभी सहराजभाषा बनी रहेगी, 15 साल तक। लगभग ऐसे ही तर्क अंग्रेज़ों ने भारत में अंग्रेज़ी शिक्षा शुरू करते समय देसी भाषाओं के बारे में दिए थे।

हमने यथास्थिति को नतमस्तक हो स्वीकार कर लिया है। अब भाषा किसी भी पार्टी के मुद्दे में नहीं है। इधर उत्तरऔपनिवेशिक आलोचना या सिद्धान्त नाम का एक नया ब्रांड भारतभूमि पर भी आ गया है (अभी तक इसे हिन्दी में लाने का श्रेय किसी आलोचक ने नहीं लिया है), इसमें 'रेस' इथनिसिटी, जेंडर वगैरह के साथ भाषा भी एक मुद्दा है। शायद वहाँ से प्रेरणा लेकर विद्वान भाषा को मुद्दा बनाएँ।

सच है हिन्दी को राजभाषा बनाने के उद्यम की भी कुछ सीमाएँ थीं। पश्चिमी एकभाषा-भाषी राष्ट्रों के तर्ज़ पर हिन्दी को राजभाषा बनाने के जोश में जब हम हिन्दी-उर्दू की एकता पर बल देते थे तो उर्दू वालों को लगता था कि जैसे उनका अस्तित्व ही हम हड़प कर जाना चाहते हैं। समरूप बनाने के इस राष्ट्रीय अभियान में भिन्नता के लिए विशेष गुंजाइश ही नहीं छूटती थी। यहाँ तक कि हिन्दी की 'बोलियों' में लिखने से भी डॉ. रामविलास शर्मा की दृष्टि में हिन्दी जाति की एकता बाधित होती थी। यह बात समझ से परे है कि विजयदान देथा के राजस्थानी में, गोरख पांडे के भोजपुरी में या बलभद्र दीक्षित पढ़ीस के अवधी में लिखने से हिन्दी जाति की एकता कैसे खंडित होती है, जबकि उन्होंने स्वंय लिखा है कि 'महावीर प्रसाद द्विवेदी के द्वारा हिन्दी को परिनिष्ठित बनाने के प्रयास के साथ हिन्दी

में बोलियों से शब्दों की आमद कम हो गई जिससे हिन्दी का नुकसान हुआ।' एक बहुभाषा-भाषी उत्तर-औपनिवेशिक लोकतांत्रिक राष्ट्र में अपनी भाषाओं में से ही किसी एक भाषा को राजभाषा बनाने का मामला काफी पेचीदा और अभूतपूर्व है। किन्तु असल मुद्दा यह है, जैसा कि बद्री रैना ने लिखा है कि 'हिन्दी के असली विरोधी गैर हिन्दी भाषी राज्य नहीं बल्कि अंग्रेज़ी जानने वाले लोग हैं जिनके निहित स्वार्थ अंग्रेज़ी से जुड़ गए हैं।'

हुए तुम दोस्त जिसके...

क्या वास्तव में आलोक राय 'हिन्दी नेशनलिज़्म' में हिन्दी वालों से मुख़ातिब हैं? उनका कहना तो यही है। लेकिन तथ्य और उनके लेख से इस बात की पुष्टि नहीं होती।

यदि आलोक राय वास्तव में हिन्दी वालों से मुख़ातिब होते तो किताब लिखने के दौरान हिन्दी के किसी विद्वान से भी राय-मशविरा करने की ज़रूरत महसूस करते। किताब की भूमिका में लेखक ने जिन विद्वानों के प्रति आभार व्यक्त किया है उनमें हिन्दी का एक भी आदमी नहीं है। शायद लेखक हिन्दी वालों को इस लायक़ ही नहीं समझता कि उनसे बातचीत की जाए। और कोई न सही, प्रो. नामवर सिंह से ही राय ले लेते। वे तो दिल्ली में ही हैं और 'शायद' थोड़ा पढ़े-लिखे भी माने जाते हैं। ख़ैर।

हिन्दी वालों से मुख़ातिब थे तो हिन्दी में लिखते। भालचन्द्र नेमाड़े ने कहीं लिखा है—भाषा का चुनाव हमारे दृष्टिकोण को काफ़ी दूर तक प्रभावित करता है। हम जो चीज़ें हिन्दी या किसी दूसरी भारतीय भाषा में लिखते हैं, उन्हें उसी रूप में अंग्रेज़ी में नहीं लिख सकते। अंग्रेज़ी में लिखते हैं तो अंग्रेज़ीदाँ-संसार हमारी नज़रों में होता है। अंग्रेज़ीदाँ-संसार का दबाव जाने-अनजाने एक सेंसर की तरह हमारी सोच को निर्धारित और तय करता है। लेकिन यह भी सच है कि अंग्रेज़ी में लिखने के हज़ार फ़ायदे हैं। दुनिया पूजती है। हिन्दी वाले को कौन घास डालता है! जो भी हो, आलोक राय से यह उम्मीद करना कि वे हिन्दी में लिखें, उनकी तौहीन करना है। अभी तक नहीं लिखा तो अब क्या लिखेंगे! वो ज़माना गया जब लोग-बाग अंग्रेज़ी पढ़ाते थे और हिन्दी में लिखते थे। यू.आर. अनन्तमूर्ति भी पगलेट ही लगते हैं वरना ये क्यों लिखते कि अंग्रेज़ी साहित्य भारतीय भाषाओं में पढ़ाया जाना चाहिए! शोध भी भारतीय भाषाओं में लिखा जाना चाहिए। तभी वह हमारी ज्ञानमीमांसा में रच-बस पाएगा। दुनिया के सभी देशों में यही होता है, वे अपनी भाषा में ही अध्ययन और अनुसन्धान करते हैं। विदेशी विद्वान हिन्दी पर अनुसन्धान करते हैं तो अपनी भाषा में लिखते हैं, हिन्दी में नहीं। बहरहाल, मैं यहाँ पर इस बात को तूल नहीं देना चाहता कि आलोक राय ने हिन्दी में क्यों नहीं लिखा! लेखक की मर्ज़ी,

चाहे जिस भाषा में लिखे। आख़िरकार अंग्रेज़ी भी एक भारतीय भाषा ही है, तो आलोक राय अंग्रेज़ी में क्यों नहीं लिख सकते!

सच तो यह है कि कोई भी प्रगतिकामी व्यक्ति हिन्दी में लिखने का 'पाप' कर नहीं सकता! हिन्दी सवर्णों (ब्राह्मण-वैश्य) द्वारा गढ़ी गई एक कृत्रिम भाषा है जिसका इतिहास दलितों, स्त्रियों और मुसलमानों के ख़ून से रंगा हुआ है। आपको याद होगा कि दलित-चिन्तक चन्द्रभान प्रसाद ने एक आयोजन में साफ़ कह दिया था कि वे बोलेंगे तो अंग्रेज़ी में बोलेंगे, दलितों के ख़ून से सनी हुई सवर्ण हिन्दी में तो कदापि नहीं बोलेंगे। लेकिन सबाल्टर्न इतिहासकारों को चन्द्रभान प्रसाद से बहुत पहले यह 'ज्ञानोदय' हो चुका था। इसीलिए उन्होंने कभी हिन्दी या किसी अन्य भारतीय भाषा में लिखने की ग़लती नहीं की। वे जानते थे कि सबाल्टर्न जब भी बोलेगा अंग्रेज़ी में बोलेगा 'हाउ डू यू डू!' और उनकी बात सच निकली!

आलोक राय भी इन बातों से सहमत हैं। उनकी नज़र में हिन्दी बीमार भाषा है— Hindi is the name of the disease (पृ. 3) और वह अपनी लड़ाई हार चुकी है—'Today Hindi is a bit of lost cause' (पृ. 7)। प्रगति और आधुनिकता की भाषा अंग्रेजी है, इसीलिए भारत (India that is Bharat) के सभी लोग इसे सीखने को लालायित हैं और यह सम्पर्क भाषा के रूप में फैल रही है; After all it is universally agreed that emerging linguamundo is English. And all classes of people in all parts of country are desperate to learn it, (पृ. 2) और— 'It doesn't take a great deal to convince the non Hindiwallah that matter of Hindi is dead, and should be buried quickly, alongwith rouges who have fed it at trough of Hindi for all these years' (पृ. 4)। (सबकुछ के बावजूद सभी लोगों की इस बात से सहमति है कि अंग्रेजी उभरती हुई सम्पर्क भाषा है। देश के सभी भागों में सभी वर्गों के लोग इसे सीखने के लिए व्यग्र हैं। अब गैरहिन्दी भाषा-भाषी को यह विश्वास दिलाने के लिए ज्यादा कसरत करने की जरूरत नहीं करनी पड़ती कि हिन्दी मर चुकी है और इसे जल्दी से उन उजड्डों के साथ जिन्होंने हिन्दी की द्रोणी को इतने वर्षों तक उर्जा दी थी, दफना देना चाहिए।)

ये तो बानगी भर है। इस तरह के सुभाषितों से पुस्तक भरी पड़ी है।

यदि हिन्दी का मामला दम तोड़ चुका है और अंग्रेज़ी जन-जन तक फैल गई है तो फिर बीमार और मृत भाषा को दोबारा जिलाने की ज़हमत ही क्यों की जाए! बात ठीक है लेकिन एक मुसीबत है। अंग्रेज़ी सेकुलर मूल्यों के लिए संघर्ष तो कर रही है, लेकिन यह सुविधासम्पन्न वर्ग की भी भाषा है। साम्प्रदायिक शक्तियाँ इस तथ्य का बेज़ा इस्तेमाल करते हुए अंग्रेज़ी और प्रगतिशील विचारों के विरुद्ध बड़ी आसानी से हिन्दी के सहारे लोकप्रिय आन्दोलन खड़ा कर सकती हैं।

आलोक राय अंग्रेज़ी वालों को समझा रहे हैं (पृ. 4)...हिन्दी को अपने भाग्य भरोसे छोड़ने में कोई हर्ज़ नहीं (जैसे इन दिनों ग़रीबों को भाग्य भरोसे छोड़ दिया

गया है।)। लेकिन साम्प्रदायिक-प्रतिक्रियावादी शक्तियाँ हिन्दी का दुरुपयोग करने से बाज़ नहीं आएँगी। इसलिए हिन्दी की फ़िक्र कर नादाँ...। हिन्दी ग़लती से ग़रीबों की भाषा बन गई है—Hindi becomes, by default, the language of disinherited masses (पृ. 7) वैसे आलोक राय ने इस रहस्य का 'पर्दाफ़ाश' नहीं किया कि एक बीमार, मरी हुई भाषा के सहारे लोकप्रिय आन्दोलन कैसे खड़ा किया जा सकता है!

आलोक राय के भाषा-चिन्तन में अंग्रेज़ी सबसे ऊपर है और सच्चाई यह है कि अपनी इस क़िताब में वे अंग्रेज़ी वालों से ही मुख़ातिब हैं। देसी भाषाओं का काम है कि वे अंग्रेज़ी की मदद करें। मैकाले की 'फिल्ट्रेशन थियरी' में भी देसी भाषाओं की यही भूमिका थी। स्वाधीनता के बाद भी यह सिलसिला थोड़े बहुत हेर-फेर के साथ चलता रहा। उसी का परिणाम है कि आलोक राय पूरे दम्भ के साथ लिखते हैं कि 'After all it is universally agreed that emerging linguamundo is English'...

आलोक राय यह स्वीकार करते हैं कि अंग्रेज़ी प्रभुत्व और वर्चस्व की भाषा है लेकिन अंग्रेज़ी के वर्चस्व को चुनौती देने के लिए पहले हिन्दी को दुरुस्त होना पड़ेगा। हिन्दी 'लौहपथगामिनी' हो गई है। हिन्दी क्षेत्र में भारी संख्या में विद्यार्थी हिन्दी (अंग्रेज़ी नहीं) में फ़ेल होते हैं। यह तथ्य इस बात का सबूत है कि हिन्दी ने लोगों से उनकी मातृभाषाएँ छीन ली है। हिन्दी का जन्म ही हिंसा की वेदी पर हुआ है—Large number of students who fail in Hindi in Hindi belt itself are grim testimony to the fact that Hindi has robbed them of their mother tongue. From being native users, free to invent and be creative they have been "second languaged" disabled rendered alien.... (पृ. 107) (हिन्दी क्षेत्र में बड़ी संख्या में हिन्दी में फेल होने वाले विद्यार्थी इस बात के कठोर साक्ष्य है कि हिन्दी में उनसे उनकी मातृभाषा छिन ली है। अपनी मातृभाषा का प्रयोग करने वाले उसमें प्रयोग करने की रचनात्मक सामर्थ्य रखने वाले इन लोगों को हिन्दी ने दूसरी भाषा सीखने को मजबूर कर उन्हें अक्षम और बेगाना बना दिया)

अब आलोक राय को कौन बताए कि हिन्दी क्षेत्र में सबसे ज़्यादा विद्यार्थी अंग्रेज़ी में फ़ेल होते थे। विज्ञान और गणित में पास हो जाते थे लेकिन अंग्रेज़ी में फ़ेल। यही कारण है कि लोहिया के 'अंग्रेज़ी हटाओ' आन्दोलन में विद्यार्थियों ने बढ़-चढ़ कर भाग लिया था। लेकिन आलोक राय की दृष्टि में तो यह आन्दोलन सम्भवत: प्रतिक्रियावादी ठहरता होगा।

आलोक राय को रंज है कि हिन्दी ग़रीब की अंग्रेज़ी बन गई है : It (Hindi) has become a kind of poor man's English (पृ. 105) लेखक ने 'कृत्रिम-सवर्ण' हिन्दी का ऐसा रक्त-रंजित इतिहास पेश किया है कि उसे पढ़कर

साम्राज्यवादी हिंसा भी फ़ीकी लगने लगती है। लाख टके का सवाल यह कि हिन्दी को दुरुस्त कौन करेगा? ज़ाहिर सी बात है, अंग्रेज़ी के विद्वान हिन्दी को दुरुस्त करेंगे। हिन्दी को हिन्दी वालों के भरोसे नहीं छोड़ा जा सकता। आलोक राय के अलावा फ्रेन्सेस्का ओरिसिनी, वसुधा डालमिया, एजाज़ अहमद और सबाल्टर्न इतिहासकार उसे दुरुस्त करेंगे। इस तरह जब हिन्दी दुरुस्त हो जाएगी तब वह अंग्रेज़ी के वर्चस्व को टक्कर देगी। अर्थात् न नौ मन तेल होगा, न राधा नाचेगी। और इस दौरान 'Universally agreed emerging linguamundo English' बदस्तूर बढ़ती रहेगी। इस चिन्तन से एक नसीहत और मिलती है; आज़ादी की लड़ाई शुरू करने से पहले हिन्दुस्तानियों को दुरुस्त किया जाना चाहिए था। जब वे दुरुस्त हो जाते तब आज़ादी का बिगुल फूँकते। बुरा हो गांधी का जिसने ये दोनों काम एक साथ चलाए और अंग्रेज़ों से कहा कि आप यहाँ से जाएँ, हम स्वयं अपने को ठीक कर लेंगे।

हिन्दी के गुनाह क्या हैं? एक हो तो गिनाएँ। ख़ैर बात निकली है तो दूर तलक जाएगी। तो सुनिए—

1. 'हिन्दी' ने हिन्दी-क्षेत्र की अनेक भाषाओं को मार डाला। जैसे ब्रज, अवधी, मैथिली, भोजपुरी वगैरह।
2. 'हिन्दी' ने हिन्दुस्तानी और उर्दू की जगह हड़प ली।
3. सरकारी हिन्दी बनावटी हिन्दी है और इसका बोलचाल की भाषा से कोई सम्बन्ध नहीं है।

आलोक राय विद्वान आदमी हैं। उनको क्या बताने की ज़रूरत है कि राज्य-राष्ट्र की ज़रूरत के मुताबिक एक भाषा गढ़नी पड़ती है। एरिक हाब्सबाम और एंडरसन ने अपनी किताबों में इस प्रक्रिया का खुलासा किया है। आधुनिक फ्रेन्च सिर्फ पाँच प्रतिशत लोगों द्वारा बोली जाती थी। लेकिन उसे राष्ट्रभाषा के रूप में फ्रांस की समूची आबादी पर लाद दिया गया। भाषा का प्रश्न राजनीति-निरपेक्ष कभी नहीं रहा, आधुनिक युग में तो बिल्कुल ही नहीं। हिन्दी ही नहीं, दुनिया की लगभग सभी प्रमुख भाषाओं का इतिहास इसी तर्ज़ पर निर्मित हुआ है। अंग्रेजी के इतिहास से तो हम वाकिफ़ ही हैं।

मुसीबत यह है कि आलोक राय सरकारी हिन्दी का एक अतिरंजित मिथ गढ़ते हैं फिर इस मिथ को हिन्दी के पर्याय के रूप में प्रोजेक्ट करते हैं और यह मान लेते हैं कि हिन्दी की दुनिया का समूचा व्यापार इसी सरकारी हिन्दी से संचालित और नियंत्रित होता है। हिन्दी जब तक इस सरकारी खूँटे से मुक्त नहीं होगी, उसका विकास अवरुद्ध रहेगा। वसुधा डालमिया ने 'हिन्दी नेशनलिज्म' की समीक्षा करते हुए दिखाया है कि आज की हिन्दी बहुत फैल चुकी है। (ई.पी.डब्ल्यू. अप्रैल 5, 2003) उसमें मुस्लिम, दलित और स्त्रियों का लेखन आ रहा है। हिन्दी लेखन में आज इतनी विविधता आ चुकी है कि उसके किसी एक मानक वैध रूप की कल्पना कर पाना मुश्किल है। यह

विविधता हिन्दी में शुरू से रही है। स्वाधीनता आन्दोलन के दिनों में भी। अब क्या आलोक राय को यह बताने की ज़रूरत है कि प्रेमचन्द, प्रसाद, निराला, जैनेन्द्र, उग्र और भुवनेश्वर जैसे लेखक लगभग एक ही समय हिन्दी में लिख रहे थे। इन लेखकों की भाषा एक जैसी नहीं है, लेकिन ये सभी हिन्दी के लेखक माने जाते हैं और हिन्दी में पढ़ाए जाते हैं।

एक तरफ़ उर्दू का हाल ये है कि उसमें दलित लेखन लगभग नदारद है। वह आज भी मध्यवर्ग के दायरे से बाहर नहीं निकल पाई है। जे.एन.यू. के प्रो. किदवई ने ये बातें पिछले दिनों लखनऊ में कहीं। उनके अनुसार पाकिस्तान में भी निम्नवर्गीय लेखन उर्दू के बजाय वहाँ की क्षेत्रीय भाषाओं में हो रहा है। संक्षेप में कहें तो हिन्दी आज भी बेहद लचीली और अस्थिर भाषा है। उत्पत्ति के मिथ से भाषा के विकास को निर्धारित नहीं किया जा सकता। ऐसा नहीं है कि आलोक राय हिन्दी के इस विकास से अपरिचित हों। अपनी किताब में ही उन्होंने एक जगह लिखा है कि हिन्दी के लेखकों ने सरकारी हिन्दी की कभी परवाह नहीं की। (पृ. 119)

सरकारी हिन्दी को खलनायक बनाकर आप हिन्दी के साथ न्याय नहीं कर सकते। यही कारण है कि शाहिद अमीन से बातचीत के दौरान आलोक राय लगातार उर्दू की तरफ़ झुकते जाते हैं। शाहिद अमीन उर्दू के पक्ष में उर्दू के लेखकों-कवियों के उदाहरण देते रहते हैं। जबकि आलोक राय अपने कल्पित तर्कों से इस तरह बँधे होते हैं कि हिन्दी के किसी एक लेखक का नाम उनके मुँह से नहीं निकलता। और अन्ततः आलोक राय नागरी लिपि की माँग को भी विभाजन पैदा करने वाली माँग मान बैठते हैं "...लिपि आन्दोलन का पूरा ज़ोर एक ऐसी माँग पैदा करना था जो एक सीमित दायरे के बाहर अमान्य हो।..." लिपि की माँग एक दरार पैदा करने वाला आग्रह था। क्योंकि खड़ी बोली का दावा औरों के ख़िलाफ़ खड़ा किया गया एक मोर्चा था जो अपने वजूद से ज़्यादा विपक्ष को परिभाषित और प्रश्नांकित करता था। (साखी 11, पृ. 47)

यदि नागरी लिपि की माँग ही गलत थी तो हिन्दी ठीक कैसे हो सकती है! अकारण नहीं है कि आलोक राय की पुस्तक के कुछ अंश Annuals of Urdu Studies No. 10 में छपे थे। क्या यह निष्कर्ष निकालना ग़लत होगा कि वे सरकारी हिन्दी नहीं, समूची हिन्दी और नागरी लिपि के ख़िलाफ़ हैं और हिन्दी आन्दोलन को ही ग़लत मानते हैं। अगर ऐसा है तो प्रेमचन्द का उर्दू छोड़कर हिन्दी में लिखने का फ़ैसला भी ग़लत था।

जिस नागरी लिपि को आलोक राय (और उनसे पहले शम्सुर्रहमान फ़ारूक़ी) कैथी की कथित लोकप्रियता के आधार पर ख़ारिज करते हैं उसे ही स्टुअर्ट मक्ग्रेगर भारतीय मूल की सभी लिपियों से संरचनात्मक रूप से जुड़ी हुई मानते हैं। मक्ग्रेगर ने यह भी दिखाया है कि देवनागरी में लिखी गई हिन्दुस्तानी का चलन सत्रहवीं सदी में

मिलता है। उन्नीसवीं सदी के नागरी आन्दोलन के साथ हिन्दी की जो अवधारणा सामने आई उसकी जड़ें यहाँ देखी जा सकती हैं। (लिटरेरी कल्चर्स इन हिस्ट्री, पृ. 949)।

आइए नागरी आन्दोलन और हिन्दुस्तानी के मुद्दे पर विचार कर लें। हरीश त्रिवेदी की दृष्टि में नागरी आन्दोलन एक जनतांत्रिक आन्दोलन था क्योंकि फ़ारसी लिपि का ज्ञान मुसलमानों के अलावा सिर्फ़ कायस्थों और कश्मीरी ब्राह्मणों को था। उन्होंने लिखा है—

'The demand for the use of Nagri Script was thus put forward as a democratic demand on behalf of vast majority of population who were otherwise denied direct access to official document and procedures' (Literacy Cultures in History, p. 963). (नागरी लिपि के प्रयोग की माँग एक लोकतांत्रिक माँग थी क्योंकि ये माँग उस विशाल बहुसंख्यक आबादी के द्वारा की गई थी जिसकी अन्यथा सरकारी दस्तावेजों और कार्यप्रणाली तक कोई सीधी पहुँच नहीं थी)

यही कारण है कि सरकारी सेवाओं में मुसलमानों का अनुपात 1857 में 73.9 और 1886-87 में 45.8 था जबकि उनकी आबादी सिर्फ़ 14 प्रतिशत थी। यह कोई छिपा हुआ तथ्य नहीं था। गांधी नागरी के समर्थक थे। उन्होंने 24 अप्रैल,1936 को भारतीय साहित्य परिषद की बैठक में हिन्दी या हिन्दुस्तानी का समर्थन किया था। उर्दू वालों ने इसका जमकर विरोध किया था। गांधी ने हिन्दू-मुस्लिम-एकता को ध्यान में रखते हुए नागरी और फ़ारसी दोनों लिपियों को सीखने पर ज़ोर दिया था। लेकिन गांधी के सम्पूर्ण लेखन को पढ़ने से यह बात बिल्कुल साफ़ हो जाती है कि वे नागरी लिपि को अधिक उपयुक्त मानते थे। समूचे भारत की दृष्टि से नागरी लिपि के महत्व को उन्होंने हमेशा स्वीकार किया।

यह सही है कि गांधी ने हिन्दुस्तानी का समर्थन किया लेकिन वे यह भी जानते थे कि भविष्य में हिन्दी वाले हिन्दी में और उर्दू वाले उर्दू में लिखते रहेंगे। हिन्दुस्तानी इन दोनों की ख़ूबियाँ लेकर आगे बढ़ेगी और यह बोलचाल की भाषा के नज़दीक होगी। गांधी का महत्व इस बात में है कि वे समझते थे कि हिन्दुस्तानी के विकास के बावजूद उर्दू-हिन्दी का अस्तित्व बना रहेगा। गांधी यह भी मानते थे कि हिन्दुस्तानी का पेट इतना बड़ा है कि उसमें उर्दू और हिन्दी दोनों की ख़ूबियाँ समा जाएँगी।

क्या वास्तव में हिन्दुस्तानी के पेट में हिन्दी-उर्दू समा सकती हैं? राल्फ़ रसेल की माने तो यह सम्भव नहीं। उनके मुताबिक़ प्रेमचन्द के सिद्धान्त और व्यवहार में काफ़ी अन्तर था। रसेल ने दिखाया है कि प्रेमचन्द अपनी उर्दू कहानी का हिन्दी में अनुवाद करते समय सिर्फ़ उसकी लिपि नहीं, भाषा भी बदल देते थे। उनको लगता था कि हिन्दी शब्दों के बीच उर्दू शब्द और उर्दू शब्दों के बीच हिन्दी शब्द हमेशा ठीक नहीं बैठते...जैसे हंसों के बीच कौआ, जैसे मिष्ठान्न में नमक...। इसलिए हिन्दुस्तानी की समस्या पहली नज़र में जितनी आसान लगती है, वास्तव में वह उतनी आसान है नहीं। एंडरसन ने 'इमैजिन्ड कम्युनिटीज' (Imagined Communities) में दिखाया

है कि बोलियाँ जब राष्ट्रीय भाषा के रूप में विकसित होती हैं तो वे सामान्य बोलचाल के स्तर से ऊपर उठने के बाद ही स्थायित्व ग्रहण करती हैं। यह बात हिन्दी और दूसरी भाषाओं के बारे में भी लागू होती हैं। राष्ट्रीय भाषा के रूप में विकास के दौरान उन्हें ऐसे शब्दों की ज़रूरत पड़ती है जो उस भाषा में पहले से मौजूद नहीं होते। ये शब्द कहाँ से लिए जाएँ, यही मूल समस्या है। उर्दू वाले ये शब्द फ़ारसी-अरबी से लेने का आग्रह करते हैं। (यह भी एक स्वीकृत तथ्य है कि हिन्दी में तत्सम शब्दों की बहुतायत से पहले उर्दू में अठारहवीं सदी में ही फ़ारसी-अरबी के अप्रचलित शब्दों की भरमार हो चुकी थी।) हिन्दी को शुद्ध करने या संस्कृत जैसी बनाने की मूर्खता का कोई मतलब नहीं लेकिन यह भी सही है कि फ़ारसी-अरबी के मुक़ाबले संस्कृत के शब्द हिन्दी की जातीय प्रकृति के अधिक अनुरूप बैठते हैं। उर्दू वाले अंग्रेज़ी के शब्दों को यथावत् ले लेंगे लेकिन संस्कृत से शब्द स्वीकार नहीं करेंगे। उर्दू-हिन्दी के अलगाव का असल कारण यही है। भारत का विभाजन न भी होता तो भी यह विभाजन बना रहता। इस विभाजन को पाटने की कोशिश अर्थात् हिन्दुस्तानी की सफलता-असफलता का इसी परिप्रेक्ष्य में मूल्यांकन होना चाहिए। सवाल यह भी है कि उर्दू पाकिस्तान की राष्ट्रीय भाषा के रूप में कैसे तब्दील हो गई जबकि पाकिस्तान में कोई ऐसा इलाक़ा नहीं था, जहाँ खड़ी बोली बोली जाती हो! यही नहीं, जम्मू और कश्मीर की प्रादेशिक भाषा उर्दू क्यों है? इन प्रश्नों का भी उत्तर दिया जाना चाहिए।

हिन्दी के ग़ैर जरूरी फ़ारसी-अरबीकरण से जैसे उर्दू का जन्म हुआ था वैसे ही अंग्रेज़ी के दबाव से आजकल हिन्दी का अंग्रेज़ीकरण हो रहा है। लेकिन कुछ लोगों की नज़र में हिन्दी आज भी उसी पुराने सवर्ण खूँटे से बँधी हुई है। अंग्रेज़ी भले ही भारत में उपनिवेशवाद के साथ आई हो लेकिन धीरे-धीरे वह एक भारतीय भाषा बन गई। और अब तो वह 'निःसन्देह' भारत की उभरती हुई एकमात्र सम्पर्क भाषा है। उत्पत्ति के आधार पर (Myth of Origin) अंग्रेज़ी को अब विदेशी भाषा नहीं कहा जा सकता। लेकिन जब हिन्दी की बात आएगी तो मूल्यांकन का निकष उत्पत्तिमूलक होगा।

भूमण्डलीकरण के इस दौर में आम आदमी और उसका दुख-दर्द किसी भी राजनीतिक पार्टी के एजेंडे में नहीं है। विदेशी पूँजी, विदेशी उत्पाद और अंग्रेज़ी की आँधी चल रही है। हिन्दी का दावा था कि वह लोकभाषा/मातृभाषा है। आज यह कहा जा रहा है कि हिन्दी एक कृत्रिम सवर्ण भाषा है जिसके हाथ हिन्दुस्तानी, अवधी, ब्रज, भोजपुरी आदि भाषाओं के ख़ून से सने हुए हैं। हिन्दी के राक्षस का वध ही इन भाषाओं को बचा सकता है। लेकिन असल मक़सद हिन्दी द्वारा दबा दी गई भाषाओं को बचाना नहीं है। असल मक़सद अंग्रेज़ी के विजय-रथ के लिए पथ-प्रशस्त करना है। अगर हिन्दी के हिमालय को तोड़ दिया जाए तो अंग्रेजी की बाँह गहने वाला कोई नहीं बचेगा।

हिन्दी की शक्ति और हिन्दी का जातीय संगीत

स्वाधीन भारत में हिन्दी की दुर्दशा पर विलाप करने वालों की संख्या घटने के बजाय बढ़ती जा रही है। हिन्दी दिवस पर ये विलाप अपने चरमोत्कर्ष पर होता है। लेकिन गाहे बगाहे उसकी सिसकियाँ, विभिन्न अवसरों पर, पूरे साल सुनाई पड़ जाती हैं। अब तो लगभग एक आम सहमति बन गई है कि हिन्दी का कोई भविष्य नहीं है। 'अंग्रेज़ी-राज' आना तय है। खिन्न मन से हिन्दी के रणबांकुरों ने पराजय स्वीकार कर ली है और हथियार डाल दिए हैं।

अगर हिन्दी का ये हाल है तो भारत की दूसरी भाषाओं का क्या हाल होगा, यह जानने की हम कभी कोशिश ही नहीं करते। जानकारों का कहना है कि दूसरी भाषाओं की स्थिति और भी बदतर है। वे सिर्फ साहित्य की भाषा बनकर रह गई है। इन भाषाओं में ज्ञान-विज्ञान का न तो विकास हो रहा है और न ही देशी-विदेशी ग्रन्थों के अनुवाद का वृहद स्तर पर कोई प्रयास किया जा रहा है। हालात इस कदर बिगड़ चुके हैं कि इन भाषाओं में ज्ञान-विज्ञान से सम्बन्धित पुस्तकों को छापने वाले न तो प्रकाशक मिल रहे हैं और न ही उनको पढ़ने वाले पाठक। इसलिए इन भाषाओं के ज्ञान-विज्ञान के ऐसे लेखक जो अंग्रेजी में नहीं लिख सकते, अपनी पुस्तकें हिन्दी में प्रकाशित करवा रहे हैं। यही नहीं, अंग्रेजी में लिखने वाले भारतीय विचारकों में भी हिन्दी में अनूदित होकर छपने की लालसा बढ़ती जा रही है।

सम्भवतः यह हिन्दी के संख्याबल और पहुँच का ही परिणाम है कि बहुराष्ट्रीय कंपनियों से लेकर मॉस मीडिया तक सभी को हिन्दी का सहारा लेना पड़ रहा है। इसलिए यह कहना गलत नहीं होगा कि भूमण्डलीकरण के साथ हिन्दी का बाजार-भाव बढ़ा है। ये सही है कि भूमण्डलीकरण के बाद अंग्रेजी सीखने की चाहत का विस्तार हुआ है, लेकिन अंग्रेज़ी के नीचे हिन्दी की ज़रूरत का एहसास भी बाज़ार को हुआ है। इसलिए हिन्दी के विस्तार को बाज़ार के विस्तार के साथ जोड़कर देखना ही ठीक है। इसे हिन्दी की वैचारिक ऊर्जा के विस्फोट के रूप में चिह्नित करना पूरी तरह से सही नहीं है। ये जरूर है कि बढ़ते हुए बाज़ार के कारण हिन्दी का जो विस्तार हुआ है, हो सकता है कि भविष्य में वह एक नई ऊर्जा विस्फोट के रूप में गुणात्मक परिवर्तन का आधार बन जाए।

ज्ञान के सार्वभौमिकता के दावे के टूट जाने के बाद विभिन्न सभ्यताओं के चिन्तक-विचारक अपनी सभ्यता की ज्ञान-सम्पदा को नए सिरे से जाँच-परख रहे हैं। ये मान रहे हैं कि उनकी अपनी समस्याओं का समाधान पश्चिम में निर्मित सैद्धान्तिकी से नहीं होने वाला। इसलिए वे अपनी ज्ञान-सम्पदा के प्रति खुले दिमाग से सम्भवत: पहली बार पश्चिम को प्रमाण के रूप में न मानने की ओर प्रवृत्त हुए हैं। समाज वैज्ञानिकों की सोच में आए इस परिवर्तन का लाभ हिन्दी के बुद्धिजीवियों को भी मिल रहा है क्योंकि इस ज्ञान को सिर्फ अंग्रेजी के ज्ञान के आधार पर आप डिकोड नहीं कर सकते।

भूमंडलीकरण के कारण भारतीय विश्वविद्यालयों के चरित्र में एक उल्लेखनीय बदलाव ये आया है कि विश्वविद्यालयों में आने वाले ऐसे विद्यार्थियों की संख्या बहुत बढ़ गई है जो अंग्रेजी नहीं जानते या बहुत थोड़ी अंग्रेजी जानते हैं। यहाँ तक कि देश की राजधानी दिल्ली के विश्वविद्यालयों में भी हिन्दी माध्यम से पढ़ाई करने वाले, शोध करने वाले विद्यार्थियों की संख्या इस समय बहुत ज्यादा है। कारण सम्भवत: यह है कि अंग्रेजी जानने वाले ज्यादातर विद्यार्थी विश्वविद्यालयों की ओर मूव ही नहीं करते। ये प्रोफेशनल कोर्सेस में जाते हैं जहाँ रोज़गार और बेहतर वेतन की सम्भावनाएँ विश्वविद्यालयी शिक्षा के मुकाबले अधिक हैं।

अंग्रेजी न जानने वाले विद्यार्थियों की विश्वविद्यालय में बढ़ती संख्या के कारण हिन्दी में समाज विज्ञान की स्तरीय सामग्री की माँग बढ़ गई है। हिन्दी माध्यम से पढ़ने वालों की संख्या चूँकि बहुत ज्यादा है इसलिए प्रकाशन गृहों और अन्य संस्थानों को समाज विज्ञान की सामग्री हिन्दी में उपलब्ध कराने में घाटे का सौदा नहीं लग रहा है। ये सही है कि ज्ञान-विज्ञान के उल्लेखनीय ग्रन्थों का हिन्दी में अनुवाद करने का प्रयास गैर सांस्थानिक स्तर पर भी हिन्दी क्षेत्र में होता रहा है। ये छिटपुट प्रयास भी, हिन्दी क्षेत्र के वैविध्य और विस्तार के कारण, मिलकर महत्वपूर्ण प्रयास बन जाते हैं।

इस तरह अंग्रेजी के साथ-साथ और अंग्रेजी के नीचे हिन्दी का भी एक ट्रांसरीजनल भाषा के रूप में, इस भूमण्डलीकरण के दौर में, विस्तार हुआ है। अन्य क्षेत्रीय भाषाओं ने अंग्रेजी के सामने अपने घुटने टेक दिए हैं और उनके घुटने टेकने से खाली होने वाली जगह में अंग्रेजी के साथ-साथ हिन्दी ने भी अपने कदम बढ़ाने शुरू कर दिए हैं।

बम्बईया यानी आज की भाषा में बॉलीवुड सिनेमा का केन्द्र मुम्बई-मराठी भाषी है। लेकिन वहाँ ज्यादातर फिल्में हिन्दी में बनती हैं। मराठी फ़िल्में तो बस नाम भर की हैं। बंगाल, पंजाब, असम और गुजरात में कितनी फिल्में बनती हैं? दक्षिण में भी सिनेमा घरों में कितनी हिन्दी फ़िल्में चलती हैं। फिलहाल ये बात तो डंके की चोट पर कही जा सकती है कि समूचे उत्तर, पूर्वी और पश्चिमी भारत में हिन्दी

फ़िल्में देखने वालों की संख्या सबसे ज्यादा है। कहने का मतलब यह है कि हिन्दी जानने-समझने वालों की संख्या इतनी अधिक है कि हिन्दी में फिल्म बनाने का मोह शायद ही कोई बड़ा निर्माता छोड़ पाता हो। हिन्दी की इस शक्ति ने गैर हिन्दी भाषी सिनेमा को हाशिये पर धकेल दिया है। बॉलीवुड सिनेमा ने जो हाल क्षेत्रीय भाषाओं के सिनेमा का किया क्या वही हाल अंग्रेजी और हिन्दी मिलकर इन क्षेत्रीय भाषाओं का नहीं कर डालेंगी? ये सही है कि भविष्य में राजनीतिक लाभ के लिए राजनेता क्षेत्रीय भाषाओं और कुछ बोलियों को भाषा का दर्जा दिलाने का आन्दोलन करते दिखाई पड़ सकते हैं, लेकिन इसका मकसद वोट की राजनीति में अपना उल्लू सीधा करने से ज्यादा और कुछ नहीं हो सकता।

इसलिए ये कहना अनुचित नहीं होगा कि भविष्य में बॉलीवुड सिनेमा की तरह उत्तर तथा पूर्व और पश्चिम भारत में एक गैरक्षेत्रीय भाषा के रूप में अंग्रेजी के साथ हिन्दी का विस्तार होता चला जाएगा और ये क्षेत्रीय भाषाएँ सिर्फ साहित्य, कला और संगीत की भाषा और घर परिवार में बोली के रूप में रह जाएँगी।

हिन्दी का जातीय संगीत

पहले तो इस बात पर ध्यान दिया जाना चाहिए कि ब्रजभाषा में अनुप्रयुक्त होने वाले छन्द कौन से हैं। फिर यह देखना चाहिए कि अवधी में जिन छन्दों का प्रयोग किया गया, क्या ये वही छन्द हैं जिनका ब्रजभाषा में प्रयोग किया गया। इस सिलसिले को थोड़ा और आगे बढ़ाकर ये भी देखना चाहिए कि मैथिली के छन्द कौन से हैं। कुछ छन्द जरूर ऐसे हैं जिनका प्रयोग अवधी, ब्रज दोनों भाषाओं में हुआ है किन्तु ये बताने की जरूरत नहीं है कि तीनों भाषाओं में प्रयुक्त जातीय छन्दों की प्रकृति में पर्याप्त भिन्नता है। असल में विचारणीय मुद्दा ये है कि ये भिन्नता क्यों है? ऐसा सम्भवत: इन तीनों भाषाओं के काकु, ध्वनि तंत्र और क्रिया निर्माण की प्रक्रिया में पर्याप्त भिन्नता के कारण है।

इन भाषाओं की जातीय प्रकृति मे भिन्नता के कारण इनके छन्द भी अलग-अलग हैं। इसीलिए अपनी प्रकृति के अनुरूप इन भाषाओं ने अपने लिए अलग-अलग छन्दों का चुनाव किया। उर्दू में छन्दों का आधार वजन है। खड़ी बोली हिन्दी की प्रकृति के अनुरूप छन्द खोजने या बनाने के प्रयास में हरिऔध को 'प्रिय प्रवास' लिखते-लिखते ये समझ में आ गया था कि खड़ी बोली हिन्दी की कविता संस्कृत के वार्णिक छन्दों में नहीं लिखी जा सकती। इसलिए आगे खड़ी बोली हिन्दी में जिन छन्दों का प्रयोग किया गया, उनका आधार मात्रिक छन्द ही हैं। इस बात को लेकर जरूर कशमकश चलती रही कि मात्रिक छन्दों में कौन से छन्द खड़ी बोली हिन्दी के अनुरूप हैं। उल्लेखनीय है कि उन्नीसवीं शताब्दी के अन्त तक इस बात को लेकर

सहमति नहीं बन पाई कि खड़ी बोली में भी कविता लिखी जा सकती है। स्वयं भारतेन्दु हरिश्चन्द्र ने अपनी ज्यादातर कविताएँ ब्रजभाषा में लिखी हैं। ये सही है कि खड़ी बोली की बुनियाद पर विकसित होने वाली उर्दू भाषा में कविता लिखने का सिलसिला पहले से चल रहा था। लेकिन हिन्दी को उर्दू से अलगाने की कोशिश में उसे हिन्दी कविता की पूर्व परम्परा के रूप में स्वीकार नहीं किया गया। उर्दू परम्परा वजन के आधार पर कविता का छन्द विकसित करने में ही नहीं, गजल गायकी के लिए उपयुक्त संगीत विकसित करने में भी सफल रही।

ये सही है कि शास्त्रीय संगीत की राजभाषा ब्रजभाषा रही है और आज भी है। लेकिन जिसे पूर्वी अंग की गायकी कहते हैं, उसकी भाषा भोजपुरी और अवधी है। कहा जाता है कि पूर्वी अंग की गायकी, जिसे आजकल उपशास्त्रीय संगीत भी कहते हैं, का आधार लोकसंगीत है। इससे भी ज्यादा महत्वपूर्ण बात ये है कि पूर्वी अंग की गायकी में स्वर-नाद के साथ-साथ शब्दों का महत्व भी बना रहता है, जबकि शास्त्रीय गायन में स्वर-नाद ही सबकुछ होता है। शब्दों का वहाँ कोई विशेष महत्व नहीं होता। अब प्रश्न ये है कि क्या ब्रजभाषा की रचनाओं को पूर्वी अंग की शैली में गाया जा सकता है। कोई गाना चाहे तो उसे कौन रोक सकता है। समस्या ये है कि ब्रजभाषा का ध्वनि तंत्र और काकु भोजपुरी और अवधी के ध्वनि तंत्र और काकु से भिन्न है। इसलिए जब ब्रजभाषा की रचना को किसी ऐसी शैली में गाया जाए, जिसका विकास भिन्न काकु और ध्वनि तंत्र वाली भाषा के वैशिष्ट्य के आधार पर हुआ था, तो कहीं न कहीं कुछ अटपटापन आ जाएगा या उसका सौन्दर्य उस तरह से नहीं खिलेगा। अगर यह बात ठीक है तो इसका मतलब ये हुआ कि पूर्वी अंग की गायकी के लिए पूर्वी क्षेत्र की भाषाएँ ही ज्यादा उपयुक्त हैं। ब्रजभाषा या खड़ी बोली की रचनाओं को जब पूर्वी अंग की गायकी में गाने का प्रयास किया जाएगा तो उसमें वो रंगत नहीं आएगी जो रंगत पूर्वी क्षेत्र की भाषाओं का इस्तेमाल करने पर आती है।

बांग्ला में रवीन्द्रनाथ ठाकुर ने आधुनिक बांग्ला कविताओं को गाने की शैली विकसित की जिसे रवीन्द्रसंगीत कहा जाता है। कह सकते हैं कि कम से कम गजल गायकी के लिए उर्दू में भी एक खास तरह की संगीत शैली का विकास हुआ। ब्रजभाषा का संगीत है। अवधी में रामचरितमानस के गायन की अनेक शैलियाँ रही हैं। कहते हैं कि जायसी के पद्मावत को गाने की भी परम्परा थी जो अभी चार छह साल पहले तक मौजूद थी। अब समस्या ये है कि हिन्दी का जातीय संगीत क्या है। खड़ी बोली हिन्दी के किसी जातीय संगीत का विकास नहीं हो पाया। फिल्मी गानों को छोड़ दें तो खड़ी बोली हिन्दी का जातीय संगीत विकसित करने का कोई गम्भीर प्रयास ही नहीं हुआ। सम्भवत: यही कारण है कि हिन्दी के साथ जुड़कर जो भी संगीत विकसित हुआ वह ज्यादातर फिल्मी गानों पर आधारित है। मामला सिर्फ

फिल्मी गानों की लोकप्रियता को भुनाने का नहीं है। समस्या ज्यादा गम्भीर है।

ये सही है कि फिल्म संगीत ने इस क्षेत्र की लोक और शास्त्रीय संगीत का इस्तेमाल, कम से कम साठ–सत्तर के दशक तक तो किया ही। लेकिन जिसे खड़ी बोली हिन्दी का जातीय संगीत कहा जा सके, वैसा संगीत विकसित करने में सम्भव है पूर्वी संगीत से भी मदद मिले; लेकिन उसे विकसित करने के लिए उस क्षेत्र के लोकसंगीत की ओर जाना होगा जिस क्षेत्र में खड़ी बोली बोली जाती रही है। सही मायने में उसी की बुनियाद पर खड़ी बोली का जातीय संगीत विकसित किया जा सकता है। मदद आप तमाम स्रोतों से ले सकते हैं, लेकिन बुनियाद उस क्षेत्र का सदियों से चला आ रहा संगीत ही होगा, जिस क्षेत्र की वो भाषा है।

लेकिन मुश्किल ये है कि हिन्दी में क्रिया रूपों का प्रयोग खड़ी बोली के क्षेत्र में प्रयुक्त क्रियारूपों से भिन्न है। खड़ी बोली के क्षेत्र में मुख्य क्रिया के साथ प्राय: एक ही सहायक क्रिया का प्रयोग होता है, जबकि हिन्दी में मुख्य क्रिया के साथ प्राय: दो सहायक क्रियाओं का प्रयोग किया जाता है। जानकारों का मानना है कि दो स्वतंत्र सहायक क्रियाओं का प्रयोग पहले–पहल उर्दू में हुआ। आधुनिक हिन्दी को उर्दू से अलगाने के दौरान शब्द–प्रयोग में तो अन्तर आ गया, किन्तु क्रियारूप वही रहे जिनका विकास उर्दू में हुआ था। इसलिए हिन्दी के जातीय संगीत के विकास में खड़ी बोली क्षेत्र के लोकसंगीत से कितनी मदद मिलेगी, कह पाना मुश्किल है। अब लाख टके का सवाल ये है कि हिन्दी का जातीय संगीत कैसे बनेगा। बनेगा भी या नहीं! विद्वानों के विचार सादर आमंत्रित हैं।

हिन्दी साहित्य का नया इतिहास कैसे लिखें?

बीसवीं सदी में आधुनिकता के द्वारा बुने गए सपनों को चरितार्थ करने की कोशिश की गई थी। वैचारिक भिन्नता के बावजूद ये सपने आधुनिकता की बुनियाद पर ही देखे गए थे। इन सपनों से मोहभंग होने का सिलसिला तो बीसवीं शताब्दी में ही शुरू हो गया था, लेकिन इक्कीसवीं शताब्दी का पहला दशक बीतते-बीतते यह भी समझ में आने लगा कि ये सपने चरितार्थ क्यों नहीं हुए? आधुनिकता की ज्ञानमीमांसा में अन्तर्निहित अन्तर्विरोधों के प्रति आज जैसी जागरूकता बीसवीं सदी में नहीं थी। अब तो कई बार ये देखकर आश्चर्य होता है कि जो बातें आज बहुत सामान्य समझ का हिस्सा लगती हैं, वे बीसवीं सदी के बड़े-बड़े विद्वानों की समझ में क्यों नहीं आईं! ऐसा नहीं कि बीसवीं सदी में सभी लोगों ने आधुनिकता के द्वारा प्रदत्त ज्ञान को आँख मूँद कर स्वीकार कर लिया था। कई महत्वपूर्ण विचारक थे, जिन्होंने बीसवीं सदी में भी आधुनिकता के ज्ञान की आलोचना की थी, किन्तु तब ऐसे विचारों को प्राय: प्रगति-विरोधी, समानता-विरोधी और अन्ततः मनुष्यता-विरोधी मानकर नज़रअन्दाज कर दिया जाता था। इक्कीसवीं सदी में, जब आधुनिकता के अन्तर्विरोध खुलकर सामने आ गए हैं, हमारा ध्यान उन विचारकों की ओर जा रहा है, जिनकी बीसवीं शताब्दी में हमने लगभग उपेक्षा कर दी थी। यही नहीं, जिन विचारकों को आधुनिकता का घोर समर्थक माना जाता था, जैसे कार्ल मार्क्स, उन पर भी नए सिरे से ध्यान दिया जा रहा है। उनके लेखन से तमाम ऐसी बातें निकल कर आ रही हैं जिन्हें देखकर कई बार आश्चर्य होता है कि अच्छा, उन्होंने ऐसा भी लिखा है! जैसे मार्क्स के प्रकृति और पर्यावरण सम्बन्धी विचारों पर नए ढंग का जो काम हुआ है, उसे देख सहसा विश्वास ही नहीं होता कि मार्क्स ने इस तरह की भी चीजें लिखी होंगी। इसका कारण सम्भवत: यह है कि वामपंथी सत्ताओं ने मार्क्स की जो छवि निर्मित की और समाजवादी समाज के निर्माण के दौरान जिस प्रकार की औद्योगिक नीति अपनाई गई, उसका मेल मार्क्स के लेखन से नहीं बैठता।

इक्कीसवीं सदी कुछ लोगों के सपनों के खँडहर हो जाने की सदी है, तो कुछ के बाजार और सत्ता के समर्थक हो जाने की। यह दुविधा और अनिश्चितता की भी सदी है। आज बीसवीं सदी की तरह सही और गलत के प्राय: सर्वस्वीकृत नुस्खे नहीं

हैं, समस्या ज्यादा गहरी और उलझी हुई है। हम एक नए प्रकार की चुनौती के सामने हैं। यह चुनौती प्रकारान्तर से बहुत ही आकर्षक है। और उत्तेजक भी। बहुत सारी पुरानी मान्यताएँ और अवधारणाएँ ज्ञान और अनुभव के नए आलोक में ढह रही हैं जिससे हमें बहुत कुछ ऐसा करने, रचने और सोचने का मौका मिल रहा है, जिसकी कल्पना करना भी बीसवीं शताब्दी में सम्भव नहीं था। जीवन–जगत के बारे में ज्ञान का सर्वथा एक नया रूप सामने आ रहा है और हमें ज्ञान के इस अनुसंधान में शामिल होने के लिए आमंत्रित कर रहा है।

असल में, यह सदी यूरोप और अमेरिका के वर्चस्व के टूटने की सदी है। राजनीतिक और आर्थिक रूप से भले ही पश्चिम का वर्चस्व अभी भी कमोबेश कायम है, लेकिन यह एहसास भी कहीं न कहीं उभर रहा है कि पश्चिम के पैरों के नीचे से जमीन, धीरे–धीरे ही सही, पर खिसक रही है। ज्ञान के क्षेत्र में तो निश्चित रूप से कहा जा सकता है कि यूरोप–केन्द्रित ज्ञान का वर्चस्व टूट रहा है। दिलचस्प यह है कि इस वर्चस्व को तोड़ने में भारतीय विद्वानों के साथ स्वयं यूरोप के विद्वान भी बहुत महत्वपूर्ण भूमिका निभा रहे हैं। यह बात थोड़ी अटपटी लगती है लेकिन गहराई से विचार करें तो यह अटपटी नहीं स्वाभाविक लगेगी।

भारत में दूसरे अनुशासनों की तरह साहित्य के अध्ययन–अध्यापन और शोध का 'आधुनिक' (?) सिलसिला उन्नीसवीं सदी में शुरू होता है और बीसवीं सदी में परवान चढ़ता है। भारत की दूसरी भाषाओं की तरह हिन्दी साहित्य के अध्ययन और इतिहास–लेखन की शुरुआत यूरोपीय विद्वानों द्वारा होती है। उन्हीं की देखा-देखी भारतीय विद्वान भी अपने भाषा–साहित्य के अध्ययन और इतिहास लेखन की ओर प्रवृत्त हुए। यदि हिन्दी साहित्य के इतिहास लेखन पर नज़र डालें, तो वहाँ भी यह प्रक्रिया लगभग इसी रूप में चलती हुई दिखाई देती है। लेकिन रामचन्द्र शुक्ल के हिन्दी साहित्य के इतिहास को जैसी प्रतिष्ठा मिली, वैसी प्रतिष्ठा न तो उनसे पहले के इतिहासकारों को मिली, न ही उनके बाद वाले इतिहासकारों को। रामचन्द्र शुक्ल का हिन्दी साहित्य का इतिहास हिन्दी साहित्य का 'ट्रेंडसेटर' इतिहास साबित हुआ। परवर्ती इतिहासकारों ने इसी मॉडल को थोड़ा बहुत हेर–फेर के साथ आगे बढ़ाया है। यह सही है कि कुछ कालखंडों और रचनाकारों पर रामचन्द्र शुक्ल के बाद बहुत ही महत्वपूर्ण कार्य हुआ जिसकी उपेक्षा नहीं की जा सकती। लेकिन परवर्ती इतिहास लेखन को देखने से यह बात समझ में आती है कि इस प्रकार के 'फुटकल' किन्तु महत्वपूर्ण अध्ययनों के बावजूद रामचन्द्र शुक्ल के इतिहास–लेखन के मॉडल को बदलने का साहस किसी ने नहीं दिखाया। रामचन्द्र शुक्ल के इतिहास की सीमा का जितना गहरा एहसास आज हो रहा है, सम्भवत: पहले नहीं हुआ होगा। जाहिर सी बात है कि इसका एक कारण तो यह है कि उनके बाद बहुत सारी नई सामग्री प्रकाश में आ गई है, जो उस समय उपलब्ध नहीं थी। किन्तु सही मायने में, नया इतिहास

लिख पाना तभी सम्भव होता है जब इतिहासकार के पास वास्तव में एक नई ऐतिहासिक दृष्टि भी हो। विडम्बना यह है कि हमारे यहाँ मार्क्सवादी विद्वानों के पास एक नई ऐतिहासिक दृष्टि तो थी, किन्तु भारत के इतिहास को वे प्राय: यूरोप के मॉडल पर ही देखते हैं। यह बात रामविलास शर्मा समेत हिन्दी के प्राय: सभी विद्वानों पर लागू होती है। इसका एक कारण यह भी है कि कई बार जाने-अनजाने स्वयं मार्क्स के यहाँ भी बाकी दुनिया के इतिहास को यूरोप के पैमाने पर समझने की कोशिश की गई थी। इधर कई विद्वानों ने मार्क्स के चिन्तन में निहित यूरो-केन्द्रीयता के इस पक्ष की ओर संकेत किया है।

यह सही है कि रामचन्द्र शुक्ल हिन्दी साहित्य की परम्परा के श्रेष्ठ तत्वों का प्राय: एक ठेठ उत्तर भारतीय के अन्दाज में मूल्यांकन करते प्रतीत होते हैं। लेकिन उससे भी ज़्यादा महत्वपूर्ण बात यह है कि साहित्य की श्रेष्ठता के मानक और भारतीय इतिहास का उनका बोध, इस दौर के बहुत सारे दूसरे विद्वानों की तरह, तत्कालीन ऐतिहासिक लेखन से निर्धारित और प्रभावित लगता है। विशेष रूप से भक्ति के अभ्युदय की जिस प्रकार से उन्होंने व्याख्या की है, उस पर बिल्कुल नए सिरे से विचार करने की आवश्यकता है। इसी प्रकार शृंगार और भक्ति को लेकर उन्होंने जो निर्णय दिए हैं, उस पर विक्टोरियाकालीन नैतिक मूल्यों की गहरी छाप है। यह जरूर है कि इसे वे ठेठ भारतीय मर्यादा के आदर्श के रूप में तुलसी के हवाले से प्रस्तुत करते हैं। यह देखकर आश्चर्य होता है कि उनके लेखन में थोड़ी बहुत रियायत के बावजूद शृंगारपरक रचनाओं को ज्यादा तरजीह नहीं दी गई। शृंगार और भक्ति में वे कभी संगति नहीं खोज पाते जबकि भारतीय परम्परा में शृंगार और भक्ति को कई बार तो अलग कर पाना ही मुश्किल है। सुसान स्वार्ज ने अपनी 'रस' पुस्तक में इस बात की ओर संकेत किया है कि भारतीय परम्परा में शृंगार और भक्ति के बीच कोई आत्यंतिक विरोध नहीं है, बल्कि वे एक ही सातत्य का हिस्सा हैं। यह बात ठीक भी लगती है, क्योंकि इसके बिना खजुराहो और कोणार्क को तो छोड़ ही दीजिए; कबीर, जायसी, सूर और मीरा की रचनाओं की भी व्याख्या असम्भव है। भक्ति और शृंगार के सातत्य और सहअस्तित्व की अवधारणा से भक्तिकालीन शृंगार के रीतिकालीन शृंगार में रूपान्तरण की व्याख्या भी कमोबेश हो जाती है। रीतिकालीन ब्रजभाषा के साहित्य पर बहुत ही महत्वपूर्ण अध्ययन करने वाली अमेरिकी विदुषी 'एलिशन बुश' ने अपनी पुस्तक 'पोयट्री ऑफ किंग्स' में इस तथ्य का सम्यक् प्रतिपादन किया है कि एक ही कवि के यहाँ भक्ति और शृंगारपरक रचनाएँ मिल जाती हैं। यही नहीं, कई बार तो एक ही कविता में भक्ति और शृंगार इस तरह घुले-मिले होते हैं कि उन्हें अलग-अलग करके नहीं समझा जा सकता। इसी प्रकार उन्होंने हिन्दी की दुनिया में बद्धमूल हो चुकी इस अवधारणा का भी ठोस तथ्यों के आधार पर खंडन किया है कि रीतिकालीन कवियों का अपना कोई स्वतंत्र

व्यक्तित्व नहीं था। वे आश्रयदाता राजा के चाटुकार थे। उन्होंने इस प्रचलित मान्यता का भी तथ्यों के आधार पर संशोधन किया है कि रीतिकालीन आचार्यों द्वारा लिखे गए काव्यशास्त्रीय ग्रन्थ संस्कृत के काव्यशास्त्र विषयक ग्रन्थों के सिर्फ अनुवाद हैं। उन्होंने रीतिकाल के दौरान लिखे गए वीर/चरित काव्यों का तत्कालीन ऐतिहासिक बोध के साक्ष्य के रूप में अध्ययन कर यह दिखाया कि ये ग्रंथ कई बार कुछ ऐसे पक्षों को हमारे सामने उद्‌घाटित करते हैं, जिनके बारे में इतिहासकारों द्वारा इस्तेमाल किए गए साक्ष्यों में या तो कोई उल्लेख नहीं है या उल्लेख है भी तो दृष्टिकोण में पर्याप्त अन्तर है। यह सही है कि रीतिकालीन वीर-काव्य/चरित-काव्य पद्य में लिखे गए हैं और इनमें अक्सर ऐतिहासिक घटनाओं के प्रसंग में भी काव्य-रुढ़ियों का इस्तेमाल किया गया है, फिर भी उनके गहन अध्ययन से तत्कालीन राजव्यवस्था और समाज के बारे में महत्वपूर्ण जानकारी निकाली जा सकती है। काव्य में इतिहास लिखने की इस पद्धति का विकास 17वीं और 18वीं शताब्दी में बड़े पैमाने पर दिखाई देता है। यह कहना उचित ही होगा कि काव्य में इतिहास लिखने के इस देसी तरीके के अध्ययन के लिए उपयुक्त पद्धति का विकास हमारे यहाँ नहीं हो पाया है। वी. नारायण राव, डेविड शुलमन और संजय सुब्रह्मण्यम ने अपनी प्रसिद्ध पुस्तक 'टेक्सचर ऑव टाइम' में दक्षिण भारत में इतिहास-लेखन के इस देसी तरीके का बहुत ही सूझ-बूझ के साथ अध्ययन किया है। उनका मानना है कि भारत में 16वीं-18वीं शताब्दियों के दौरान इतिहास लेखन की एक देशज परम्परा का विकास दिखाई पड़ता है। इस परम्परा की उल्लेखनीय विशेषता यह है कि यहाँ इतिहास कई विधाओं में लिखा जाता है। पश्चिम की तरह इतिहास के स्वतंत्र अनुशासन का विकास नहीं होता, जहाँ 'तथ्यों और तर्कों' के आधार पर ऐतिहासिक घटना-क्रम को समझने का प्रयास किया जाता है। काव्यों, चरित-काव्यों और अन्य रूपों में लिखे गए इतिहास को समझने के लिए यह जरूरी है कि अध्येता को भारतीय सांस्कृतिक परम्परा का सम्यक् बोध हो; इसके अभाव में यह निर्णय कर पाना कठिन हो जाता है कि रचनाकार कहाँ ऐतिहासिक तथ्यों का उल्लेख कर रहा है और कहाँ सिर्फ काव्य-रूढ़ि का निर्वाह कर रहा है। पारम्परिक भारतीय अध्येता में इस प्रकार का विवेक था। औपनिवेशिक शिक्षा के कारण नए ढंग के अध्येता सामने आए। इनके लिए इस प्रकार का अन्तर कर पाना मुश्किल था और सम्भवत: इसीलिए रीतिकालीन ग्रन्थों में मौजूद ऐतिहासिक सन्दर्भ और तथ्य पूरी तरह उपेक्षित रह गए।

दक्षिण भारत की तरह उत्तर भारत में भी 16वीं-18वीं शताब्दी में देश-भाषा में इतिहास लेखन की प्रवृत्ति का विकास दिखाई पड़ता है। विशेष रूप से 17वीं-18वीं शताब्दी में वीर रस प्रधान चरित-काव्यों में इस विकासमान प्रवृत्ति की झलक दिखलाई पड़ती है। यह जरूर है कि दक्षिण की तरह उत्तर भारत की देश-भाषाओं में भी इतिहास लेखन की स्वतंत्र विधा का विकास नहीं होता। इतिहास काव्य या

दूसरी विधाओं के अन्दर समाविष्ट दिखता है। किन्तु इस प्रकार की रचनाओं से ऐतिहासिक ज्ञान अर्जित करने के लिए सैद्धान्तिकी और प्रविधि का विकास करने की बात तो दूर, भारत के इतिहास-लेखन के लिए देश-भाषाओं के महत्व को ही लम्बे समय तक स्वीकार नहीं किया गया। पुरुषोत्तम अग्रवाल के शब्दों में कहें तो, 'उनका इस्तेमाल कभी-कभी किया जाता है लेकिन इनकी आवाज़ें सुनने के इरादे से नहीं बल्कि जो संस्कृत या फारसी के स्रोतों से सुन लिया गया है, उसकी ताईद भर करने के लिए। भारतीय इतिहास, सांस्कृतिक प्रक्रियाओं और साहित्य के बारे में वे लोग लम्बी-लम्बी हाँकते हैं, जो किसी भी देश-भाषा के साहित्य और चिन्तन की जानकारी हासिल करने की जरूरत नहीं समझते। इससे भी बदतर यह कि किंवदंतियों और सांस्कृतिक भाषा के अन्य रूपों को सिरे से खारिज करते हुए भाषा के सपाट यथार्थवाद को ही विमर्श और स्मृति का एकमात्र प्रामाणिक माध्यम मान लिया जाता है—प्रसंग चाहे साहित्य का हो, चाहे इतिहास का। ऐसे सपाटपन के अभाव को तर्कबुद्धि और ऐतिहासिक स्मृति के अभाव का अकाट्य प्रमाण भी मान लिया जाता है।'

कहा जाता है कि हिन्दी में मौलिक शोध प्रायः नहीं हुए। पिछले दो तीन दशकों में हिन्दी में जिस प्रकार के शोध हुए हैं, उनके साक्ष्य पर यह कहना ठीक भी लगता है। लेकिन यह कहना कि हिन्दी में कभी मौलिक शोध या अध्ययन हुआ ही नहीं, ठीक नहीं। रामचन्द्र शुक्ल के बाद के इतिहास-लेखन की विडम्बना यह रही है कि उसने हिन्दी में हुए महत्वपूर्ण अध्ययन और शोध को अपने इतिहास-लेखन में शामिल ही नहीं किया। परिणाम यह हुआ कि ये धारणा बन गई कि हिन्दी में रामचन्द्र शुक्ल के बाद कोई उल्लेखनीय प्रगति ही नहीं हुई। बहुत हुआ तो इतनी रियायत दे दी जाती है कि हजारीप्रसाद द्विवेदी का आदिकाल विषयक अध्ययन, रामचन्द्र शुक्ल के इतिहास के वीरगाथाकालीन अध्ययन से आगे है। असल में हुआ यह कि ऐसे महत्वपूर्ण अध्ययन/शोध पर, जो हिन्दी के प्रायः सर्वस्वीकृत ऐतिहासिक काल-विभाजन के खाँचे में फिट नहीं बैठता था, हिन्दी के विद्वानों ने कभी गम्भीरतापूर्वक विचार ही नहीं किया। उदाहरण के लिए अब यह लगभग सभी लोग मानते हैं कि रामचन्द्र शुक्ल ने जिन ग्रंथों के आधार पर हिन्दी के आदिकाल का नामकरण 'वीरगाथा काल' किया था, उनमें से ज्यादातर ग्रन्थों की प्रामाणिकता संदिग्ध है। राजमल बोरा ने अपनी पुस्तक 'हिन्दी वीरकाव्य' में यह सिद्ध किया है कि वीरगाथाकाल के अन्तर्गत जिन रचनाओं को शामिल किया गया था, उनका जो रूप मिलता है, वह 17वीं-18वीं शताब्दी का है। इसीलिए उन्होंने इन्हें अतीत की गौरवगाथाएँ कहा है। क्योंकि इन आख्यानों को अन्तिम रूप 17वीं-18वीं शताब्दी में दिया गया। अगर राजमल बोरा का यह मत सही है तो फिर हिन्दी में प्रचलित भक्तिकाल के उदय के कारण के रूप में इस्लाम के वर्चस्व का उल्लेख करने और

उससे उत्पन्न होने वाले विवाद का औचित्य ही समाप्त हो जाता है। आदिकाल में जैनियों, सिद्धों, नाथों, अमीर खुसरो और विद्यापति की रचनाएँ बचती हैं। इनमें से कोई भी रचना ऐसी नहीं है जिसे वीररसप्रधान रचना कहा जा सके। इस तरह भक्ति पहले है और वीरकाव्य उसके बाद। यह भी कम दिलचस्प नहीं है कि वीररसप्रधान चरित-काव्य उस समय लिखे गए, जब लगभग समूचे भारत में मुगल साम्राज्य का वर्चस्व कायम हो गया था।

हिन्दी के विकास में अपभ्रंश या अवहट्ठ का चाहे जो योगदान रहा हो लेकिन इसे हिन्दी नहीं कहा जा सकता। अपभ्रंश या अवहट्ठ में लिखी गई रचनाओं को, चाहे वे विद्यापति की रचनाएँ हों या वीर-काव्य, जिन्हें सत्रहवीं-अठारहवीं शताब्दी में अन्तिम रूप दिया गया, हिन्दी साहित्य के इतिहास में शामिल करने का औचित्य नहीं बनता। अपभ्रंश या अवहट्ठ में लिखी गई रचनाओं पर स्वतंत्र रूप से अध्ययन और शोध होने चाहिए। लेकिन हिन्दी साहित्य के अन्तर्गत इस क्षेत्र की भाषा/बोलियों में लिखे गए साहित्य को ही शामिल किया जाना चाहिए। भाषावैज्ञानिक दृष्टि से भी अपभ्रंश-अवहट्ठ के साथ तालमेल बहुत खींच-खाच कर ही बैठाया जा सकता है।

इस दृष्टि से विचार करें तो अवधी में मुल्ला दाऊद का 'चंदायन', मैथिली में विद्यापति की 'पदावली', खड़ी बोली में अमीर खुसरो की रचनाएँ और ब्रजभाषा में ग्वालियर के राजकवि विष्णुदास के 'पांडव-चरित' (1435) और 'रामायण-कथा' (1442) से हिन्दी साहित्य की शुरुआत मानी जा सकती है। अमीर खुसरो की खड़ी बोली की रचनाएँ, वास्तव में, सोलहवीं-सत्रहवीं शताब्दी से पहले की पांडुलिपियों में नहीं मिलती हैं। इमरे बंगा के शोध से ये साबित हो गया है कि अमीर खुसरो की लिखी मानी जाने वाली ये रचनाएँ बहुत बाद में उनके नाम से आकर जुड़ीं। इनमें से विष्णुदास के अतिरिक्त शेष कवियों के बारे में हम जानते हैं। इसलिए इनके बारे में फिलहाल कुछ लिखने की जरूरत नहीं है। लेकिन मेरी जानकारी में हिन्दी साहित्य का कोई ऐसा इतिहास नहीं है, जिसमें ब्रजभाषा की साहित्यिक परम्परा के पुरस्कर्ता के रूप में विष्णुदास का उल्लेख किया गया हो। जबकि लोकनाथ द्विवेदी ने कवि विष्णुदासकृत 'रामायण-कथा' का प्रकाशन 1970 ई. के आस-पास और हरिनिवास द्विवेदी ने 'पांडव-चरित' का प्रकाशन 1973 ई. में ही कर दिया था। यही नहीं, स्टुअर्ट मक्ग्रेगॉर के 1991 ई. और 1998 ई. में इन दोनों प्रबन्धकाव्यों पर गवेषणापूर्ण शोध-आलेख प्रकाशित हो चुके हैं।

हिन्दी साहित्य की इन आरम्भिक रचनाओं और रचनाकारों के साक्ष्य से हिन्दी में सामान्य ज्ञान की तरह प्रचलित कुछ बद्धमूल अवधारणाओं का खंडन हो जाता है। इनमें से कुछ बातों का उल्लेख पहले किया जा चुका है, कुछ का आगे किया जा रहा है। जैसे कि हिन्दी साहित्य की इन प्रारम्भिक रचनाओं को भक्ति-काव्य की

कोटि में रखना मुश्किल है। अगर यह बात सही है, तो फिर यह स्थापना संदिग्ध हो जाती है कि हिन्दी/हिन्दी की बोलियों का, साहित्य की भाषा के रूप में, प्रयोग सही मायने में भक्तिकाल से होता है। इसी तरह इस मान्यता पर भी पुनर्विचार की जरूरत महसूस होती है कि हिन्दी के विकास में राजदरबारों की कोई भूमिका नहीं है। क्योंकि विद्यापति और विष्णुदास–हिन्दी के ये दोनों आरम्भिक रचनाकार राजदरबार से जुड़े हुए थे। यहाँ पर यह उल्लेख करना भी समीचीन होगा कि ज्यादातर भक्तिकालीन कवि किसी न किसी सम्प्रदाय से या तो प्रारम्भ से जुड़े थे या बाद में उन्हें जोड़ लिया गया। इन रचनाकारों की रचनाओं के सम्पादन, संरक्षण और प्रचार में सम्प्रदायों की महत्वपूर्ण भूमिका रही है। इसलिए इस मिथ से भी मुक्त होने की जरूरत है कि भक्तिकालीन कवि सीधे–साधे आम आदमी के कवि थे और आम आदमी के कारण ही प्रसिद्ध हुए। कहने का आशय यह है कि जनता और सम्प्रदाय में फर्क है। सम्प्रदाय एक ऐसा संगठन है जिसकी शक्ति और प्रभाव के सामने बड़े–बड़े राजे–महाराजे भी नतमस्तक होते थे और आर्थिक सहयोग देते थे।

यह मान लिया गया था कि रीतिकाल के अभ्युदय के साथ भक्तिकाल का अवसान हो जाता है। लेकिन इधर कुछ शोध हुए हैं, जो भक्तिकाल के अवसान की अवधारणा का खंडन करते हैं। विशेष रूप से अमेरिकी अध्येता टाइलर विलियम्स और अंजनी श्रीवास्तव के भक्तिकाल पर किए गए महत्वपूर्ण शोध से यह बात निकल कर आई है कि तथाकथित रीतिकाल के दौरान भी भक्ति की अविरल धारा बहती रहती है। यही नहीं, इसी दौरान कुछ नए निर्गुण पंथों की स्थापना और प्रतिष्ठा भी होती है। ये शोध सगुण–निर्गुण विवाद और भक्तिकाल के अवसान को लेकर चलने वाले विवाद पर नए सिरे से विचार करने को मजबूर करते हैं। इन शोधों को छोड़ भी दिया जाए और मिश्रबन्धुओं द्वारा लिखे गए इतिहास पर ही ध्यान दिया जाए, तो भी भक्ति के अवसान और रीतिकाल के अभ्युदय की प्रचलित और सर्वस्वीकृत मान्यता का खंडन हो जाता है। असल में, मिश्रबन्धुओं के इतिहास में भी रीतिकाल के दौरान भक्तिपरक कविता लिखने वाले कवियों की संख्या शृंगारिक कवियों से ज्यादा है। रीतिकाल के दौरान शृंगारिक कविता लिखने वाले कवियों के साथ–साथ भक्तिपरक कविता लिखने वाले कवियों को अध्ययन का विषय बनाना जरूरी है। यह सही है कि सभी इतिहास चयनधर्मी होते हैं और रामचन्द्र शुक्ल का इतिहास भी चयनधर्मी है, किन्तु चयन के औचित्य को लेकर तो सवाल खड़े किए ही जाने चाहिए। परवर्ती इतिहासकारों ने रामचन्द्र शुक्ल द्वारा चुने गए रचनाकारों को ही थोड़े बहुत हेर–फेर के साथ आगे पीछे किया है, लेकिन इस दायरे को बढ़ाने का काम शायद ही किसी ने किया हो। इस दृष्टि से देखें तो मिश्रबन्धुओं के इतिहास का दायरा बहुत बड़ा है। राजमल बोरा ने ठीक लिखा है कि 'शोध की दृष्टि से मिश्रबन्धुओं से शुक्ल जी आगे नहीं बढ़ते। हिन्दी में शोध की दृष्टि से मिश्रबन्धुओं ने

जितना कार्य किया है उसका अब तक उचित मूल्यांकन नहीं हुआ है। शुक्ल जी ने ऐतिहासिक कार्य किया और उनके इस कार्य ने मिश्रबन्धुओं को बहुत पीछे छोड़ दिया। जहाँ तक शोध या तथ्यान्वेषण की बात है, उसमें शुक्ल जी मिश्रबन्धुओं से आगे नहीं बढ़ पाए हैं।'

रीतिकाल के दौरान शृंगार, भक्ति, वीररसप्रधान चरित-काव्यों के अतिरिक्त नीति-काव्य, खेतीबारी और दैनंदिन जीवन से सम्बन्धित सूझ-बूझ की जानकारी देने वाली रचनाएँ भी लिखी गईं। नीतिपरक और दैनन्दिन जीवन से सम्बन्धित ज्ञान से परिचय करने वाली रचनाओं के महत्व पर हिन्दी में उल्लेखनीय कार्य नहीं हुए हैं। हिन्दी साहित्य के इतिहासों में कई बार तो इस तरह के कवियों का नामोल्लेख भी जरूरी नहीं समझा जाता है। जबकि ये रचनाएँ, यदि गहराई से इनके महत्व पर विचार किया जाए तो आध्यात्मिकता से लौकिकता की तरफ अग्रसर होते समाज की संवेदना में आ रहे परिवर्तन की सूचक हैं। दक्षिण भारतीय आधुनिक भाषाओं में नीति और ज्ञान पर आधारित काव्य के महत्व का प्रतिपादन वी. नारायण राव और संजय सुब्रह्मण्यम ने अपने अत्यन्त महत्वपूर्ण लेख 'हिस्ट्री एंड पॉलिटिक्स इन वर्नाक्यूलर' में किया है। इन सभी 'रीतिकालीन' साहित्यिक कृतियों को एक साथ लेकर विचार करने पर ही इनका महत्व ठीक से समझा जा सकता है। संक्षेप में, यह जरूर कहा जा सकता है कि सिर्फ एक प्रवृत्ति के अत्यन्त नकारात्मक मूल्यांकन के कारण इस दौर के साहित्यिक वैविध्य के साथ न्याय कर पाना मुश्किल है।

असल में, समस्या यह भी है कि रीतिकालीन अध्ययन की शुरुआत ही हम यह मानकर करते हैं कि यह पतन का दौर था और इस दौर के ज्यादातर कवि दरबारी थे। पतन का दौर क्यों? इसलिए कि इतिहासकारों ने ऐसा बताया है। लेकिन पिछले दशकों में इतिहासकारों ने अपने महत्वपूर्ण शोधों से इस अवधारणा को तोड़ दिया है कि यह दौर पतन का दौर था। विशेष रूप से सी.ए. बेली, मुजफ्फर आलम और संजय सुब्रह्मण्यम जैसे इतिहासकारों के काम से यह बात साफ हो चली है कि यह दौर पतन का दौर नहीं था। यदि रीतिकालीन साहित्य के वैविध्य पर विचार करें तो फिलहाल एक मोटा निष्कर्ष जरूर निकाला जा सकता है कि यह साहित्य लौकिकता और ऐतिहासिकता की ओर अग्रसर हो रहे समाज का साक्षात्कार कराता है। यह जरूर कहा जाना चाहिए कि समूचे रीतिकालीन साहित्य के वैविध्य को व्याख्यायित करने के लिए हमारे पास अभी भी कोई पर्याप्त विकसित सैद्धान्तिकी उपलब्ध नहीं है। हिन्दी के विद्वानों ने तो इस काल की उपेक्षा की ही, इतिहासकार भी लम्बे समय तक इस दौर के महत्व को ठीक से नहीं समझ पाए। इसलिए किसी पर तोहमत मढ़ने से ज्यादा जरूरी काम यह है कि हम विचार करें कि रीतिकालीन साहित्य का ज्यादा व्यवस्थित और सार्थक अध्ययन कैसे किया जाए। भक्तिकालीन साहित्य के अध्ययन के पुराने तौर-तरीकों से मुक्त हुए बिना रीतिकालीन साहित्य के साथ भी न्याय नहीं

किया जा सकता है। अभी तक तो हमारे पास भक्तिकाल के अध्ययन के लिए भी उपयुक्त सैद्धान्तिकी उपलब्ध नहीं थी। भला हो प्रो. पुरुषोत्तम अग्रवाल का, जिन्होंने 'अकथ कहानी प्रेम की' जैसी पुस्तक लिखकर कबीर ही नहीं, बल्कि समूचे भक्तिकाल के अध्ययन के लिए एक उपयुक्त सैद्धान्तिकी और इतिहासबोध उपलब्ध करा दिया, जिसके सहारे हम समूचे भक्तिकाल का नए सिरे से अध्ययन करने की ओर अग्रसर हो सकते हैं। यह ठीक है कि उनके द्वारा निर्मित सैद्धान्तिकी को और भी परिष्कृत एवं समृद्ध किया जा सकता है। किन्तु इस बात से इन्कार नहीं किया जा सकता कि उन्होंने एक ऐसा प्रस्थान बिन्दु रचा है, जिसके सहारे भक्तिकाल का नए सिरे से अध्ययन करना, पहले की तुलना में आसान हो गया है। रीतिकालीन साहित्य के अध्ययन के लिए भी इसी प्रकार की सैद्धान्तिकी और इतिहास-दृष्टि विकसित करने की जरूरत है।

हिन्दी साहित्य का नया इतिहास लिखने के लिए रामचन्द्र शुक्ल से पहले के इतिहासों पर नए सिरे से विचार करना पड़ेगा। यही नहीं, काल-विशेष या प्रवृत्ति-विशेष पर जो महत्वपूर्ण शोध भारतीय या विदेशी विद्वानों द्वारा किए गए हैं, उसे भी देखना होगा। परवर्ती हिन्दी साहित्य के इतिहासों को देखने से तो इस बात का एहसास ही नहीं होता कि हिन्दी साहित्य के इतिहास के कुछ काल-खंडों या प्रवृत्तियों पर कुछ महत्वपूर्ण कार्य भी हुए हैं! हिन्दी की पुरानी पत्रिकाओं में एक समय तक बहुत महत्वपूर्ण शोध-आलेख प्रकाशित हुए थे। उनमें से कुछ तो पुस्तक के रूप में आ गए, लेकिन बहुत सारी महत्वपूर्ण सामग्री आज भी इन पत्रिकाओं में पड़ी हुई है। इस सामग्री को भी सम्पादित कर पुस्तक के रूप में लाने की जरूरत है। तभी यह ठीक से पता चल पाएगा कि भारतीय और विदेशी विद्वानों द्वारा किए गए हिन्दी साहित्य से सम्बन्धित शोध और अध्ययन में ऐसा क्या है, जो हमारे काम का है। अभी तो आलम यह है कि जो काम हो चुका है, उससे भी हिन्दी के विद्वान और अध्यापक पूरी तरह परिचित नहीं हैं।

ज्यादातर विश्वविद्यालयों में हिन्दी में शोध कार्य 'फलाने के उपन्यास में ढेकाने' के अन्दाज में हो रहा है। इस प्रकार के शोध को शोध कहना ही ठीक नहीं। हिन्दी के विभागों और अध्यापकों को इस बात पर गम्भीरतापूर्वक विचार करना चाहिए कि उनके यहाँ वास्तव में कोई गम्भीर शोध क्यों नहीं हो पा रहा। बहाने तो पचास बनाए जा सकते हैं, लेकिन क्या यह सच नहीं कि एक समय ऐसा था, जब इन्हीं हिन्दी विभागों में शोध कार्य हुआ करता था। समस्याएँ तब आज से कोई कम नहीं रही होंगी, बल्कि ज्यादा ही रही होंगी। तब शोध हो सकते थे, तो आज क्यों नहीं, जबकि पहले के मुकाबले आज सुविधाएँ बढ़ गई हैं।

शोध से नया ज्ञान आता है। नया ज्ञान पुराने ज्ञान को संशोधित, परिवर्धित और कई बार अपदस्थ भी कर देता है। सच्चे शोध से आलोचना का स्तर ऊपर उठता

है और हमारा साहित्यिक विवेक समृद्ध होता है। अच्छे शोध के बिना अच्छी आलोचना मुश्किल है और अच्छी आलोचनात्मक दृष्टि के बिना अच्छा शोध भी आसान नहीं है। शोध और आलोचना के सम्यक् बोध के बिना, सिर्फ अनुभूति के सहारे, सार्थक साहित्य लिख पाना भी कठिन है। इस तरह सोचें तो शोध, आलोचना और साहित्य में कोई विरोध नहीं है। वे परस्पर एक दूसरे को समृद्ध और उन्नत करते हैं। इनमें से कोई भी कड़ी कमजोर पड़ी तो उसका असर देर-सबेर दूसरे पर भी दिखाई पड़ने लगता है। कुछ लोग इस मुगालते में हैं कि हिन्दी में रचनात्मक लेखन तो बहुत उच्च कोटि का हो रहा है, जबकि शोध और आलोचना का स्तर बहुत नीचे गिर गया है। यह सम्भव है कि किसी कालखंड में इनमें से किसी एक का स्तर ज्यादा अच्छा हो और दूसरे का कम अच्छा हो, लेकिन इससे यह निष्कर्ष नहीं निकाला जा सकता है कि ये परस्पर असम्बद्ध हैं। अक्सर तो यही दिखाई पड़ता है कि जिस दौर में शोध और आलोचना का स्तर ऊँचा था, उसी दौर में साहित्यिक लेखन का स्तर भी काफी अच्छा था।

असल में, हिन्दी में शोध, आलोचना और सर्जनात्मक लेखन के बीच एक खास तरह की वर्णव्यवस्था वाली दृष्टि काम करती रही है। इस दृष्टि के अनुसार 'सर्जनात्मक' लेखन को तो उच्च कोटि का काम माना जाता है और सर्जनात्मक लेखन में भी कवि-कर्म को सर्वश्रेष्ठ माना जाता है। नाटक, उपन्यास और कहानी लिखने वाले उसके बाद आते हैं। इनके नीचे आलोचक, साहित्य के इतिहासकार, और सबसे नीचे शोधार्थियों को रखा गया है। इस प्रकार की साहित्यिक वर्ण-व्यवस्थाजन्य सोच का परिणाम यह हुआ कि हिन्दी विभागों में शोध का महत्व ही लगभग खत्म हो गया है। अब हिन्दी के बारे में जो महत्वपूर्ण शोध हो रहे हैं, उनमें से ज्यादातर भारत के हिन्दी विभाग के विद्यार्थियों और शिक्षकों द्वारा नहीं, बल्कि विदेशी शोधार्थियों और विद्वानों द्वारा किए जा रहे हैं। भारत के विश्वविद्यालयों के हिन्दी विभागों में कुछ एक दशकों से ज्यादातर शोध बीसवीं शताब्दी के कथा साहित्य पर हुए हैं। इस स्थिति में इधर और भी प्रगति हुई है। अब तो समकालीन कथा और काव्य को ही शोध का विषय बनाने का चलन बढ़ता हुआ दिखाई पड़ रहा है। यदि इसी प्रकार शोध के विषयों की समकालीनता आगे बढ़ती रही तो वह दिन दूर नहीं, जब समकालीन से भी आगे बढ़कर सम्भावनाशील साहित्य पर शोध होने लगेगा; क्या पता, हो ही रहा हो। हिन्दी का एकाध रणबांकुरा शोधार्थी यदि पीछे जाने का जोखिम मोल भी लेता है, तो अधिक से अधिक प्रेमचन्द तक पहुँचता है। प्रेमचन्द वह अन्तिम बिन्दु हैं जिसके आगे समकालीन हिन्दी-शोध शायद ही जाता हो।

हिन्दी के शोधों की विडम्बना यह है कि उनमें से ज्यादातर 'सहायक ग्रन्थों' के सहारे लिखे जाते हैं। जैसे आजकल आलोचना से आलोचना निकाल ली जाती है,

वैसे ही शोध से शोध निकाल लिए जाते हैं। जो शोध आधार-ग्रन्थों तक ही नहीं पहुँचते, उनसे यह उम्मीद करना कि वे हस्तलिखित पांडुलिपियों की खोज करेंगे, ज्यादती होगी। पुरुषोत्तम अग्रवाल को फिर याद करें 'भक्ति काव्य और संवेदना का इतिहास देखें तो यह दुखद तथ्य सामने आता है कि पिछले कई दशकों से इस क्षेत्र में खोज और ठोस अध्ययन के बजाय व्याख्यायों का बाजार गर्म रहा है। व्याख्याएँ होनी ही चाहिए लेकिन किसी आधार पर।' पुरुषोत्तम अग्रवाल ने जो बात भक्तिकाल के सन्दर्भ में कही है, वह समूचे हिन्दी साहित्य से सम्बन्धित शोधों पर ही नहीं, समकालीन हिन्दी आलोचना पर भी लागू होती है। आलोचना की समृद्धि के दो मुख्य स्रोत हैं—पहला मौलिक शोध और दूसरा ज्ञान-मीमांसात्मक साहित्य और भाषा सम्बन्धी चिन्तन। इन दोनों स्रोतों के छीजने से आलोचना का विकास अवरुद्ध हो जाता है। वह कुछ सपाट, सरल, राजनीतिक दृष्टि से उपयोगी नुस्खों में तब्दील हो जाती है और कुछ पिटे-पिटाए जुमलों की जुगाली करने लगती है। समकालीन हिन्दी आलोचना की दशा, कुछेक अपवादों को छोड़ दें, तो ऐसी ही है। आलोचना पुस्तक-समीक्षा में और पुस्तक-समीक्षा सम्पर्क-साधना में तब्दील हो रही है।

चिन्तन और मौलिक शोध के अभाव को ही हिन्दी का जातीय वैशिष्ट्य मानकर गर्व करने वाले हिन्दी के ज्यादातर विद्वान न तो खुद शोध और अध्ययन करते हैं, न ही अपने विद्यार्थियों को इस दिशा में प्रेरित करते हैं। इसके बावजूद यदि कोई शोध करता है तो उसे हतोत्साहित करते हैं। उनके अनुसार गम्भीर शोध, समाजवैज्ञानिक-दार्शनिक अध्ययन-चिन्तन-मनन, ये सब साहित्येतर घटिया चीजें हैं। इस प्रकार का काम वही करते हैं, जिनमें 'सर्जनात्मक लेखन' और 'साहित्यिक आलोचना' लिखने की सामर्थ्य नहीं है। वे शूद्र हैं और उनका काम शूद्र-कर्म है।

साहित्य, इतिहास और स्वाधीनता

इन दिनों स्वाधीनता की चर्चा फिर ज़ोरों पर है। राष्ट्र अपनी स्वाधीनता की स्वर्ण जयन्ती मनाने जा रहा हो और स्वाधीनता की चर्चा भी न हो! रोचक संयोग ये है कि राष्ट्र की तरह साहित्य को भी स्वाधीन बनाने का अभियान चल पड़ा है। पिछले कुछ वर्षों से स्वाधीनता प्रेमी कुछ साहित्यिक बुद्धिजीवियों को यह कटु अनुभव होने लगा था कि साहित्य राजनीति या विचारधारा का उपनिवेश बनता जा रहा है। राजनीतिक या विचारधारात्मक उपनिवेशीकरण से यदि साहित्य को समय रहते न बचाया गया तो उसका भी वही हाल होगा जो अतीत में अपने देश का हुआ था। और गोस्वामी तुलसीदास ने लिखा है "पराधीन सपनेहु सुख नाहीं"। इसलिए और कुछ न सही तो साहित्य की स्वाधीनता का सुख सही। सचमुच की स्वाधीनता न सही तो दिल के खुश रखने को स्वाधीनता का भ्रम ही सही।

साहित्य की स्वाधीनता को राजनीति या विचारधारा से ख़तरा तब महसूस हुआ जब राष्ट्र को स्वाधीन हुए पचास बरस होने को आए। वैसे तो स्वाधीनता आन्दोलन के दौरान साहित्य पर विचारधारा का प्रभाव कुछ कम न था, बल्कि ज्यादा ही था—शायद ही कोई लेखक होगा जिस पर गांधीजी का प्रभाव न रहा हो—किन्तु तब साहित्य की स्वाधीनता का अर्थ राष्ट्र की पराधीनता और सामाजिक रुढ़ियों से मुक्ति था, समाज या इतिहास से मुक्ति नहीं। स्वाधीनता पूर्व का समूचा हिन्दी साहित्य इसी परिप्रेक्ष्य में लिखा गया था। स्वाधीनता आन्दोलन से उसने प्रेरणा ली थी—उसकी शक्ति और जीवन्तता का राज़ इस आन्दोलन से उसके सार्थक संवाद में निहित है। और संवाद का अर्थ सर्वदा सहमति नहीं होता। उल्लेखनीय है कि प्रेमचन्द ने साहित्य को राजनीति से आगे-आगे चलने वाली मशाल कहा था जिसका अर्थ ये है कि साहित्य राजनीति से निरपेक्ष नहीं है, बल्कि राजनीति से बढ़कर है। यह सही है कि साहित्य न तो राजनीति की कार्बन कापी है और न ही राजनीति का अविकल अनुवाद। इसलिए बहस विचारधाराओं के औचित्य पर हो सकती है, होती रही है। बहस राजनीति और साहित्य के सार्थक सम्बन्ध को लेकर हो सकती है, पहले भी हुई है। किन्तु जब यह मान लिया जाए कि समूचा इतिहास, सारी सामाजिक-राजनीतिक संस्थाएँ मनुष्य की स्वाधीनता (या सच्ची मनुष्यता) को बाधित करती

हैं, केवल साहित्य ही है जहाँ मनुष्य खुलकर खेल सकता है तो साहित्य की परिकल्पना ऐसे अभयारण्य के रूप में की जाने लगती है जहाँ समाज, सामाजिक-राजनीतिक संस्थाओं और इतिहास के शिकंजे से मुक्त होकर व्यक्ति निर्भय निर्गुन गा सकता है। साहित्य अलग और समाज अलग। साहित्य मुक्ति देने वाला और समाज का इतिहास गुलाम बनाने वाला।

चूँकि मनुष्य की मनुष्यता इतिहास, समाज और सामाजिक-राजनीतिक संस्थाओं से स्वाधीन होने पर ही बच सकती है, इसलिए ये सभी मनुष्यता विरोधी ठहरते हैं। जो इतिहास की क्षत-विक्षत कर देने वाली गुलामी से जितना मुक्त होगा, उतना ही मनुष्य होगा। इस तर्क से समाज का समूचा इतिहास मनुष्यता विरोधी और मनुष्य को लहूलुहान कर देने वाली गुलामी का पर्याय बन जाता है। निष्कर्ष ये कि प्रारम्भ में मनुष्य था। फिर समाज आया। फिर उसका इतिहास। और समाज तथा इतिहास मनुष्य की स्वतंत्रता के विरोधी हैं। स्वतंत्रता का इतिहास भी। अब आप इसे नियति कहिए या विडम्बना कि मनुष्य समाज या इतिहास की लक्ष्मण-रेखा से बाहर भी नहीं जा सकता। किन्तु इस लक्ष्मण-रेखा को लाँघे बिना मुक्ति तो मिलने से रही। और मुक्ति अन्दर आएगी नहीं। क्योंकि मुक्ति जानती है कि अन्दर आते ही भस्म भले न हो, गंदली अवश्य हो जाएगी : 'भूमि परत भा ढाबर पानी, जिमि जीवहिं माया लिपटानी।' चाहे जितने जतन से रखो इतिहास की धूल-धक्कड़ उसे गंदला बना ही देगी। मुसीबत ये कि मुक्ति रहे तो कहाँ रहे...बाहर कितनी देर तक खड़ी रहेगी, थक नहीं जाएगी! एक ही जगह खाली दिखती है—साहित्य; सो उसे वहीं बसा देते हैं, क्योंकि यहीं मनुष्य अपनी आदिम स्वाधीनता में जी सकता है। 'इंडिया टुडे' की साहित्य वार्षिकी' 96 में प्रकाशित अपने लेख 'साहित्य और सत्ता का अन्तर्सम्बन्ध' में निर्मल वर्मा ने साहित्य और इतिहास के सम्बन्ध की कुछ इसी रूप में परिकल्पना की है।

ग़ुलामी के रेगिस्तान में आज़ादी का नख़लिस्तान। राजनीतिक सत्ता के आँख की किरकिरी। अर्थात् साहित्य। राजनीतिक सत्ता की हरचन्द कोशिश रहती है कि इस पर भी किसी तरह कब्ज़ा कर लिया जाए। इसे भी अपने इशारे पर नचाया जाए। हुक्म-उदूली करने वाले को दंडित करने से भी वह बाज़ नहीं आती। इस सदी में अनेक साहित्यकारों को इसलिए दण्डित किया गया क्योंकि उन्होंने सत्ता के इशारे पर चलने से इन्कार कर दिया। साहित्य को राजनीति या विचारधारा के चंगुल से मुक्त रखना इसलिए जरूरी है।

अपने लेख में निर्मल वर्मा ने साहित्य और सत्ता के अन्तर्सम्बन्ध को जिस रूप में निरूपित किया है, उस पर शीतयुद्ध कालीन 'व्यक्ति विरुद्ध समाज' की विचारधारा का गहरा असर है। किन्तु विडम्बना यह है कि समाज-निरपेक्ष आदिम शुद्ध मनुष्यता और उन्मुक्त साहित्य की अवधारणा को पश्चिम के ही विचारक 'रोमैंटिक मिथ' कहकर अस्वीकार कर चुके हैं। मनुष्यता की अवधारणा ही सामाजिक नहीं है बल्कि

मनुष्यता का विकास भी समाज-सापेक्ष है, यह सिद्ध किया जा चुका है। उदार मानववाद का सबसे मज़बूत गढ़ व्यक्ति, जिसके दम पर व्यक्ति स्वातंत्र्य का ध्वज फहराया जाता था, भी ढह चुका है। टेरी ईगलटन के शब्दों में, 'उदार मानवतावादी के लिय बुरी ख़बर यह है कि उसका अन्तर्मन वह ज़गह है जहाँ वह सबसे कम स्वतंत्र है।' यहाँ तक कि भाषा, जिसमें हम साहित्यिक मायालोक का द्वीप रचते हैं, एक ऐसे शिकंजे की तरह है जो मनुष्य को खोलती कम, बाँधती-ढालती अधिक है। हमारे अन्तर्मन में भी वही होता है जो भाषा और विमर्शों से छनकर हमें मिलता है। इस तरह अन्तर्मन पर भी विचारधारा का साम्राज्य है और भाषा विचारधारा के अधीन। और अब अर्थ का दूसरा नाम विचारधारा है। बिना किसी संगति, प्रणाली और व्यवस्था के अर्थ सम्भव नहीं। मज़ा ये कि संगति, प्रणाली और व्यवस्था भी विचारधारा से निर्मित हैं। इसलिए सारा ज़ोर संगति, प्रणाली और व्यवस्था को खोलने या विखण्डित करने पर है, रचना को उसके मूल तर्क के विरुद्ध अर्थ की बहुलता और अनिश्चय के साथ पढ़ने पर है।

साहित्य की हालत भी कोई बेहतर नहीं। गनीमत समझिए कि वहाँ विचारधारा की बन्दिश से निकल भागने की गुंजाइश सबसे अधिक है। इसलिए यह मान बैठना कि साहित्य अपने प्रकृत रूप में सत्ता और विचारधारा से मुक्त है, एक भ्रम ही है। हाँ, सत्ता या विचारधारा से मुक्ति का आशय किसी खास विचारधारा से हो तो दीगर बात है। सत्ता का अर्थ केवल राजनीतिक सत्ता नहीं है। भक्तिकालीन कवियों ने राजनीतिक सत्ता के बरक्स धार्मिक सत्ता बना ली थी। राजदरबार का विकल्प उनके यहाँ मन्दिर था। चाहे-अनचाहे विरोध की भी सत्ता बन जाती है, एक केन्द्र निर्मित हो जाता है। इसलिए सत्ता के चरित्र में तो फ़र्क़ हो सकता है, किन्तु सत्ता ही न हो, यह बात अब झूठी साबित हो गई है। इसी तरह विचारधारा के विलोप का भी कोई मतलब नहीं है। बिना विचारधारा और केन्द्र के, चाहे वे कितने ही कामचलाऊ क्यों न हों, विरोध एक निष्प्रभावी खिलवाड़ बनकर रह जाएगा। क्योंकि जैसाकि प्रसाद ने लिखा है शक्ति के बिखरे हुए विद्युतकणों को समन्वित करके ही मानवता विजयिनी हो सकती है (मानवता की विजय में जो आस्था खो चुके हैं वही अब साहित्य में मुक्ति खोज रहे हैं।)। और विकेन्द्रण की बात एक सीमा तक ही सम्भव है। विडम्बना यह कि सत्ता का तो हम बाल भी बाँका नहीं कर पा रहे, सत्ता से इतने खौफ़ज़दा जरूर हैं कि विरोध की बची-खुची सत्ता को भी चूर-चूर किए जा रहे हैं।

उल्लेखनीय है कि निराला की 'राम की शक्ति पूजा' में भी शक्ति की मौलिक नूतन कल्पना का संकल्प है, आराधन का उत्तर दृढ़ आराधन से देने का विकल्प है। लेकिन जो लोग सत्ता मात्र के विरोधी हैं वे किसी विकल्प को नहीं मानते। उनके लिए तो क्या नागनाथ क्या साँपनाथ—सभी बराबर हैं।

निष्कर्ष ये कि न तो इतिहास-समाज-निरपेक्ष मनुष्य और मनुष्यता की अवधारणा का कोई अर्थ है और न ही साहित्य का। मनुष्य की अस्मिता और साहित्य की स्वायत्तता की भी कलई खुल चुकी है। यह सही है कि साहित्य और कलाओं का सम्बन्ध मनुष्य की सर्जनात्मक कल्पनाशीलता से रहा है। साहित्य और कलाएँ केवल वस्तुगत यथार्थ नहीं दिखातीं बल्कि हमें वस्तुगत यथार्थ और संस्थाओं की बंदिश से आगे ले जाती हैं, पूर्णता का स्वप्न दिखाती हैं। यही कारण है कि साहित्य आदर्शों, कल्पनाओं, स्वप्नों, स्मृतियों, संवेदनाओं और मानवीय सम्बन्धों का अपेक्षाकृत उन्मुक्त यूटोपिया रचता रहा है। कालिदास की अलकापुरी में तो इश्क-मुहब्बत ('प्रणय विषयेषु') के सिवा और किसी बात को लेकर कोई कलह ही नहीं होती। तुलसी का रामराज्य भी एक यूटोपिया ही है, जहाँ मनुष्य के सारे ताप—दैहिक, दैविक और भौतिक—मिट गए हैं।

लेकिन मनुष्य की कल्पनाओं, स्वप्नों, स्मृतियों, आकांक्षाओं और आदर्शों का साहित्यिक यूटोपिया भी विचारधारा की छाप से पूर्णतः मुक्त नहीं होता—यह दिखाने के लिए किसी शोध की आवश्यकता नहीं। अलग-अलग वर्गों, प्रजातियों, देशों, कालों और लिंगों में इस यूटोपिया का स्वरूप भी अलग होता है। कबीर और तुलसी के यूटोपिया में फ़र्क है। स्त्री और पुरुष के यूटोपिया में फ़र्क साफ़ दिखाई देता है। यदि ऐसा न होता तो दलित और नारीवादी लेखन को हमारे तथाकथित साहित्य (बिना दीवारों का घर), जहाँ पहली बार हमें अपने मनुष्यत्व से साक्षात्कार होता है, को लेकर इतनी ढेर सारी आपत्तियाँ न होतीं।

इतिहास तो मनुष्य को बाँधता है, उसके केवल एक अंश को उद्घाटित करता है—इतिहास में निर्वासित जीवन जीने वाले व्यक्ति के लिए सिर्फ साहित्य में मनुष्यत्व का साक्षात्कार सम्भव है। किन्तु सच्चाई तो यह है कि साहित्य में भी इतिहास से छुटकारा नहीं मिलता। और बातें न मानें तो भी इतना तो मानेंगे कि साहित्य भाषा में ही सम्भव है। और भाषा इतिहास निरपेक्ष नहीं होती, इतिहास में जन्मती और बढ़ती है। इधर उत्तर आधुनिक माने जाने वाले विचारक लाकाँ ने दिखाया है कि दर्पण-अवस्था से आगे बढ़ने पर 'मैं' जैसे ही भाषा के 'सिम्बॉलिक ऑर्डर' में प्रवेश करता है वह विखण्डित हो जाता है। भाषा उसे ढालती है, उसके व्यक्तित्व को बनाती है—सचेत आवश्यकताओं को समझने और व्यक्त करने में समर्थ बनाती है। परनिर्भरता को कम करती है। किन्तु इसके साथ यह भी उल्लेखनीय है कि 'मैं' के व्यक्तित्व का प्रत्येक विमर्श में एक अंश ही उद्घाटित होता है। बाकी अवचेतन में चला जाता है। इस प्रकार व्यक्ति और अवचेतन का निर्माण एक साथ शुरू होता है। अवचेतन में दबी हुई इच्छाएँ और प्राक्‌भाषायी संकेतक भरे होते हैं, जो 'सिम्बॉलिक ऑर्डर' को अव्यवस्थित करने की क्षमता रखते हैं। यही नहीं, अलग-अलग विमर्शों में व्यक्ति को अलग-अलग भूमिकाओं में खड़ा होना पड़ता है, जहाँ से वह यथार्थ और यथार्थ

से अपने सम्बन्ध को परिभाषित करता है। और इन नाना भूमिकाओं में संगति कम, अन्तर्विरोध अधिक होता है। इस तरह यथार्थ का साक्षात्कार व्यक्ति को काल्पनिक (इमेजनरी) और प्रतीकात्मक (सिम्बॉलिक) स्थितियों से छन कर ही होता है। यथार्थ का प्रत्यक्ष साक्षात्कार लगभग असम्भव है।

यदि साहित्य भी एक विमर्श है, जो कि वह है, तो साहित्य में निर्मित व्यक्ति की मूर्ति भी पूर्ण नहीं हो सकती। और व्यक्ति भी कैसा? अन्तर्विरोधों से ग्रस्त, लगातार बदलता हुआ। इस प्रकार व्यक्ति और मनुष्यता की कोई भी तात्विक अवधारणा एक मिथ ही साबित होती है, जो व्यक्ति में परिवर्तन की सम्भावना के निषेध पर आधारित है। इतिहास-निरपेक्ष व्यक्ति और मनुष्यत्व के बारे में तो कहना ही क्या! इतिहास को ग़ुलामी और साहित्य को मुक्ति का पर्याय मानने की समझ उसी द्विआधारी (बाइनरी) विरोध पर आधारित है जिसे उत्तर आधुनिक विचारक 'मेटाफिजिक्स' कह कर विखण्डित कर चुके हैं। इस तर्क से तो स्वाधीनता आन्दोलन का इतिहास भी ग़ुलामी का इतिहास बन जाएगा क्योंकि इतिहास के निर्वासन और गुलामी से मुक्ति केवल साहित्य में सम्भव है। और फिर स्वाधीनता आन्दोलन का इतिहास तो गुलामी का इतिहास कहलाएगा और उस दौरान लिखा गया साहित्य मुक्ति का—बिना दीवारों का घर! पहले जो यह मान लिया गया था कि स्वाधीनता आन्दोलन ने तत्कालीन साहित्य को भी उन्मुक्त किया, यह बात जैसे 'ज्ञान के इस नए आलोक' में ग़लत साबित हो गई। मुक्तिबोध ने लिखा था कि मुक्ति अकेले नहीं मिलती। उन्हें क्या पता था कि मुक्ति साहित्य में मिलती है, अन्यथा अभिव्यक्ति के खतरे उठाने, मठ और गढ़ तोड़ने की बात वे क्यों कर करते! फ्रैंकफर्ट स्कूल के प्रसिद्ध चिन्तक एडोर्नो ने लिखा है कि 'कला दैनन्दिन जीवन के विरोध को पार कर जाती है, किन्तु उसे खत्म नहीं करती।' यही उसकी सार्थकता भी है। पर वे क्यों मानने लगे!

जब धर्म जनता को मूर्ख बनाने का पाखंड बन जाए, राजनीतिक आश्वासन व्यर्थ लगने लगें, दर्शन आत्मविस्मृति का प्रपंच बन जाए और जीवन का मोह नियति का विडम्बनापूर्ण खेल प्रतीत होने लगे तो साहित्य और कला के प्रति 'अनुराग' बढ़ जाना स्वाभाविक है। नीत्शे ने कहीं लिखा है कि 'कभी-कभी जीवन के अभावों की क्षतिपूर्ति हम साहित्य से करने की कोशिश करते हैं।' किन्तु यह क्षतिपूर्ति सायास अर्जित होती है, कृत्रिम भी, इसीलिए टॉमस मान की रचना 'डेथ इन वेनिस' के नायक की तरह यह सायास अर्जित अन्तर्गठन जीवन-सौन्दर्य की सच्ची लौ के सम्मुख ताश के पत्ते की तरह ढह जाता है।

संस्कृति के प्रति अन्धमोह की आलोचना करते हुए जर्मनी के ही चिन्तक एडोर्नो ने लिखा है कि जीवन में अनेक सुख-दुखात्मक प्रसंग ऐसे आते हैं जिनका कोई समाधान सम्भव नहीं होता। न कोई बदलाव, न कोई प्रायश्चित, न प्रतिशोध

उनकी क्षतिपूर्ति कर सकता है। ऐसे क्षणों में मनुष्य का सबसे सच्चा साथी साहित्य ही होता है। किन्तु साहित्य को महिमामंडित करने का मतलब उसे पाषाण की मूर्ति में रूपान्तरित कर पूजना नहीं है। क्योंकि अनन्य साहित्य-पूजक और समाजद्रोही प्रकारान्तर से नाभिनाल-बद्ध होते हैं।

गद्य काल में कविता

'केवल छोटे मोटे तुकबाज़ों पर ही नहीं अपितु वास्तव में प्रतिभाशाली कवियों पर भी पूर्व अवधारणाओं और रुढ़ियों का निर्णायक असर होता है। प्रत्येक युग में काव्य की अवधारणा कविता के स्वरूप को परिसीमित करती है। काव्य की अवधारणाओं को जन्म देने वाली परिस्थितियों के बदल जाने पर भी कवि इन्हीं से बँधा रहता है। परिणामत: वह अपने युग की सर्वाधिक अमूल्य अनुभूतियों को व्यक्त करने से वंचित रह जाता है, जो उस दौर की सक्षम मेधा के लिए अत्यधिक महत्वपूर्ण होती है। अन्यथा उसे कविता के बाहर खदेड़ दिया जाता है।...

कविता वास्तविक अनुभूति की विशिष्टताओं को ऐसी सूक्ष्मता और संक्षिप्तता के साथ संप्रेषित करती है, जो दूसरे माध्यमों की पहुँच के बाहर है। किन्तु यदि कविता और युग की प्रतिभा का सम्पर्क टूट जाए तो कविता का महत्व भी क्षीण हो जाता है। और युग सूक्ष्मतर जागरूकता से वंचित रह जाता है।

—एफ. आर. लीविस,

–न्यू बियरिंग इन इंग्लिश पोइट्री पृ. 19, 21

एक समय था, जब सब कुछ पद्य में लिखा जाता था। व्याकरण से लेकर विज्ञान तक। पद्य काव्य का पर्याय नहीं, समूचे साहित्य का पर्याय था। साहित्य माने काव्य। फिर जैसे बड़े होकर बच्चे अपना घर अलग बना लेते हैं, वैसे ही काव्य से छिटककर नाटक और कथा ने अपना स्वतंत्र अस्तित्व बना लिया। गद्य के विकास के बिना यह सम्भव न था।

गद्य का विकास भी हो गया और गद्य केन्द्रित विधाओं (विशेष रूप से नाटक) का भी, किन्तु काव्य को इससे कोई बड़ी चुनौती नहीं मिली। महाकाव्यों और खंड काव्यों में आख्यानात्मकता पूर्ववत् चलती रही। मुक्तक अवश्य आख्यानात्मकता से कमोबेश मुक्त थे। आख्यान या तो पुराण–आश्रित थे या किसी ऐतिहासिक शासक के जीवन वृत्त पर आधृत होने का दावा करते थे। कभी–कभी प्रचलित लोक–कथाओं को भी उपजीव्य के रूप में लेते हुए आख्यान गढ़े गए। जायसी के 'पद्मावत' की कहानी अवध क्षेत्र में प्रचलित लोक कथाओं पर टिकी हुई है। निष्कर्ष ये कि काव्य में प्राय: ऐसे ही आख्यान लिए गए जिनसे जनमानस किसी न किसी रूप में पहले से परिचित था। यह कहना सम्भवत: निरर्थक स्पष्टीकरण होगा कि प्रत्येक कवि ने इन लोकविश्रुत

आख्यानों को अपनी प्रतिभा और समय की आवश्यकतानुसार नया अर्थ और आयाम दिया। मुख्य बात ये कि महाभारत-रामायण (उपजीव्य महाकाव्य), पुराण (मिथ), निजंधर (लीजेंड), इतिहास और लोककथा के रूप में पहले से मौजूद और प्रचलित आख्यान ही 'काव्य या नाटक' का विषय बन सकते थे। कवि-नाटककार प्रायः अपनी ओर से स्वतंत्र आख्यान नहीं रच सकता था।

गद्य के विकास के बाद भी काव्य की आख्यानात्मकता को कोई मूलभूत चुनौती नहीं मिली। चुनौती मिली तब जब छापेखाने का आविष्कार हो गया। उल्लेखनीय है कि छापेखाने के आविष्कार का सम्बन्ध नवजागरण, औद्योगिकीकरण और लोकतांत्रिक चेतना से भी है। इन चीजों ने मिलकर न केवल आख्यान के पूर्व प्रचलित चरित्र (जिसका उल्लेख ऊपर किया जा चुका है) को बदला, बल्कि उपन्यास, आधुनिक कहानी, निबन्ध आदि अनेक नई विधाओं को भी जन्म दिया, जिनके सामने महाकाव्य और खंड-काव्य का प्रचलित ढाँचा चरमराने लगा। पहली बार रचनाकार के सम्मुख यह विकल्प झिलमिलाया कि वह चाहे तो लोकविश्रुत आख्यानों को छोड़कर स्वतंत्र रूप से अपना आख्यान रच ले। ध्यातव्य है कि इस विकल्प का द्वार रोमैंटिक आन्दोलन के दौरान उसकी रचनात्मकता में खुला। अर्नल्ड हाउजर ने 'सोशल हिस्ट्री ऑफ आर्ट' में लिखा है कि जर्मन आदर्शवादी दार्शनिकों ने पहली बार मस्तिष्क की स्वायत्त क्षमता पर जोर दिया और बताया कि मनोरचना केवल काल्पनिक और अवास्तविक नहीं है, जैसाकि पहले माना जाता था। मस्तिष्क बाहरी वस्तुओं की अनुकृति तैयार करने वाला यन्त्र नहीं है बल्कि 'निर्मित' में उसका सक्रिय योगदान है, इसलिए प्रत्येक व्यक्ति के लिए अपना एक विशिष्ट मनोजगत रचना सम्भव है, जिसे कल्पना-विलास कह के ख़ारिज नहीं किया जा सकता। अकारण नहीं है कि रोमैंटिक आन्दोलन में कल्पनाशीलता और दुनिया से अलग एक अपना संसार रचने की प्रवृत्ति इतने प्रबल रूप में दिखाई पड़ती है।

आधुनिक युग में रचनाकार को अपना कथानक ख़ुद गढ़ लेने की स्वाधीनता मिली। इसके मूल में औद्योगिक क्रान्ति और व्यक्तिवाद के उदय के अतिरिक्त वह आत्मबोध था, जिसकी चर्चा मस्तिष्क की स्वायत्तता के प्रसंग में अभी की गई। अब स्वयं या संसार के अवबोध के लिए किसी पूर्व प्रचलित कथानक से होकर ग़ुज़रने की अनिवार्यता समाप्त हो गई और साहित्य, व्यक्ति और समाज सीधे-सीधे आमने सामने आ खड़े हुए। नई विधाओं में पूर्व-प्रचलित आख्यान-कथानक पहले छोड़ा गया। कविता में यह एहसास थोड़ी देर से हुआ। जब हुआ तो पता चला कि पैर के नीचे से ज़मीन ही खिसक गई है। आख्यान—क्या प्रचलित, क्या अप्रचलित—काव्य से छिटक कर गद्य से जा मिला है।

यदि हिन्दी साहित्य पर दृष्टि डालें तो पाते हैं कि छायावाद के दौरान यह बोध पहले-पहल अनुभूत हुआ—जब इतिवृत्त की जगह गद्य ने घेर ली तो कविता

के लिए आख्यानात्मक प्रबन्ध एक चुनौती बन गया। दूधनाथ सिंह ने 'निराला एक आत्महंता आस्था' में लिखा है कि "गद्य ने एक प्रकार से प्रबन्ध-रचना की बुनियाद पर ही आघात किया और इतिवृत्त की उस बुनियाद के बिना कोई भी रचना असम्भव नहीं तो अत्यन्त कठिन तो हो ही गई। यह जैसे दो हजार वर्षों के बाद कविता के पुराने प्रबन्ध-स्थापत्य के ढह जाने या उसके पुनर्निमाण के व्यर्थ सिद्ध होने जाने पर प्रबन्ध-रचना के सर्वथा एक नए स्थापत्य की तलाश थी। बिना बुनियाद, बिना किसी पुराने नक्शे, रेखांकन या झलक के यह नई तलाश कितनी श्रमसाध्य कठिन और संशय-ग्रस्त रही होगी इसका अंदाज़ा आसानी से लगाया जा सकता है। इसलिए कामायनी प्रबन्ध-रचना के स्थापत्य के तलाश की सर्वथा नई खोज है।"

यह केवल संयोग नहीं है कि अंग्रेज़ी का अंतिम महाकाव्य (सफल या असफल) रोमैंटिक कवि वर्ड्सवर्थ ने लिखा, 'प्रील्यूड' के रूप में, और हिन्दी में साहित्यिक दृष्टि से अंतिम उल्लेखनीय महाकाव्य 'कामायनी' छायावादी कवि प्रसाद ने। उसके बाद महाकाव्य लिखने की परम्परा समाप्त सी हो गई। सम्भवत: रवीन्द्रनाथ को गद्य की इस चुनौती का एहसास था इसीलिए उन्होंने महाकाव्य के बजाय कविता, गीत, नाटक और उपन्यास में अपनी प्रतिभा प्रकट की। यह बात और है कि प्रतिभा के धनी कुछ कवि (महाकवि) अब भी 'महाकाव्य' लिखते चले आ रहे हैं, और मन में यह गुमान भी पाल रखा है कि महाकाव्य लिख मारा है, इसलिए आज न सही, कल महाकवि कहे जाएँगे।

हीगेल ने जब उपन्यास को आधुनिक युग का महाकाव्य कहा तो कदाचित् इसी बोध के आधार पर कि आधुनिक कविता के कलेवर में महाकाव्यात्मक व्यापकता अर्जित कर पाना आज सम्भव नहीं रहा। महाकाव्य न सही, प्रबन्धकाव्य (या खंड काव्य) या लम्बी कथात्मक कविताओं का स्थापत्य भी गद्य द्वारा फेंकी गई इस चुनौती के सामने कुछ चरमराता सा दिखता है, उसकी चमक फ़ीकी सी पड़ गई लगती है। आख्यान का प्रयोग कविता में कैसे हो या न हो, यह एक बड़ी चुनौती रही है, जिसका सामना आधुनिक कवि को करना पड़ा है। इस चुनौती का सामना कभी-कभी पुराने मिथक-आख्यान में इतिवृत्त न्यूनतम करते हुए अर्थ की नई झलक उत्पन्न करके किया गया है। जैसे निराला की 'राम की शक्ति पूजा'। लेकिन ऐसे प्रयास, कुछ एक अपवादों को छोड़कर, प्राय: असफल ही रहे हैं। इससे अधिक सफलता काव्यनाटकों को मिली है। अंग्रेज़ी में इलियट, येट्स, इशरबुड के काव्यनाटक और हिन्दी में धर्मवीर भारती का 'अन्धा युग' इसके उदाहरण हैं। अंग्रेज़ी में विक्रम सेठ के उपन्यास 'गोल्डेन गेट' की सफलता का राज़ यही है कि उपन्यास के कलेवर में कविता रची गई है। कविता के कलेवर में उपन्यास (इतिवृत) नहीं। विजयदान देथा की राजस्थानी कहानियों के बारे में भी यही बात कही जा सकती है। इसका कारण कदाचित् ये है कि नाटक, उपन्यास के कलेवर में तो इतिवृत्त को खपाया जा सकता

है, किन्तु अब बदली हुई काव्य-संवेदना वाले पाठक को, जो कविता की प्रत्येक पंक्ति में सघन भावोद्वेग की अपेक्षा रखता है, कविता में आख्यान या प्रबन्ध की तनिक भी इतिवृत्तात्मकता काव्यात्मक शैथिल्य सी प्रतीत होती है। कविता के मौजूदा स्वीकृत ढाँचे में इस इतिवृत्तात्मक काव्यात्मक शैथिल्य से बच पाना बहुत आसान नहीं है। समकालीन कविता का तो इस क़दर 'कैनेनाइज़ेशन' (एजाज़ अहमद, इन थ्योरी) हो गया लगता है कि उसे तोड़कर कुछ करने की व्यग्रता ही नहीं दिखाई पड़ती। प्रायः वे कवि अधिक सफल रहे हैं जो इतिवृत्त को सूक्ष्म बनाने में समर्थ हुए हैं। अज्ञेय की 'असाध्यवीणा' और मुक्तिबोध की 'अँधेरे में' इसके उदाहरण हैं। इतिवृत्तात्मकता को सूक्ष्म करने के बावजूद कभी-कभी रचनादृष्टि या बोध की सीमा के कारण भी ऐसे प्रयास असफल सिद्ध हुए हैं। पर वह अलग कहानी है।

'बंधनमय छन्दों की छोटी राह' छोड़कर आधुनिक कविता की जो धारा निकली वह आगे चलकर इतनी संकरी-इकहरी हो जाएगी, निराला ने कल्पना भी न की होगी। ध्यातव्य है कि आधुनिक युग में जैसे नई विधाएँ और कलारूप आते गए, कविता का दायरा सिकुड़ता गया और यह केवल हिन्दी में नहीं हुआ। दुनिया की सभी भाषाओं में हुआ। अकारण नहीं है कि दुनिया की अधिकतर भाषाओं में लगभग एक ही ढब की कविताएँ लिखी जा रही हैं और कविता का प्रभाव और पाठक वर्ग लगातार घटता जा रहा है। सबसे पुरानी साहित्यिक विधा कविता मृत्यु के कगार पर खड़ी हुई है।

'मास मीडिया' की चुनौती का मुक़ाबला करने के दौरान कला की क्या गति हुई, इसका विवेचन जॉन ए वॉकर ने 'आर्ट इन द एज ऑफ़ मास मीडिया' में इस प्रकार किया है :

'मास मीडिया' की शक्ति के विरुद्ध कलाकारों की प्रतिक्रिया का एक परिणाम यह हुआ कि कला में शुद्धता और न्यूनीकरण (रिडक्शन) लाने का उद्यम किया गया। इसीलिए इतने सारे कलाःकार अमूर्त्त कला की ओर आकृष्ट हुए और इसीलिए इतनी अनगिनत शैलियों का उद्भव हुआ—जैसे न्यूनतम कला और आधारभूत चित्रकला। और इसीलिए अवांगार्द कला का आत्मसंदर्भी (सेल्फ़ रेफेरेंशियल) चरित्र बना। इन जबरदस्त उपायों से कला की स्वायत्तता और भिन्नता तो कायम रह गई, किन्तु इसकी क़ीमत भी चुकानी पड़ी—कला दैनंदिन जीवन की घटनाओं पर टिप्पणी करने लायक़ ही न बची!

जॉन ए. वॉकर ने जो बातें चित्रकला के बारे में लिखी हैं कमोबेश वे बातें कविता के बारे में भी सही हैं। किन्तु इस क्रम में एक उल्लेखनीय बात ये हुई कि जब कविता के लिए इस तंग दायरे में हाथ-पाँव फैलाना भी मुश्किल हो गया तो उसने परकाया-प्रवेश का रास्ता अपनाया। आधुनिकतावादी साहित्य में क्या उपन्यास,

क्या कहानी, क्या नाटक-सर्वत्र काव्यत्व रचा बसा है। समूचा गद्य ही काव्यमय हो उठा है। हिन्दी में 'शेखर : एक जीवनी' की काव्यात्मकता जगजाहिर है। इस तरह कविता का ह्रास और गद्य का काव्यमय हो उठना लगभग एक साथ हुआ। समकालीन हिन्दी उपन्यासों, नाटकों, कहानियों में से अधिकांश उल्लेखनीय रचनाओं में काव्यात्मकता है।

तो क्या कविता विगलित होकर दूसरी विधाओं में संक्रमित हो जाएगी और उसका स्वतंत्र अस्तित्व समाप्त हो जाएगा? या दूसरी विधाओं, कलारूपों से क्रिया-प्रतिक्रिया करते हुए नए रूप में जन्म होगा, कविता का पुनर्जन्म!

आख्यान के छिटक जाने के बाद आधुनिक हिन्दी कविता में घटित होने वाले दूसरे महत्वपूर्ण परिवर्तन का सम्बन्ध छन्द से है। निराला ने छन्द-मुक्ति की मुहिम चलाई। छन्द का केंचुल छोड़ने के साथ ही कविता अधिक लचीली और पाठ्य हो गई। निराला को एहसास था कि 'बंधन मय छन्दों की छोटी राह' छोड़ने के साथ ही कविता श्रव्य से अधिक पाठ्य हो जाएगी। इसीलिए उन्होंने अपनी मुक्त-छन्द वाली कविताओं में 'आर्ट आफ़ रीडिंग' का मज़ा लेने का सुझाव दिया था। इस तरह मुक्त-छन्द पहले कवित्व या ऐसे ही प्रचलित किसी छन्द के टुकड़े का आधार लेकर चला और फिर नई कविता में आकर इलियट-लीविस के प्रभाव से बोलचाल की लय को पकड़ता हुआ अन्ततः अर्थ-लय में समा गया।

उल्लेखनीय है कि आधुनिकतावादी चिन्तन के प्रभाव में आकर अज्ञेय ने, सीधे-सीधे न सही, दबी जुबान से, प्रेमचन्द को वाचिक परम्परा का लेखक कहा था। उनमें गहनता, जटिलता, तनाव और सूक्ष्मता की कमी है, यह भी उन्हें लगता था। इस वाचिक परम्परा के बचे अवशेषों को हटाकर ही 'शेखर : एक जीवनी' लिखा गया। जैसे कथा साहित्य में वाचिक परम्परा वैसे ही कविता के परम्परागत श्रव्यरूप के प्रति अज्ञेय का रुख यही रहा कि अनुभूति की जटिलता, गहनता, सूक्ष्मता और तनाव वाचिक-श्रव्य परम्परा में सम्भव नहीं है। रचना के मुद्रित रूप के प्रति यह आग्रह नई समीक्षा के 'पोयम आन द पेज' के तर्क का ही प्रतिफल था। बाद में अज्ञेय के दृष्टिकोण में बदलाव आया, जिसकी चर्चा आगे की जाएगी।

इस तरह नई कविता के सिद्धान्तकारों ने पहले बोलचाल की लय पकड़ी, फिर बोलचाल की लय की वाचिकता भी गवारा न हुई तो गद्य की लय (वस्तु कविता की और विधान गद्य का) पकड़कर कविता लिखी गई। गद्य की लय कहने से किंचित स्थूलता और पर-निर्भरता का बोध होता था। इसलिए कविता को सूक्ष्मतर और स्वायत्त बनाने के लिए अर्थ की लय आविष्कृत की गई। और फिर वस्तु और विधान का द्वैत भी समाप्त कर दिया गया—विधान गद्य का और वस्तु भी गद्य की। गद्य के विधान में कविता सम्भव करने के तर्क का खुलासा अजित कुमार ने ('समकालीन कविता में छन्द', संपादक अज्ञेय, में संकलित निबन्ध

'समकालीन कविता में छन्द की सार्थकता') इस तरह किया है, "गद्य भले ही कर्त्ता-कर्म-क्रिया वाले अपने क्रम विन्यास में सामान्य पद्य का विलोम हो पर वह कविता का विलोम नहीं होता उल्टे वह कविता की अधिक सही सार्थक अभिव्यक्ति का माध्यम हो सकता है।" कविता, गद्य, लय, छन्द, वाचिकता, श्रोता और पाठक को लेकर अज्ञेय की परवर्ती सोच में बदलाव आया तो अजित कुमार को भी लगा कि नई कविता आन्दोलन के दौरान प्रतिष्ठित हुए (और अब लगभग सर्वस्वीकृत) इस काव्य-सिद्धान्त पर पुनर्विचार की आवश्यकता है। लेकिन आलोचक रामस्वरूप चतुर्वेदी नई कविता की इस उपलब्धि को लेकर अब भी पूरी तरह आश्वस्त हैं। उन्होंने 'साहित्य के नए दायित्व' में एक दिलचस्प टिप्पणी की है : "नाद और शब्द के मौलिक प्रकृतिगत अन्तर को समझते हुए कहा जा सकता है कि संगीत जितना शब्दों की अपेक्षा से मुक्त है उतना ही वह स्वायत्त और खरा है। यही बात उलटकर कविता के बारे में संगीत से निरपेक्षता को लेकर कही जा सकती है। यों शब्द से सर्वथा विरहित आलाप या कि तराना संगीत का विशुद्धतम रूप है, और दूसरी ओर महज़ बोलचाल की लय में बनी 'नई कविता' कविता का।" निष्कर्ष ये कि कविता 'नई कविता' में अपनी चरमावस्था को प्राप्त हो गई है। इस स्थिति में कोई भी बदलाव उसे अशुद्ध और भ्रष्ट ही करेगा। अज्ञेय या अजित कुमार कविता की इस गद्यात्मक परिणति से असन्तुष्ट हों तो हों, रघुवीर सहाय ने अर्थ की लय से हटकर कुछ प्रयोग किए हों तो किया करें, प्रो. चतुर्वेदी को इसमें अब भी अपार सम्भावनाएँ दिखती हैं। कविता की इस 'इक्सक्लूसिव' अवधारणा से कविता का कितना हित हुआ इस पर अलग से टिप्पणी करने के बजाय मैं प्रभाकर श्रोत्रिय का यह वक्तव्य उद्धृत करना चाहूँगा : "काव्य के भीतर सभी कलाएँ समाहित हैं, फिर भी वह सबसे उत्तीर्ण है—शरीर में लावण्य की तरह।" ('समकालीन कविता में छन्द' पुस्तक में संकलित लेख से) किन्तु नई कविता के आचार्यों द्वारा इसे निर्विकल्प प्रतिमान के रूप में प्रस्तुत किया गया। और इससे आधुनिक कविता को लेकर ऐसी इकहरी समझ का विकास हुआ कि क्या संगीत, क्या नाट्य, क्या प्रगीत, क्या आख्यान सभी से स्वयं को अलगाती हुई कविता अपाठ्य और दुर्बोध होती चली गई। मुक्तिबोध की भविष्यवाणी सही साबित हुई कि नई कविता अन्ततः रेगिस्तान में खुदकुशी कर लेगी।

नई कविता के आचार्यों के गले के नीचे यदि मुक्तिबोध की कविता नहीं उतरी तो इसके मूल में विचारधारात्मक वैभिन्य के अलावा उनकी कविता का वह रूप है जो नई कविता द्वारा अनुमोदित साँचे में फिट नहीं बैठता। नई कविता आन्दोलन से बाहर रहकर लिखने वाले कवि नागार्जुन, त्रिलोचन और केदारनाथ अग्रवाल के स्वीकृत होने का तो सवाल ही नहीं उठता। खेमे से बाहर के कवियों में यदि शमशेर को सबसे अधिक पसन्द किया गया तो उसका एक कारण यह भी था कि शमशेर की

कविता का रूप नई कविता-सम्मत रूप से काफी मिलता जुलता है। इलियट ने भले ही यह लिखा हो कि हर महान कविता कविता के प्रचलित रूप को पुनर्परिभाषित करती है, बदल देती है; किन्तु नई कविता के आचार्य अपने प्रतिमान से इस क़दर चिपक गए कि उनकी सौन्दर्याभिरुचि जड़ हो गई। जिन कवियों ने इस जड़ीभूत सौन्दर्याभिरुचि को तोड़ने का प्रयास किया उन्हें कवि मानने से ही इन्कार कर दिया। इस तरह इस प्रदूषण के युग में कविता को बचाकर रखा। बुरी नज़र वाले तेरा मुँह काला।

मुक्तिबोध, नागार्जुन, त्रिलोचन, केदारनाथ अग्रवाल और रघुवीर सहाय के अलावा साठ के दशक में धूमिल ने नई कविता के ढाँचे को तोड़ने का प्रयास किया। इन कवियों की रचनाओं के आधार पर आधुनिक कविता की अवधारणा को व्यापक और वैविध्यपूर्ण बनाया जा सकता है। 'कविता के नए प्रतिमान' में प्रो. नामवर सिंह ने एक हद तक यह कार्य किया, किन्तु इसकी भी अपनी सीमाएँ हैं; जैसा कि इलाहाबाद में दिए गए भाषण और 'वाद-विवाद संवाद' में संकलित निबन्ध 'प्रगति और समाज' में उन्होंने स्वयं स्वीकार किया है। नई कविता की सीमाओं (कम से कम रूप के स्तर पर) का एहसास नई कविता के पितामह अज्ञेय को भी बाद में होने लगा था और वे लय और संरचना के बोध तथा छन्द और वाचिक परम्परा की जरूरत को पुनर्परिभाषित करने की आवश्यकता पर बल देने लगे थे।

अस्सी के दशक में जो कवि आए उन्होंने नई कविता के दायरे को विचारों और संवेदना के स्तर पर तोड़ा अवश्य किन्तु उनकी कविताओं का ढाँचा प्रायः नई कविता की बुनियाद पर ही खड़ा हुआ। सम्भवतः यही कारण है कि इन कवियों की कविताओं ने ऐसी कोई चुनौती नहीं पेश की जिससे कविता की अवधारणा को पुनर्परिभाषित करने की आवश्यकता पड़े। अनजाने ही जैसे नई कविता के आचार्यों द्वारा तैयार किए गए 'खेल के नियमों' को स्वीकार कर लिया गया और उसके भीतर ही कवायद-परेड होती रही। जिन्होंने इन नियमों की लक्ष्मण-रेखा लांघने का जोख़िम उठाया उन्हें 'फाउलप्ले' का दोषी घोषित करते हुए खेल से बाहर कर दिया गया। धूमिल और बाद में गोरख पांडे का जुर्म यही था। विडम्बना यह कि फैसला सुनाने वाली जूरी में नई कविता के आचार्यों के साथ जनवादी-प्रगतिशील आचार्य भी शामिल थे।

मुक्तिबोध ने तार सप्तक के वक्तव्य में लिख दिया था कि व्यवसायीकरण का ख़तरा बढ़ता जा रहा है और इस ख़तरे का मुकाबला किए बिना रचनाकार के लिए भविष्य में लिख पाना मुश्किल होता जाएगा। **अस्सी के दशक में जो कवि सामने आए उनके बारे में एक बात निश्चित रूप से कही जा सकती है कि उनका पहला संकलन ही उनका सबसे अच्छा संकलन है। किसी का संकलन उठा के**

देख लीजिए—लगता है कि उनकी प्रतिभा का सर्वोत्तम पहले ही संकलन में आ गया है। और अब वे 'प्रोफेशनल-कवि' हो गए हैं, पेशे की गरिमा, गम्भीरता को कायम रखते हुए।

दूसरी बात यह कि आज की कविता 'नई कविता' से अपनी घोषित असहमति के बावजूद उसी कलेवर में अनुभववादी पैटर्न पर लिखी जा रही है। नई कविता के तंग दायरे से बाहर निकलने की चिन्ता ही जैसे समाप्त हो गई हो, या उसका एहसास ही नहीं रहा। यद्यपि इस ढब पर आज भी कुछ अच्छी कविताएँ लिखी जा रही हैं और पहले भी लिखी गई थीं, किन्तु इस पैटर्न पर अभी तक लिखी गई कविताओं को देखने से एक बात तो साफ होती है कि अनुभववाद की सीमा को यदि लाँघना है तो कविता के इस पैटर्न से काम नहीं चलेगा। बड़ी और लम्बी महत्वाकांक्षी कविताएँ लिख पाना तो और भी मुश्किल है। क्या कारण है कि कुँवर नारायण और श्रीनरेश मेहता के (खंड) काव्य कविता और नाटक के बीच झूलते से प्रतीत होते हैं। क्या इलियट को इस बात का एहसास था जो 'वेस्टलैंड' के बाद काव्य-नाटक लिखने लगे। भारती के 'अन्धा युग' की सफलता का एक कारण यह भी है कि यहाँ नाटक के कलेवर में कविता रची गई हैं। 'अन्धा युग' को एक काव्यकृति में तब्दील कर देने पर उसकी भी वही गति हो गई होती जो श्रीनरेश मेहता और कुँवर नारायण के खंड काव्यों की हुई है।

यदि मुक्तिबोध की 'अँधेरे में' 'असाध्यवीणा' से कम 'सफल' रचना नहीं है तो इसलिए भी क्योंकि वह नई कविता के साँचे से भिन्न है। फैंटेसी और नाटकीयता को कविता में इस तरह बटा गया है कि कविता का सर्वथा नया स्थापत्य उभर कर आता है। नई कविता के अनुभववाद से मुक्ति का एक रास्ता यह भी है, किन्तु एकमात्र रास्ता नहीं। इसके विपरीत जब ज्ञानेंद्रपति जैसा समर्थ और समझदार कवि राजनीतिक प्रतीकवाद से मुक्ति के प्रयास में नई कविता के पैटर्न में थोड़ी कथा सुनाने चलता है तो उसे कथा और कविता दोनों से हाथ धोना पड़ता है। (देखें 'पहल' अंक 52 में छपी उनकी 'वृक्ष विदाई कविता') इस दृष्टि से विचार करें तो साही की 'अलविदा' और सर्वेश्वर की 'कुआनो नदी' अधिक सफल कविताएँ हैं। इस तरह आज के कवि की स्थिति नई कविता के कवियों से भी दयनीय है। आज की कविता नई कविता का छीजन लगती है। इस छीजन के लिए वह शुद्धतावादी दृष्टिकोण भी जिम्मेदार है जो कविता को दूसरी विधाओं-कलाओं और पाठक से भी विमुख करने पर उतारू है। साहित्य ज्ञान-विज्ञान की दूसरी विधाओं से इस मामले में भिन्न है कि वह सामान्य पाठक वर्ग के रसास्वादन के लिए भी लिखा जाता है और उसके आस्वाद के लिए ज्ञान-विज्ञान के दूसरे विषयों की तरह बहुत अधिक विशेषीकृत ज्ञान की आवश्यकता नहीं होती। **किन्तु आज कविता साहित्य की सर्वाधिक जटिल विधा बनती जा रही है जिसे औसत पाठक समझ**

नहीं पाता। ('हंस' में छपने वाली कविताओं का मर्म राजेंद्र यादव के अलावा किसे समझ में आता है!) अपवाद हैं, किन्तु हैं वे अपवाद ही। और उनकी चर्चा करना इस लेख का उद्‌देश्य नहीं। अन्त में शमशेर का यह 'स्वीपिंग रिमार्क' : 'जिस ठाठ से मुक्त छन्द को निराला जी लाए और फिर उसमें जो नागर गढ़त अज्ञेय जी ने दिखाई, और उन्मुक्त सी स्वस्थ प्रक्रिया केदारनाथ अग्रवाल ने प्रकट की और उसमें जो बड़े द्वन्द्ववादी स्वर मुक्तिबोध ने कस-कस निकाले और फिर और भी उन्मुक्त जनवादी, आत्मस्थ प्रयोगवादी गूँजें साहित्य के वातावरण में फैलीं और फैलती चली गईं, वह ठाठ वह गढ़त, वह सहज उन्मुक्तता, वह संघर्षों भरा कड़ा स्वर तो सब शीघ्र ही एक अजीब गद्यमय स्फार और मनोवैज्ञानिक दबावों और मानसिक उहापोहों के विशृंखलित और प्राय: आरोपित काव्याभास के बहाने रिपोर्ताज के विवरणों की बाढ़ में अर्थात् आज की सामयिक कविता में खो गया।' (कुछ और गद्य रचनाएँ) यह 'स्वीपिंग रिमार्क' आज की कविता पर कितना सही बैठता है, इसका निर्णय मैं पाठकों पर छोड़ता हूँ।

❑❑❑